ZUM GLÜCK GEMÜSE

350 GEMÜSEREZEPTE FÜR ALLE JAHRESZEITEN

ZUM
GLÜCK
GEMÜSE

350 GEMÜSEREZEPTE
FÜR ALLE JAHRESZEITEN

FRISCH AUS DEM GARTEN

Gemüse spielt in der italienischen Küche eine wichtige Rolle, und die Italiener haben ein Händchen dafür, in jeder Saison im Garten oder auf dem Markt frische und hochwertige Produkte auszusuchen. Die italienische Alltagsküche gilt als einfach und unkompliziert. Wenige, gute Zutaten werden so kombiniert, dass ihre natürlichen Aromen perfekt zur Geltung kommen, statt sie mit üppigen Saucen oder aufwendigen Garnierungen zu überdecken. Was ist einfacher und zugleich köstlicher als ein Risotto mit Tomate und Basilikum (siehe Seite 214), Linguine mit Zucchini-Mandel-Minze-Pesto (siehe Seite 195) oder ein scharfes Kürbisgemüse (siehe Seite 312)?

Die italienische Küche ist beileibe nicht vegetarisch, Gemüse aber gehört als unverzichtbarer Bestandteil zu jeder Mahlzeit. Das liegt zum Teil daran, dass Fleisch früher teuer war, der Hauptgrund jedoch ist das vielfältige und reiche Angebot an Gemüse. Überall im Land sind auf den Märkten Stände mit prächtigen Tomaten, Paprika, Artischocken, Brokkoli, Fenchel, Spargel, Chicorée, Karotten und Auberginen zu sehen – je nach Saison. Bei einer derart großen Auswahl an Gemüse wundert es nicht, dass zahlreiche Gerichte mit wenig Fleisch auskommen. Zudem beweisen Italiens Köche Geschick in der Zubereitung von Gemüse. Für so gut wie jedes Gericht wird zuerst Gemüse angedünstet – meist gehackte Zwiebeln und fein geschnittene Selleriestangen, manchmal Knoblauch, Karotten und Kräuter. Erst danach kommt Fisch oder Fleisch dazu. Diese Gemüse-mischungen nennt man in Italien *soffritto*, abgeleitet von dem Verb *sotto friggere* (sanft braten).

Das Gemüse wird stets behutsam in Öl gedünstet, um die Aromen aufzuschließen, ohne dass unangenehme Bitterstoffe entstehen. Selten wird Gemüse als Beilage einfach nur in Wasser gegart. Erbsen zum Beispiel pochiert man in Brühe und gibt Zwiebeln und Schinken zum Aromatisieren dazu. Spargel wird häufig gegrillt und mit frisch geriebenem Parmesan serviert.

Gemüse gehört zu einer gesunden Ernährung. Wer auf italienische Art kocht und dabei alles verwertet – auch Stiele und Sprosse von Blatt- und Wurzelgemüse –, nimmt Gemüse in ausreichender Menge zu sich. Außerdem ist es einfach und mit wenig Kosten verbunden, Gemüse im Garten selbst anzubauen. So sorgen Sie dafür, dass Ihnen rund ums Jahr gesunde, köstliche Zutaten aus dem Garten griffbereit zur Verfügung stehen. Einige Tipps dazu finden Sie jeweils zu Beginn eines Kapitels.

DAS ITALIENISCHE MENÜ

Mittag- und Abendessen bestehen in Italien traditionellerweise aus *primo* und *secondo* (erster und zweiter Gang). Den ersten Gang bilden Suppen, Risottos, Pastagerichte, Pasteten, Aufläufe oder herzhafte Cremes und Flans. Gemüse gehört eigentlich fast immer dazu, zum Beispiel eine Karotten-Fenchel-Cremesuppe (siehe Seite 320), ein Spargelrisotto mit Pancetta (siehe Seite 87) oder Kürbis-Gnocchi mit Orangenbutter (siehe Seite 308). Auch im zweiten Gang spielt Gemüse eine tragende Rolle. Fleisch- und Fischgerichte werden oft mit Gemüse oder Kräutern aromatisiert und mit dem *contorno*, einer sorgsam zubereiteten Gemüsebeilage, serviert. Das können Beilagen wie Dicke Bohnen mit Minze (siehe Seite 95), Gratiniertes Erbsenpüree (siehe Seite 103) oder Zucchini mit Kartoffeln und Tomaten aus dem

Ofen sein (siehe Seite 196) sein. Oft wird statt gegartem Gemüse
ein Salat zum *secondo* serviert. Da gibt es fantasievolle Kreationen
wie Friséesalat mit grünen Bohnen und Johannisbeeren (siehe
Seite 174), Chicoréesalat mit Kaperndressing (siehe Seite 125)
oder Salat aus marinierten Tomaten (siehe Seite 212).

Zu festlichen Anlässen und in Restaurants serviert man
vor dem *primo* ein *antipasto* (Vorspeise oder Appetithappen).
Antipasto bedeutet „vor der Mahlzeit" und nicht, wie häufig
angenommen, „vor der Pasta". Dabei wird gern eine Platte mit
geräuchertem Fleisch oder Muscheln gereicht, dazu hin und
wieder gegrillte Paprika oder Auberginen, in Tomatensauce
gegartes Gemüse, gefüllte Eier und ein Schälchen mit Oliven.

Den Abschluss eines Familienessens bildet meist frisches
Obst. Zu besonderen Anlässen gibt es köstliche Desserts oder
Eiscreme, für die man manchmal sogar Gemüse oder Kräuter
verwendet, wie zum Beispiel für Kürbisflan (siehe Seite 307),
Avocado mit Joghurt-Honig-Creme (siehe Seite 112) oder
Schoko-Minz-Eiscreme (siehe Seite 167).

AUS EIGENER ERNTE

Dieses Buch zeigt, wie einfach es sein kann, Gemüse selbst
anzubauen. In vier Kapiteln – ein Kapitel für jede Jahreszeit –
stellen wir Ihnen die Gemüsearten der jeweiligen Jahreszeit vor.
Zu jeder Gemüseart finden Sie praktische Tipps für Anbau,
Pflege und Ernte sowie eine Auswahl von Rezepten. Gerichte
mit Fisch oder Fleisch werden mit einem kleinen Tiersymbol
gekennzeichnet, alle anderen Rezepte sind vegetarisch. Obwohl
zahlreiche Gemüsearten heutzutage wie selbstverständlich zur

heimischen Küche zählen, stammen nicht alle ursprünglich auch aus unseren Breiten. Die Tomate beispielsweise wurde einst aus Südamerika importiert. Zudem gibt es Zutaten, die im engeren Sinn kein Gemüse sind. So stellen wir in diesem Buch Esskastanien (Maroni) und Pilze vor, weil sie zu vielen Lieblingsgerichten der Italiener dazugehören.

Wunderbar: Selbst wenn Sie nur ein winziges Gemüsebeet im Garten oder ein paar Töpfe auf der Fensterbank haben, können Sie dennoch erleben, wie viel Freude es macht, Gemüse zu ernten und selbst zuzubereiten. Kräuter sind einfach zu ziehen und brauchen zudem kaum Platz. Kopfsalat, Brokkoli oder Spinat gedeihen gut bei kühler Witterung. Sie können im Frühling gesät und im Frühsommer geerntet werden. In vielen Gegenden ist sogar eine zweite Aussaat im Spätsommer für die Winterernte möglich. Säen Sie mehrmals aus, sind Sie am laufenden Band mit frischem Gemüse versorgt.

Wählen Sie beim Einkauf auf dem Markt stets saisonales Gemüse aus der Region. Es ist preiswerter als importiertes Gemüse und belastet die Umwelt weniger. Wir haben heute schon fast vergessen, wie es ist, sich auf frisches Saisongemüse wie Erdbeeren oder Spargel zu freuen. Spargel schmeckt im Winter enttäuschend fade. Es lohnt sich also in jedem Fall, auf die einheimische Spargelernte im Spätfrühling zu warten.

Vielleicht werden Sie in diesem Buch sogar Gemüsearten kennenlernen, die Sie bislang noch nicht gegessen haben. Kardonen oder Schwarzwurzeln zum Beispiel sind in Italiens Küchen äußerst beliebt, hierzulande aber eher wenig bekannt. Lassen Sie sich beim Lesen und Nachschlagen auf den folgenden Seiten zum Ausprobieren neuer Rezepte inspirieren – und entdecken Sie Ihre Liebe zu Gemüse!

Gemüse	Anfang	Mitte	Ende	Anfang	Mitte	Ende
Spinat						
Mangold						
Wildgemüse						
Artischocken						
Spargel						
Dicke Bohnen						
Erbsen						
Radieschen						
Avocados						
Zwiebeln						
Chicorée						
Kräuter						
Rauke						
Grüne Bohnen						
Auberginen						
Zucchini						
Gurken						
Tomaten						
Paprika						
Fenchel						
Gemüsemais						
Kopfsalat						
Staudensellerie						
Esskastanien						
Pilze						
Trüffeln						
Kürbis						
Rote Beten						
Karotten						
Kartoffeln						
Schwarzwurzeln						
Rüben						
Radicchio						
Kardonen						
Kohl						
Rosenkohl						
Brokkoli						
Blumenkohl						
Porree						
Knollensellerie						

Aussaat ◇◇◇◇◇◇◇　　　Erntezeit ▬▬▬▬

Anfang	Mitte	Ende	Anfang	Mitte	Ende	Gemüse
						Spinat
						Mangold
						Wildgemüse
						Artischocken
						Spargel
						Dicke Bohnen
						Erbsen
						Radieschen
						Avocados
						Zwiebeln
						Chicorée
						Kräuter
						Rauke
						Grüne Bohnen
						Auberginen
						Zucchini
						Gurken
						Tomaten
						Paprika
						Fenchel
						Gemüsemais
						Kopfsalat
						Staudensellerie
						Esskastanien
						Pilze
						Trüffeln
						Kürbis
						Rote Beten
						Karotten
						Kartoffeln
						Schwarzwurzeln
						Rüben
						Radicchio
						Kardonen
						Kohl
						Rosenkohl
						Brokkoli
						Blumenkohl
						Porree
						Knollensellerie

SPINAT

MANGOLD

WILDGEMÜSE

ARTISCHOCKEN

SPARGEL

DICKE BOHNEN

ERBSEN

RADIESCHEN

AVOCADOS

ZWIEBELN

CHICORÉE

FRÜHLING

FRÜHLING

Nach den grauen Wintermonaten grünt im Frühling der Garten aufs Neue. Zahlreiche Gemüsearten, die ganzjährig angepflanzt werden, schmecken jetzt, wenn sie noch jung und zart sind, am allerbesten. Sie sorgen für den perfekten Geschmack, denn das Geheimnis der italienischen Küche lautet: Verwenden Sie immer die frischestmöglichen Zutaten.

Im Frühling gedeihen die Kultur- und Wildgemüse üppig und lösen die robusten Winterarten ab. Als Frühlingsgemüse ist in Italien besonders Spinat beliebt. Frisch gepflückt, kommt er mit seinem erdigen Geschmack beispielsweise in einem Spinatsalat mit Speck und Bohnen (siehe Seite 52) oder einem Spinatsalat mit Pilzen (siehe Seite 54) wunderbar zur Geltung. Puntarelle (ein Zichoriensalat mit gezähnten Blättern), Escarol (eine breitblättrige Endivienart) oder frische Brunnenkresse sorgen bei frühlingsleichten Gerichten für knackigen Biss, appetitliche Farbe und intensives Aroma. An Suppen oder Ravioli gibt man in Italiens Küchen gern Wildpflanzen wie junge Brennnesseln, die wie früher selbst gesammelt werden.

Im Frühling kann man die ersten Bohnen aus dem Garten genießen – frisch aus den Hülsen gelöst, und in gelungener Kombination mit würzigem Pecorino. Der klassische Frühlings-Risotto wird grundsätzlich mit Arborio- oder Carnaroli-Reis zubereitet. Seinen unverwechselbaren Charakter verleihen ihm dabei aber erst die entsprechenden Gemüsezutaten wie Chicorée, Spargel oder Mangold.

Früh in der Saison treiben Spargel und Artischocken aus, die wegen ihrer Vielseitigkeit in der mediterranen Küche sehr geschätzt und in immer wieder neuen Varianten zubereitet werden – angefangen von Spargel in Zitronenbutter (siehe Seite 91) und Spargelrisotto mit Pancetta (siehe Seite 87), bis zu Artischocken Sorrentino (siehe Seite 72).

Die meisten Wurzelgemüse werden im Winter verwertet, nur Radieschen bilden da eine angenehme Ausnahme, denn die scharfen, knackigen Wurzeln isst man im Frühling erntefrisch oder gibt sie als pikante Zutat an Salate. Ein Genuss sind zum Beispiel Sahnige Radieschen (siehe Seite 109) oder Radieschensalat mit Oliven (siehe Seite 109).

Frühlingsgemüse wächst am besten, wenn man früh in der Saison den Boden mit Kompost anreichert. Die Pflanzen mögen es kühl und feucht – doch in zu nassem Boden faulen die Samen schnell. Das lässt sich vermeiden, wenn man die Beete gut 25 cm hoch aufschüttet, ehe man Salat, Radieschen oder Erbsen aussät. Der Boden trocknet leichter ab und erwärmt sich schneller, und die Samen keimen leichter, statt zu faulen. Nach der Aussaat müssen die Beete unkrautfrei gehalten und feucht gehalten werden. Wenn die Sämlinge wachsen, dünnt man sie aus, um ihnen Platz zu geben. Ausgezupfte Sämlinge können Sie an Salate geben – als kleinen Vorgeschmack auf das, was Sie schon in einigen Wochen im Garten ernten werden.

Blattgemüse schmeckt besonders mild und zart, wenn es ausreifen kann, solange die Temperaturen noch niedrig sind. Ist das Gemüse Hitze oder Trockenheit ausgesetzt, wird es schnell hart oder bitter. Grundsätzlich gilt: Ernten Sie stets nur kleine Mengen – gerade so viel, wie Sie verwerten –, dann treiben die Pflanzen noch eine Zeit lang immer neue Blätter.

Bereiten Sie Ihren Garten nun für die kommende Saison vor. Pflanzen, die im Haus oder im Gewächshaus gezogen wurden, müssen erst abgehärtet werden, bevor man sie endgültig ins Freie pflanzt. Wintergemüse aber darf jetzt von der Fensterbank oder aus dem Gewächshaus in den Garten umziehen. Sie können bereits einjährige Kräuter, Tomaten, Paprika, Auberginen und Gurken aussäen und die ersten Frühkartoffeln pflanzen.

SPINAT
SPINACI

Spinat wurde in Persien bereits vor vielen Tausend Jahren kultiviert. Heute ist er in aller Welt beliebt und wird roh oder gegart gegessen. Sein typischer Geschmack harmoniert mit Milchprodukten, pikant gewürzten Gerichten, Eiern, Schinken und Speck, passt aber ebenso gut zu Fisch und Meeresfrüchten. Ob als Frittata oder Risotto, Pastete oder Soufflé – Spinat macht die Frühlingsküche abwechslungsreich und wird gern in Kombination mit Ricotta für Ravioli oder Gebäck verwendet.

Spinat ist ganzjährig erhältlich, schmeckt jedoch am besten im Frühling. Achten Sie beim Kauf auf glatte, dunkelgrüne, unbeschädigte Blätter ohne Spuren von Insektenfraß. Im Kühlschrank lässt sich frischer Spinat bis zu 2 Tage lang aufbewahren.

Weil Spinatblätter beim Kochen stark zusammenfallen, sollten Sie pro Portion etwa 300 g einplanen. Von Babyspinat für Salate brauchen Sie lediglich die halbe Menge. Waschen Sie den Spinat gründlich, und schneiden Sie harte Stiele ab. Dünsten Sie den Spinat mit Zugabe von etwas Salz in einem abgedeckten Topf nur in dem Wasser, das nach dem Waschen an den Blättern haftet. Die zusammengefallenen Spinatblätter abtropfen lassen, gründlich ausdrücken und hacken.

SÄEN UND ERNTEN Spinat sät man im Herbst oder Spätwinter. Die Samen dazu über Nacht in warmem Wasser einweichen, damit sie besser keimen. Den Boden mit Kompost anreichern und die Samen 2,5 cm tief in Reihenabständen von gut 30 cm aussäen. Sind die Pflänzchen etwa 6 cm hoch, werden sie auf Abstände von 15 cm ausgedünnt. Ungefähr 30–50 Tage nach der Aussaat können die Blätter oder ganzen Pflanzen geerntet werden. Ernten Sie einzelne Blätter, bevor die Pflanze beginnt, zu schießen (blühen), denn dann werden die Blätter bitter.

REZEPTE MIT SPINAT AUF DEN SEITEN 46–57

MANGOLD

BIETOLE

Mangold, ein Blattgemüse mit fleischigem, weißem oder rotem Stiel und großen, fächerförmigen Blättern, schmeckt ähnlich wie Spinat, aber ein wenig kräftiger. Das Gemüse ist reich an wertvollen Inhaltsstoffen und wird gern für Salate und herzhafte Gerichte verwendet, zum Beispiel für Mangold mit Sardellen (siehe Seite 61) oder Überbackenen Mangold (siehe Seite 58).

Kaufen Sie nur Mangold mit knackigen Stielen und frischen, leuchtend grünen Blättern. Die Stiele, deren Garzeit länger ist als die der Blätter, mit einer Schere herausschneiden und in Stücke schneiden. Die Blätter schneidet man in feine Streifen. Für eine Gemüsebeilage kochen Sie die Stiele 10–15 Minuten in gesalzenem Wasser und geben die Blätter erst in den letzten 5 Minuten dazu. Die abgetropften Stiele können kurz in Butter und/oder Olivenöl angebraten und zum Servieren mit Parmesan bestreut werden. Geben Sie an die Blätter etwas Olivenöl und Zitronensaft. Wichtig: Verwenden Sie dazu keinen Aluminiumtopf – er könnte sich infolge einer chemischen Reaktion durch den Mangold verfärben.

PFLANZEN UND ERNTEN Ganz unkompliziert lässt sich Mangold im Garten anpflanzen, weil er nährstoffarmen Boden und sogar einige Minusgrade verträgt. Reichern Sie den Boden vorher mit Kompost an. Nach den letzten Frösten im Spätfrühling den Mangold etwa 5 cm tief mit Reihenabständen von etwa 30 cm säen. Pflänzchen, die beim Ausdünnen anfallen, gibt man in Salate. Regelmäßig jäten und gießen, größere Pflanzen mit Stroh mulchen. Die äußeren Blätter ernten Sie am besten, wenn sie etwa 10 cm lang sind. Je mehr Blätter Sie ernten, desto mehr Blätter treibt die Pflanze nach – so lange, bis der Frost einbricht. Mangold schießt nicht.

REZEPTE MIT MANGOLD AUF DEN SEITEN 57–61

FRÜHLING 22

WILDGEMÜSE

ERBE

Besonders die Italiener sammeln gern essbare Wildpflanzen.
Beliebt ist dabei Löwenzahn, eine wilde Zichorienart. Für
Frühlingssalate sollten Sie nur ganz junge Löwenzahnblätter
verwenden, denn ältere schmecken bitter. Sie können die Blätter
in feine Streifen schneiden, dann 15 Minuten kochen, abgießen
und mit zerlassener Butter und geriebenem Parmesan servieren
oder mit Olivenöl und Zitronensaft beträufeln. Löwenzahn
schmeckt auch in Gratin und Risotto wunderbar.

Puntarelle, eine Zichorienart mit gezahnten Blättern, wird
zuerst in Wasser eingelegt, bis sich die Blätter einrollen, und
häufig mit einem Sardellendressing serviert (siehe Seite 66).

Die Triebspitzen von jungen Brennnesseln kommen in
Suppen, Risottos und Ravioli. Sie schmecken ähnlich wie Spinat
und werden auf die gleiche Weise zubereitet. Bei der Ernte und
Zubereitung sollten Sie Handschuhe tragen. Waschen Sie die
Blätter gründlich und kochen Sie sie nur mit dem an den Blättern
anhaftenden Wasser. Dabei werden die Nesselfasern zerstört.

SAMMELN Wildgemüse wie Löwenzahn und Brennnesseln
sollten Sie ausschließlich an Standorten sammeln, die abseits
von befahrenen Straßen liegen und an denen keine Herbizide
verwendet werden. Junge Löwenzahnpflanzen kann man
natürlich ebenso im Garten sammeln. Statt der Blätter lässt
sich auch die ganze Pflanze ernten, bevor sie 25 cm hoch ist.
Von etwa 1 m hohen Brennnesselpflanzen schneiden Sie für
den Gebrauch lediglich die oberen 10 cm ab – am besten
tragen Sie dazu Handschuhe. Auch Weißer Gänsefuß ist ein
durchaus schmackhaftes Kraut, das im Sommer in den meisten
Gärten wächst. Seine Blätter können geerntet und wie Spinat
zubereitet werden, wenn die Pflanzen 15 cm hoch sind.

REZEPTE MIT WILDGEMÜSE AUF DEN SEITEN 61–67

ARTISCHOCKEN
CARCIOFI

Artischocken haben einen nussigen Geschmack und sind in Italien äußerst beliebt. Kaufen Sie nur fest geschlossene Köpfe mit unversehrten Blättern. Manche Sorten sind nahezu rund und hellgrün, andere eher länglich geformt mit violett überhauchten Blättern. Fragen Sie auf dem Markt nach *Violetta*, einer alten italienischen Sorte mit mildem Aroma. Junge Artischocken können bei allen Sorten im Ganzen gegessen werden.

Bei der Zubereitung stellen Sie eine Schüssel mit Zitronenwasser bereit. Die Stiele und die harten äußeren Blätter werden zuerst entfernt, dann das strohige Innere (unausgereifte Blüten) mit einem Teelöffel herausgehoben. Die restlichen Blätter werden gekürzt und die Artischocken sofort in das Zitronenwasser eingelegt, damit sie sich nicht verfärben. Das Gemüse gart man 30–45 Minuten in gesalzenem Wasser, bis sich die Blätter leicht vom Boden lösen lassen, und serviert es mit zerlassener Butter, Knoblauchbutter, Mayonnaise oder einer Vinaigrette. Bei Tisch ein Blatt abzupfen, in die Sauce dippen und den unteren Teil des Blattes zwischen den Zähnen hindurchziehen, um das Fleisch abzulösen. Zum Schluss den Boden essen. Junge Artischocken kann man in Scheiben oder Spalten schneiden und braten. Dünne, rohe Scheiben schmecken in Salaten. Gefüllt werden Artischocken im Backofen (180 °C) 20–25 Minuten gegart.

PFLANZEN UND ERNTEN Artischocken sind mehrjährig. Die Jungpflanzen können nach dem letzten Frost an einen sonnigen Platz gepflanzt werden. Den Boden mit Kompost anreichern und Abstände von 1,5 m einhalten. Den ganzen Sommer über regelmäßig düngen, gießen und unkrautfrei halten. Im Herbst Pflanzen auf Bodenniveau abschneiden und im Winter mulchen. Die Blüten werden geerntet, solange sie geschlossen sind.

REZEPTE MIT ARTISCHOCKEN AUF DEN SEITEN 68–85

SPARGEL

Spargel hat einen unvergleichlich zarten Geschmack. Allein schon wegen seiner kurzen Saison von Spätfrühling bis Frühsommer nimmt er eine Sonderrolle als Luxusgemüse ein. Dünne, junge Spargelstangen kann man in einer Grillpfanne in Olivenöl etwa 5 Minuten anbraten und an Salate geben und nach italienischer Art mit geriebenem Parmesan servieren. Spargel schmeckt auch gut zu Eiern oder im Risotto. Alternativ beträufelt man die Stangen mit Öl und gart sie 8–12 Minuten bei 180°C im vorgeheizten Backofen. Auch gekochter Spargel, mit Olivenöl und Zitronensaft beträufelt, ist eine feine Vorspeise.

Kaufen Sie nur frische lange Spargelstangen mit festen, geschlossenen Spitzen. Den unteren, verholzten Teil dabei stets abschneiden (für Suppe verwenden) und die harte Schale dünn abschälen. Die Stangen auf gleiche Länge schneiden, bündeln und aufrecht stehend in einen Topf mit kochendem Salzwasser geben, dabei sollten die Spitzen aus dem Wasser schauen. Den Spargel abgedeckt 6–10 Minuten garen.

PFLANZEN UND ERNTEN Es gibt verschiedene Spargelsorten. Normalerweise sind die Stangen grün, nur wenn sie kein Licht bekommen, bleiben sie weiß. Zum Pflanzen an einer sonnigen Stelle mit nährstoffreichem, sandigem Boden einen etwa 20 cm tiefen Graben ausheben. Die ruhenden Pflanzen (Wurzeln und Sprossansatz) in Abständen von etwa 30 cm hineinsetzen, etwas Phosphordünger hinzugeben und mit 7,5 cm Erde bedecken. Sobald sich die ersten Spitzen zeigen, Erde aufschütten, bis der Graben voll ist. Etwas Mulch verteilen, um Unkraut zu unterdrücken. In den ersten beiden Jahren sollte man nicht ernten, damit die Pflanzen kräftiger werden. Vom dritten Jahr an kann der Spargel geerntet werden.

REZEPTE MIT SPARGEL AUF DEN SEITEN 86–94

DICKE BOHNEN
FAVE

Es gibt nur wenige Gemüsearten, die so vielseitig in der Küche eingesetzt werden. Früh in der Saison kann man die zarten Kerne aus den Hülsen lösen und roh mit Pecorino essen. Frisch geerntete Bohnen haben einen milden Geschmack, zu dem am besten einfache Zutaten mit klarem Aroma passen, wie frische Kräuter (Minze, Bohnenkraut), Zitronensaft und Blattgemüse oder milde Käsesorten wie Mozzarella. Gut schmecken die Bohnen in Pürees, Suppen, Eintöpfen, Risottos oder Omeletts. Man kann sie auch für den Wintervorrat trocknen.

Kaufen Sie hellgrüne, zarte Hülsen mit seidigem Glanz, und verbrauchen Sie sie so schnell wie möglich. Ganz junge Bohnen muss man nicht palen. Alle anderen werden 5 Minuten gegart oder gedünstet und in Olivenöl oder Butter geschwenkt. Größere Bohnen zwischen Daumen und Zeigefinger aus ihrer Haut drücken, denn sie schmeckt oft bitter.

SÄEN UND ERNTEN In milden Regionen kann man die hohen, attraktiven Pflanzen über die Wintermonate kultivieren und die grünen Hülsen mit den weißen, grünen oder braunen Kernen ernten. In kühlen Gegenden werden die Bohnen im Frühling ausgesät und im Frühsommer geerntet. In milderen Gebieten kann im Herbst gesät und im Winter oder Frühling geerntet werden. Dazu etwa 5 cm tief mit Reihenabständen von 20 cm säen. Zwischen die Sämlinge Maschendraht stellen, da die Pflanzen recht hoch wachsen. Sind die Hülsen 5–7,5 cm lang, schmecken die Kerne ganz besonders gut.

REZEPTE MIT DICKEN BOHNEN AUF DEN SEITEN 95–98

ERBSEN

Es lohnt sich, die kurze Saison im Frühling und Frühsommer abzuwarten, denn die jungen Erbsen schmecken besonders süß. Manche Sorten müssen vor dem Kochen erst aus den Hülsen gelöst werden. Zuckererbsen dagegen kann man mitsamt den Hülsen zubereiten und im Ganzen essen.

Erbsen sind eine köstliche Beilage zu Fleisch, vor allem zu Geflügel. In Italien werden sie zumeist pochiert und nicht in Wasser gekocht. Auch für Reis- und Pastagerichte sowie für Überbackenes werden sie recht gern verwendet.

Kaufen Sie leuchtend grüne, seidig glänzende Schoten. Wenn sie matt und welk aussehen, sind die Erbsen im Inneren oft mehlig. Die Schoten aufschlitzen und die Erbsen mit dem Daumen herausschieben. Dann in kochendem Wasser (oder Brühe) 8–10 Minuten garen oder im Dampfgarer zubereiten. Zuckererbsen sind nach 5–8 Minuten gar. Erbsen kann man auch anbraten oder in Butter im abgedeckten Topf dünsten.

SÄEN UND ERNTEN Je nach Sorte werden Erbsen zwischen 60 cm und 2,5 m hoch, die meisten Pflanzen brauchen also eine Stütze. Gesät wird im Frühling oder – für die Herbsternte – im Spätsommer. Das Erdniveau im Beet mit Kompost erhöhen. Die Samen vor der Aussaat über Nacht in warmem Wasser einweichen, dann etwa 5 cm tief mit Abständen von 25 cm säen. Zuckererbsen werden etwa 7 Tage nach der Blüte geerntet, wenn die Schoten noch flach und die Kerne unreif sind. Andere Erbsensorten erntet man, sobald die Kerne sich spürbar runden, aber noch nicht ausgereift sind. Wenn es nicht zu heiß ist, bilden die Pflanzen über längere Zeit neue Schoten.

REZEPTE MIT ERBSEN AUF DEN SEITEN 100–108

RADIESCHEN

RAVANELLI

Die runden roten Radieschen und die länglichen rot-weißen
Sorten haben knackiges, weißes Fleisch und einen pfeffrig-
scharfen Geschmack mit nussigem Unterton. Sie werden fast
immer roh gegessen – im Salat, als Garnierung oder einfach
zu Butterbrot. *Daikon* und *Mooli* sind lange Rettichsorten,
die hauptsächlich in der japanischen und chinesischen Küche
verwendet werden. Ihr Geschmack ist milder und zartbitter.

Die Zubereitung ist einfach: Die Blätter abschneiden, die
Radieschen waschen und im Ganzen oder in Scheiben servieren.
Radieschen schmecken delikat mit einem Joghurt- oder Käse-
dressing oder mit salzigen Zutaten wie Oliven und Kapern.

Rund ums Jahr werden Radieschen auf Märkten und im
Laden angeboten. Kaufen Sie kleine, kräftig gefärbte Exemplare
ohne sichtbare Druckstellen. Kräftige, saftiggrüne Blätter sind
ein Frischemerkmal. In einem verschlossenen Beutel bleiben
Radieschen im Kühlschrank einige Tage lang frisch.

SÄEN UND ERNTEN Säen Sie im Frühling oder Herbst etwa
2–3 cm tief mit Abständen von 30 cm. Kleine Radieschensorten
werden etwas später, wenn die Jungpflanzen 2,5 cm hoch sind,
auf Abstände von etwa 5 cm ausgedünnt. Rettiche brauchen
Abstände von gut 10 cm. Wenn zu spät ausgedünnt wird oder
die Abstände zu eng sind, bilden sich kleinere Wurzeln mit sehr
scharfem Geschmack. Dasselbe wird durch Wassermangel oder
große Hitze verursacht. Ernten Sie daher Radieschen laufend,
wenn sie eine gute Größe haben. Vor dem Verzehr Blätter und
dünne Wurzel entfernen und unter fließendem Wasser abbürsten.

REZEPTE MIT RADIESCHEN AUF DEN SEITEN 109–110

AVOCADOS
AVOCADI

Die birnenförmigen Früchte, deren Fleisch im reifen Zustand
eine butterweiche Konsistenz hat, sind für Salate, Saucen,
Dips und Vorspeisen geeignet – nicht zuletzt auch für Desserts.
Gekocht werden Avocados nie, denn Hitze macht das Fleisch
bitter. Es gibt über 400 Sorten. Zu den bekanntesten zählen
Hass mit einer sehr dunklen, unebenen Schale und hellgelbem
Fleisch und die größere Sorte *Ettinger* mit glatter, dünner,
mittelgrüner Schale. Kaufen Sie keine Früchte, die zu weich
sind, eine beschädigte Schale oder Druckstellen haben.

Zur Zubereitung die Frucht mit einem scharfen Messer
rings um den Kern einschneiden. Die Hälften gegeneinander
drehen, um sie zu trennen, und den Kern herauslösen. Das
Fleisch mit einem Löffel aus der Schale lösen oder die Hälften
schälen und würfeln. Avocados erst in letzter Minute zubereiten
und das Fleisch sofort mit Zitronen- oder Limettensaft beträufeln,
damit es sich nicht verfärbt. Die entkernten Hälften können Sie
auch im Ganzen servieren – mit Vinaigrette oder Mayonnaise.

Reife Avocados verderben rasch, werden sie ausgewachsen,
aber unreif geerntet. Beim Kauf sind sie meist recht hart, reifen
jedoch bei Zimmertemperatur in 3–5 Tagen nach. Nehmen
Sie zur Probe eine Frucht in die gewölbte Handfläche. Gibt die
Schale auf leichten Druck nach, dann ist sie reif.

PFLANZEN UND ERNTEN Avocados gedeihen nur in frostfreien
Gegenden im Freiland. Für den Garten eignen sie sich deshalb
hierzulande nicht. Es lohnt sich aber durchaus, den Anbau der
Pflanze im Topf unter geschützten Bedingungen zu versuchen.
Die Erntezeit ist im Spätwinter und Frühling. Weil Avocados
auf beiden Erdhalbkugeln angebaut werden, kommen sie
ganzjährig in den Handel.

REZEPTE MIT AVOCADOS AUF DEN SEITEN 111–112

ZWIEBELN
CIPOLLE

Kaum eine Gemüseart wird für so viele Gerichte verwendet wie die Zwiebel. Es gibt pikante braune, milde weiße oder süßliche rote Sorten. Jedes Gericht erhält einen typisch süßlich-herzhaften Unterton, wenn man zuerst Zwiebeln goldbraun anbrät. Das sogenannte *soffritto* bildet die Grundlage für viele italienische Gerichte: Hierfür werden Zwiebeln gehackt und mit Sellerie, Knoblauch und Karotten in Olivenöl oder Butter gedünstet.

Zwiebeln werden auch für Suppen und Tartes verwendet – geröstet oder in Ringen gebraten – und als Beilage serviert oder roh an Salate gegeben. In der Schale geröstete Zwiebeln, die anschließend geschält, in Scheiben geschnitten und mit Salz und Olivenöl serviert werden, sind in Italien ein beliebter Snack. Rote Zwiebeln werden meist für Salate verwendet, kleine weiße Zwiebeln süßsauer (*agrodolce*) eingelegt.

Kaufen Sie feste, trockene Zwiebeln mit dünner, papierartiger Schale. Zwiebeln mit beschädigten, feuchten Stellen oder Trieben sollten Sie liegen lassen. Zwiebeln werden kühl und trocken gelagert. Zur Vorbereitung die Schale und die darunterliegende Schicht entfernen, das Innere in Spalten oder Ringe schneiden, und zum Würfeln die Ringe in Längsrichtung zerschneiden.

SÄEN UND ERNTEN Zwiebeln erhalten Sie als Samen oder Steckzwiebeln. Gesät wird in Abständen von 7,5 cm mit Reihenabständen von 30 cm. Sämlinge nach 3–4 Wochen auf Abstände von 10 cm ausdünnen. Steckzwiebeln in Abständen von 10–15 cm pflanzen. Regelmäßig jäten und gießen. Sobald das Grün welk wird und umknickt, kann geerntet werden. Die Blätter über den Zwiebeln abschneiden. Zwiebeln dunkel, am besten in Netzen, bei 5 °C aufbewahren. Milde Zwiebeln halten sich gut 1 Monat, scharfe Zwiebeln bis zu 4 Monate.

REZEPTE MIT ZWIEBELN AUF DEN SEITEN 115–121

CHICORÉE
INDIVIA BELGA

Die Familie der Zichoriengewächse umfasst viele essbare
Pflanzen, aber die Benennungen sind nicht immer einheitlich.
Mit Chicorée sind in diesem Buch die hellen, kompakten,
zapfenförmigen Köpfe gemeint. Sie haben eine knackige
Konsistenz und einen zartbitteren Geschmack. Chicorée passt
hervorragend in Salate mit Speck, Kapern oder Zitrusfrüchten.
Für ein einfaches Dressing genügen Olivenöl und Balsamico.
Sie können Chicorée aber auch zusammen mit aromatischen
Zutaten wie Chili, Muskatnuss, Schinken oder Käse garen.

Kaufen Sie feste, weiße Köpfe mit gelben Blattspitzen,
und meiden Sie Köpfe, die sich öffnen oder grüne Blattspitzen
haben. Für Salate werden die Blätter abgelöst und gewaschen.
Zum Garen entfernen Sie den Strunk und alle beschädigten
Blätter. Dann waschen und halbieren oder vierteln Sie die
Blätter je nach Rezept. Normalerweise blanchiert man Chicorée
vor dem Schmoren oder Überbacken. Man kann ihn aber auch
20–30 Minuten in gesalzenem Wasser garen. Junger Chicorée
eignet sich sogar zum Grillen.

SÄEN UND ERNTEN Ideal sind Hochbeete, die mit reichlich
Kompost angereichert wurden. Gesät wird im Frühling kurz
vor dem letzten Frost. Wenn die Sämlinge 2,5 cm hoch sind,
werden sie auf Abstände von 15 cm ausgedünnt. Nach dem
ersten Frost im Herbst gräbt man die Wurzeln aus, die Blätter
werden entfernt, und man lässt die Wurzeln über Nacht
antrocknen. Dann einen Eimer mit leicht feuchtem Sand
füllen und die Wurzeln mit der Spitze nach oben hineinstecken.
Die Wurzeln sollten dabei einander nicht berühren. Mit einem
Tuch abdecken und kühl und dunkel stellen. Im Winter den
Eimer in einem Raum mit 16°C stellen, begießen und mit
Folie abdecken. Nach 3–4 Wochen kann die Ernte beginnen.

REZEPTE MIT CHICORÉE AUF DEN SEITEN 122–126

SPINAT-QUICHE MIT RICOTTA UND FETA

FOTO AUF SEITE 47

QUICHE AI GERMOGLI DI SPINACHI, PRIMO SALE E FETA

Vorbereiten: *15 Min.*
Garzeit: *30–40 Min.*
Für 6 Personen

— 250 g Blätterteig
 (Tiefkühlware), aufgetaut
— Mehl, zum Bestäuben
— 4 Eier
— 200 g Frischkäse
 (Ricotta salata), zerbröselt
— 100 g Feta-Käse, abgetropft
 und gewürfelt
— 4 EL Pinienkerne
— 200 g Spinat, gehackt
— Olivenöl, zum Beträufeln
— Salz und Pfeffer

Den Backofen auf 200 °C vorheizen. Eine Quiche-Form (20 cm Durchmesser) mit Backpapier auslegen. Den Teig auf einer leicht bemehlten Arbeitsfläche ausrollen und in die vorbereitete Form legen. Mehrfach mit einer Gabel einstechen. Eier und Frischkäse verquirlen, dann den Feta-Käse einrühren. Mit Pfeffer und wenig Salz würzen und in die Form gießen. Die Pinienkerne darüberstreuen, den Spinat zufügen und mit Öl beträufeln. Die Form auf ein Backblech stellen und etwa 10 Minuten im Ofen backen. Die Hitze auf 180 °C reduzieren und weitere 20–30 Minuten backen, bis die Masse fest ist. Aus dem Ofen nehmen. Die Quiche lauwarm zu kaltem Aufschnitt, wie Prosciutto cotto, Speck oder hauchdünn geschnittener Mortadella servieren.

SPINATCREMESUPPE

CREMA DI SPINACI

Vorbereiten: *10 Min.*
Garzeit: *30 Min.*
Für 4 Personen

— 1 l Fleischbrühe
— 40 g Butter
— 2 Zwiebeln, fein gehackt
— 40 g Mehl
— 500 g Spinat (Tiefkühlware),
 aufgetaut, fein gehackt
— 3 EL Zitronensaft
— 2 EL Sahne, und etwas Sahne
 zum Garnieren
— Salz und Pfeffer
— rosenscharfes Paprikapulver,
 zum Garnieren

Die Brühe in einem Topf aufkochen. Die Butter in einem anderen Topf zerlassen und die Zwiebeln darin bei niedriger Temperatur unter gelegentlichem Rühren 5 Minuten glasig dünsten. Das Mehl zugeben und unter Rühren 2 Minuten anschwitzen. Die Brühe einrühren. Den Spinat zugeben und etwa 20 Minuten köcheln. Den Zitronensaft einrühren. Die Suppe in einem Mixer glatt pürieren. Wieder in den Topf füllen und mit Salz und Pfeffer würzen. Die Sahne einrühren und kurz erwärmen. Vom Herd nehmen und abgedeckt 5 Minuten ziehen lassen. In Teller füllen, mit etwas Sahne garnieren und mit Paprikapulver bestreuen.

SPINAT-QUICHE MIT RICOTTA UND FETA

REIS MIT SPINAT

RISO ALL'ONDA CON SPINACI

Vorbereiten: *30 Min.*
Garzeit: *28 Min.*
Für 4 Personen

— 3 EL Olivenöl
— 200 g kleine Zwiebeln, in
  dünne Ringe geschnitten
— 120 g Risotto-Reis
— 1 kg Spinat, ohne Stiele,
  Blätter gehackt
— 25 g Butter
— Salz und Pfeffer

In einem Topf 750 ml Wasser mit 1 Prise Salz zum Kochen bringen. Inzwischen das Öl in einem zweiten Topf erhitzen. Die Zwiebel zufügen und bei schwacher Hitze unter gelegentlichem Rühren 5 Minuten glasig dünsten. Den Reis zugeben und unter ständigem Rühren 1–2 Minuten erhitzen, bis alle Körner von Öl überzogen sind. Den Spinat zufügen und unter gelegentlichem Rühren 1–2 Minuten erhitzen. Das kochende gesalzene Wasser zugießen, wieder aufkochen, dann die Hitze reduzieren. Abgedeckt 15–20 Minuten köcheln, bis der Reis gar ist. Vom Herd nehmen, die Butter zugeben und schmelzen lassen. Mit Pfeffer würzen und sofort servieren.

RISOTTO MIT SPINAT UND TOMATEN

RISOTTO CON SPINACI E POMODORI

Vorbereiten: *30 Min.*
Garzeit: *25 Min.*
Für 4 Personen

— 3 Roma-Tomaten, längs
  halbiert
— 2 EL Olivenöl, und etwas
  Olivenöl zum Beträufeln
— 1 l Gemüsebrühe
— 200 ml trockener Weißwein
— ½ EL Butter
— 1 kleine Zwiebel, fein gehackt
— 1 kleine Karotte, fein gehackt
— 1 Selleriestange, fein gehackt
— ½ Knoblauchzehe, fein
  gehackt
— 320 g Risotto-Reis
— 200 g Spinat, ohne Stiele,
  Blätter gehackt
— 40 g geriebener Parmesan
— Salz und Pfeffer

Den Backofen auf 200 °C vorheizen. Die Tomaten mit der Schnittfläche nach unten auf ein Backblech setzen, mit Salz und Pfeffer würzen und mit Öl beträufeln. Im Ofen 10 Minuten garen, dann herausnehmen und beiseitestellen. Brühe, Wein und 200 ml Wasser in einem Topf zum Kochen bringen. Butter und Öl in einem zweiten Topf erhitzen. Zwiebel, Karotte, Sellerie und Knoblauch darin bei schwacher Hitze unter gelegentlichem Rühren 5 Minuten anschwitzen. Den Reis zufügen, mit Salz und Pfeffer würzen und unter ständigem Rühren 2 Minuten erhitzen, bis alle Körner von Öl überzogen sind. 1 Kelle heiße Brühe zugeben und unter Rühren köcheln, bis der Reis die Flüssigkeit aufgenommen hat. Nach und nach kellenweise Brühe zufügen und unter Rühren aufsaugen lassen. Ist die Hälfte der Brühe verbraucht, die Tomaten und einige Minuten später den Spinat zugeben. Mit Pfeffer würzen. Die restliche Brühe wie vorher zugeben (sie ist nach 18–20 Minuten verbraucht). Vom Herd nehmen, mit Parmesan bestreuen, in eine vorgewärmte Schüssel umfüllen und sofort servieren.

PANSOTTI AUS MAGRO

Vorbereiten: 1 Std. 15 Min.
plus 1 Std. Ruhen
Garzeit: 30 Min.
Für 6 Personen

Für den Pastateig:
— 400 g Mehl, und etwas
  Mehl zum Bestäuben
— 1 EL trockener Weißwein
— Salz

Für die Füllung:
— 250 g Borretschblätter
— 250 g Spinat, Mangold oder
  zarte Rübenblätter
— ½ Knoblauchzehe, geschält
— 200 g Ricotta (italienischer
  Frischkäse)
— 2 Eier
— 50 g geriebener Parmesan

Für die Walnusssauce:
— 40 g frische Semmelbrösel
— 2 EL Milch
— 150 g Walnusskerne
— ½ Knoblauchzehe, geschält
— 150 ml Olivenöl
— 20 g Butter
— 80 g geriebener Parmesan
— Salz

Für die Teigtaschen (Pansotti) das Mehl und 1 Prise Salz auf die Arbeitsfläche sieben, zu einem Berg formen und eine Mulde in die Mitte drücken. 120 ml Wasser und den Wein hineingießen und mit den Händen gut vermischen. Den Teig kräftig durchkneten, zu einer Kugel formen und abgedeckt 30 Minuten ruhen lassen.

Inzwischen die Füllung zubereiten. Dazu in 2 Töpfen leicht gesalzenes Wasser zum Kochen bringen. In den einen die Borretschblätter geben, in den anderen Spinat, Mangold oder Rübenblätter. Die Borretschblätter 2–3 Minuten garen, dann abgießen. Spinat, Mangold oder Rübenblätter etwa 5 Minuten garen, dann abgießen und die Kochflüssigkeit auffangen. Alle Blätter und den Knoblauch fein hacken. In eine Schüssel füllen. Ricotta, Eier und Parmesan einrühren.

Den Pastateig auf einer leicht bemehlten Arbeitsfläche dünn ausrollen und in 10 cm große Quadrate schneiden. In die Mitte jeweils 1 Teelöffel Füllung setzen, dann die Quadrate diagonal zur Hälfte falten und die Ränder mit den Fingerspitzen fest zusammendrücken.

Für die Sauce die Semmelbrösel in eine Schüssel geben, mit Milch übergießen und etwa 10 Minuten quellen lassen. Inzwischen in einem Topf Wasser zum Kochen bringen. Die Walnüsse darin 5 Minuten blanchieren, abgießen, auf ein Geschirrtuch schütten und die Häute abreiben. Die Semmelbrösel abgießen und gut ausdrücken. Mit Walnüssen und Knoblauch in einem Mörser zu einer Paste verarbeiten. Langsam unter Rühren das Öl zugießen, bis die Sauce dickflüssig ist. Falls nötig, aufgefangene Kochflüssigkeit zugeben. Wasser mit etwas Salz in einem großen Topf zum Kochen bringen. Die Hitze reduzieren, die Teigtaschen zugeben und 10 Minuten ziehen lassen. Abgießen und in eine vorgewärmte Servierschüssel umfüllen. Mit der Walnusssauce übergießen, Butterflöckchen und Parmesan darauf verteilen, kurz durchmischen und sofort servieren.

SPINATSOUFFLÉ MIT FONTINA

SPINATSOUFFLÉ MIT FONTINA

FOTO AUF SEITE 50

SOUFFLÉ DI SPINACI E FONTINA

Vorbereiten: *1 Std.*
Garzeit: *50 Min.*
Für 4–6 Personen

— 800 g Kartoffeln, ungeschält
— 2 Eigelb
— 20 g Butter, und etwas Butter
   zum Einfetten
— 25 g geriebener Parmesan
— 300 g milder Fontina-Käse,
   gewürfelt
— 6 EL frische Semmelbrösel
— 300 g Spinat, ohne Stiele
— 1 EL Olivenöl
— 1 Knoblauchzehe, geschält
— Salz und Pfeffer

Für die Béchamelsauce:
— 40 g Butter
— 40 g Mehl
— 500 ml Milch
— Salz

Die Kartoffeln in einem großen Topf mit Wasser bedecken und etwas Salz zufügen. Wasser zum Kochen bringen und die Kartoffeln 30–40 Minuten garen. Abgießen, schälen und in einer Schüssel stampfen. Eigelb, Butter und Parmesan einrühren, dann mit Salz und Pfeffer würzen.

Für die Béchamelsauce die Butter in einem Topf zerlassen. Das Mehl zugeben und bei schwacher Hitze unter ständigem Rühren 2 Minuten hellbraun anschwitzen. Langsam die Milch einrühren, zum Kochen bringen und unter Rühren köcheln, bis die Sauce sämig wird. Mit Salz abschmecken.

Vom Herd nehmen und den Fontina einrühren. Den Backofen auf 200 °C vorheizen. Eine Souffléform mit Butter einfetten, mit Semmelbröseln ausstreuen. Den Spinat mit dem Wasser, das vom Waschen an den Blättern haftet, etwa 2 Minuten garen, dann abgießen und gründlich ausdrücken. Das Öl in einer kleinen Pfanne erhitzen. Die Knoblauchzehe darin bei schwacher Hitze unter häufigem Rühren einige Minuten goldbraun anbraten. Aus dem Öl nehmen und entsorgen. Den Spinat zugeben und unter gelegentlichem Rühren 2 Minuten erhitzen, dann vom Herd nehmen und in die Béchamelsauce einrühren. Den Boden der Form mit einer Schicht der Kartoffelmasse bedecken. In die Mitte die Sauce mit dem Spinat geben, mit der restlichen Kartoffelmasse bedecken und 50 Minuten überbacken. Aus dem Ofen nehmen und sofort in der Form servieren.

KRÄUTER-GNOCCHI

GNOCCHI ALLE ERBE

Vorbereiten: *45 Min.*
Garzeit: *20 Min.*
Für 4 Personen

— 600 g Spinat oder Borretsch,
  ohne Stiele
— 25 g Butter
— 4–5 Minzeblätter, gehackt
— 2 Eier, leicht verquirlt
— 120 g Mehl
— 225 g Ricotta (italienischer
  Frischkäse)
— 2 EL geriebener Parmesan
— 2–4 EL frische Semmelbrösel
— Salz und Pfeffer

Für das Dressing:
— 80 g Butter
— 2 Knoblauchzehen, geschält
— 4–5 Salbeiblätter
— 50 g geriebener Parmesan

Den Spinat in kochendem Wasser etwa 2 Minuten garen, bis er zusammenfällt. Abgießen, gründlich ausdrücken und hacken. Die Butter in einer Pfanne schmelzen. Den Spinat zufügen und unter ständigem Rühren 5 Minuten erhitzen. In eine Schüssel umfüllen und etwas abkühlen lassen. Minze, Eier, Mehl, Ricotta und Parmesan zufügen. Mit Salz und Pfeffer würzen. So viele Semmelbrösel untermischen, bis eine feste Masse entsteht. Walnussgroße Portionen davon abstechen und zu Klößchen formen. In einem großen Topf Wasser mit etwas Salz zum Kochen bringen, dann die Hitze reduzieren. Die Gnocchi portionsweise 7–8 Minuten garen, bis sie an die Oberfläche steigen. Mit einem Schaumlöffel herausnehmen, auf einem sauberen Geschirrtuch abtropfen lassen und in eine vorgewärmte Servierschüssel umfüllen.

Für das Dressing die Butter mit Knoblauch und Salbei in einem kleinen Topf erhitzen, bis der Knoblauch goldbraun ist. Dabei ständig rühren. Knoblauch und Salbei herausnehmen. Die gewürzte Butter über die Gnocchi gießen, mit geriebenem Käse bestreuen und sofort servieren.

SPINATSALAT MIT SPECK UND BOHNEN

INSALATA DI SPINACI CON FAGIOLI E BACON

Vorbereiten: *10 Min.*
Garzeit: *5 Min.*
Für 4 Personen

— 80 g Pancetta oder
  durchwachsener Speck,
  fein gewürfelt
— 150 g sehr junger Spinat
— 150 g weiße Bohnen, gekocht
  und abgetropft
— 1 Zwiebel, in Ringe geschnitten
— Olivenöl, zum Beträufeln
— Rotweinessig, zum Beträufeln
— Salz und Pfeffer

Den Grill vorheizen. Ein Backblech mit Backpapier auslegen und den Speck darauf verteilen. 5 Minuten knusprig grillen, dann herausnehmen und beiseitestellen. Spinat, Bohnen und Zwiebelringe in eine Schüssel geben, mit Öl und Essig beträufeln und mit Salz und Pfeffer würzen. Vorsichtig mischen. Mit den Speckwürfeln bestreuen und servieren.

CRÊPES MIT SPINAT UND RICOTTA

CRÊPES CON RICOTTA E SPINACI

Vorbereiten: *20 Min.*
Garzeit: *35 Min.*
Für 4 Personen

— 12 Crêpes (siehe Seite 387)
— 40 g Butter, und etwas
  Butter zum Einfetten
— 500 g Spinat
— 1 EL Olivenöl
— 200 g Ricotta (italienischer
  Frischkäse)
— 1 Eigelb
— 2 EL geriebener Parmesan

Die Crêpes zubereiten und abkühlen lassen. Den Backofen auf 180 °C vorheizen. Eine Auflaufform mit Butter einfetten. Den Spinat nur mit dem Wasser, das vom Waschen an den Blättern haftet, 5 Minuten in einem Topf erhitzen, bis er zusammengefallen ist. Abgießen, ausdrücken und hacken. Die Hälfte der Butter mit dem Öl in einer Pfanne erhitzen, den Spinat zufügen und bei schwacher Hitze unter Rühren 5 Minuten dünsten. In eine Schüssel geben und mit Ricotta und Eigelb vermengen. Crêpes mit der Mischung bestreichen, zur Hälfte zusammenklappen und in die vorbereitete Form legen. Mit Parmesan bestreuen, die restliche Butter in Flocken darauf verteilen und 15 Minuten im Ofen überbacken. Herausnehmen und vor dem Servieren einige Minuten stehen lassen.

SPINATSALAT MIT CANNELLINI-BOHNEN UND SENF

INSALATA DI CANNELLINI E SPINACI ALLA SENAPE

Vorbereiten: *5 Min.*
Garzeit: *20 Min.*
Für 4 Personen

— 2 EL Dijon-Senf
— 3 EL Rotweinessig
— 100 ml Olivenöl
— 6 Schalotten, fein gehackt
— 800 g Cannellini-Bohnen
  (aus der Dose), abgetropft
  und abgespült
— 2 EL gehackter Thymian
— 2 EL gehackte Petersilie
— 450 g Spinat, ohne Stiele,
  gehackt
— Salz und Pfeffer

Senf und Essig in einer Schüssel glatt verrühren und beiseitestellen. 2 Esslöffel Öl zurückbehalten, den Rest in einem Topf erhitzen und die Schalotten darin bei schwacher Hitze unter gelegentlichem Rühren etwa 5 Minuten weich und glasig dünsten. Die Bohnen, die Senf-Essig-Mischung und das restliche Olivenöl einrühren. Mit Salz und Pfeffer würzen, dann Thymian, Petersilie und Spinat zufügen. Unter ständigem Rühren erhitzen, bis der Spinat zusammengefallen ist. Vom Herd nehmen und sofort servieren.

CONCHIGLIE MIT SPINAT

FOTO AUF SEITE 55

CONCHIGLIE CON GLI SPINACI

Vorbereiten: *20 Min.*
Garzeit: *20 Min.*
Für 4 Personen

— 50 g Butter
— 1 Schalotte, gehackt
— 400 g Spinat, gehackt
— 1 Ei, ersatzweise 50 g
   flüssige Sahne
— 100 g Ricotta (italienischer
   Frischkäse)
— 350 g Conchiglie
   (muschelförmige Pasta)
— Salz und Pfeffer

Die Butter in einem Topf schmelzen. Die Schalotte darin bei schwacher Hitze unter gelegentlichem Rühren 5 Minuten dünsten. Den Spinat zugeben, gut umrühren und mit Salz würzen. Abgedeckt einige Minuten durchwärmen. Den Topf vom Herd nehmen, bevor der Spinat zu trocken wird. Ei und Ricotta mit etwas Pfeffer in einer Schüssel cremig verrühren. Conchiglie in reichlich kochendem Wasser mit etwas Salz al dente garen, abgießen und unter die Ricotta-Mischung rühren. Den Spinat zufügen, kurz mischen und sofort servieren.

SPINATSALAT MIT PILZEN

INSALATA DI SPINACI E FUNGHI

Zubereiten: *15 Min.*
Für 4 Personen

— 150 g Pilze, in dünne
   Scheiben geschnitten
— Saft von 1 Zitrone, durch
   ein Sieb gestrichen
— 300 g Spinat, ohne Stiele
— 25 g Pinienkerne
— 4 EL Olivenöl
— Salz und Pfeffer

Die Pilzscheiben mit etwas Zitronensaft beträufeln und in eine Salatschüssel geben. Spinat und Pinienkerne zufügen. Das Öl und den restlichen Zitronensaft in einer kleinen Schüssel verrühren und mit Salz und Pfeffer würzen. Salat mit dem Dressing übergießen, vermischen und servieren.

GEBACKENE SPINATMEDAILLONS

Vorbereiten: *45 Min.*
Garzeit: *30 Min.*
Für 6 Personen

— 800 g Kartoffeln
— 2 Eier, leicht verquirlt
— 3 EL Mehl
— 3 EL geriebener Parmesan
— 200 g junger Spinat, grob
  gehackt
— Salz und Pfeffer

Die Kartoffeln schälen, würfeln und in wenig Wasser in einem Dampfkochtopf weich dämpfen. Inzwischen den Backofen auf 180 °C vorheizen. Eine große Auflaufform mit Backpapier auslegen. Die Kartoffeln in einer Schüssel stampfen. Eier, Mehl, Parmesan und Spinat zufügen und mit Salz und Pfeffer würzen. Aus der Masse 12 gleich große Kugeln formen und flach drücken. Die Medaillons in die vorbereitete Form legen und im Backofen 30 Minuten backen. Nach der Hälfte der Zeit wenden. Herausnehmen und heiß oder lauwarm servieren.

ÜBERBACKENER SPINAT MIT PECORINO

SPINACI AL FORNO CON PECORINO

Vorbereiten: *30 Min.*
Garzeit: *10 Min.*
Für 4 Personen

— 2 EL Olivenöl, und etwas
  Olivenöl zum Einstreichen
— 1 kg Spinat, ohne Stiele
— 6 reife Tomaten, gehackt
— 1 Prise getrockneter Oregano
— 80 g reifer Pecorino-Käse,
  in Späne gehobelt
— Blätter von 1 Zweig
  Thymian, fein gehackt
— Salz und Pfeffer

Den Backofen auf 200 °C vorheizen. Eine Auflaufform mit Öl einstreichen. Den Spinat nur mit dem Wasser, das vom Waschen an den Blättern haftet, einige Minuten in einem Topf erhitzen, bis er zusammengefallen ist. Abgießen, gut ausdrücken und in die vorbereitete Form geben. Tomaten, Öl und Oregano in einer Schüssel verrühren und mit Salz und Pfeffer würzen. Die Mischung auf dem Spinat verteilen. Mit Pecorino-Spänen und Thymian bestreuen und etwa 10 Minuten überbacken. Sofort servieren.

SPINATKLÖSSCHEN

Vorbereiten: *25 Min.*
Garzeit: *8–10 Min.*
Für 4 Personen

— 20 g Butter
— 300 g Spinat, ohne Stiele,
 gehackt
— 100 g Prosciutto cotto
 (Kochschinken), gewürfelt
— Blätter von 1 Zweig
 Thymian, fein gehackt
— 50 g frisch geriebener
 Gruyère-Käse
— 120 ml Olivenöl
— Salz

Die Butter in einer Pfanne schmelzen. Spinat und Schinken zufügen und unter gelegentlichem Rühren einige Minuten erhitzen. Mit etwas Salz würzen. Thymian und Käse darüberstreuen, dann die Pfanne vom Herd nehmen. Mit 2 Löffeln Klößchen aus der Masse formen. Das Öl in einer großen Pfanne erhitzen und die Klößchen darin bei mittlerer Hitze 8–10 Minuten frittieren, zwischendurch wenden. Mit einem Schaumlöffel herausnehmen und auf Küchenpapier abtropfen lassen. In einer vorgewärmten Servierschüssel anrichten und sofort servieren.

ZIMINO

Vorbereiten: *25 Min.*
Garzeit: *45 Min.*
Für 4–6 Personen

— 15 g getrocknete Pilze
— 500 g Mangold
— 4 EL Olivenöl
— 3 Tomaten, geschält und
 gewürfelt
— 1 Zwiebel, gewürfelt
— 1 Karotte, gewürfelt
— 1 Knoblauchzehe, fein gehackt
— 1 Selleriestange, gewürfelt
— 1 Petersilienstängel, gehackt
— Salz und Pfeffer

Die Pilze in einer hitzebeständigen Schüssel mit heißem Wasser bedecken und 20 Minuten einweichen. Abgießen und gut ausdrücken. Inzwischen die Stiele aus den Mangoldblättern schneiden (Stiele anderweitig verwenden) und die Blätter hacken. Das Öl in einem Topf erhitzen. Tomaten, Zwiebel, Karotte, Knoblauch und Sellerie zugeben und mit Salz und Pfeffer würzen. Bei schwacher Hitze unter gelegentlichem Rühren etwa 15 Minuten schmoren. Falls die Mischung zu trocken wird, 1–2 Esslöffel Wasser zugeben. Mangoldblätter, eingeweichte Pilze und Petersilie einrühren und unter gelegentlichem Rühren weitere 30 Minuten bei schwacher Hitze garen. Diese Gemüsesauce schmeckt besonders gut zu Stockfisch.

FOTO AUF SEITE 59

MANGOLDRISOTTO

RISOTTO ALLA BIETOLA

Vorbereiten: *30 Min.*
Garzeit: *50 Min.*
Für 4 Personen

— 300 g Tintenfisch
— 4 EL Olivenöl
— 1 kleine Zwiebel, fein gehackt
— 1 Knoblauchzehe, geschält
  und fein gehackt
— 500 g Mangold, Blätter
  gehackt
— 250 g Risotto-Reis
— Salz und Pfeffer
— geriebener Parmesan, zum
  Servieren

Von dem Tintenfisch die direkt an den Tintenfischaugen liegenden Arme und den Hornschnabel in der Mitte entfernen. Die Arme abtrennen und die Haut abziehen. Den Kopf häuten, auf der Rückseite aufschneiden und den Schulp entfernen. Vorsichtig den Tintenbeutel herausnehmen und in eine Schüssel mit Wasser legen. Sie brauchen 3–4 Beutel. Eingeweide und Kopf entfernen, Arme und Körper in mundgerechte Stücke schneiden.

Das Öl in einem großen Topf erhitzen und den Tintenfisch darin unter Rühren hellbraun anbraten. Zwiebel, Knoblauch und Mangold einrühren und abgedeckt 30 Minuten garen. Gelegentlich umrühren. Inzwischen 1,2 l Wasser in einem Topf zum Kochen bringen, dann die Hitze reduzieren. Den Reis zum Tintenfisch geben und die aufgefangene Tinte zufügen. Umrühren, das heiße Wasser zugießen und unter häufigem Rühren 20 Minuten köcheln, bis der Reis gar ist. Mit Salz und Pfeffer würzen, mit Parmesan bestreuen. Sofort servieren.

ÜBERBACKENER MANGOLD

BIETOLE GRATINATE

Vorbereiten: *25 Min.*
Garzeit: *15 Min.*
Für 4 Personen

— Butter, zum Einfetten
— 1 kg Mangold
— 1 Rezept Béchamelsauce
  (siehe Seite 51)
— 80 g geriebener Parmesan
— Salz

Den Backofen auf 180 °C vorheizen. Eine Auflaufform mit Butter einfetten. Die Mangoldblätter mit einer Küchenschere oder einem Messer von den Stielen trennen (die Blätter kann man für eine Suppe verwenden) und die Stiele in kleine Stücke schneiden. Mit Salz würzen. Abwechselnd Mangoldstiele, Béchamelsauce und Parmesan in die Form schichten, mit Parmesan enden. Etwa 15 Minuten im Backofen garen. Herausnehmen und heiß servieren.

MANGOLDPASTETE MIT ARTISCHOCKEN

TORTA DI BIETOLA E CARCIOFI

*Vorbereiten: 1 Std. 30 Min.
plus 30 Min. Ruhen
Garzeit: 40–45 Min.
Für 6 Personen*

Für den Teig:
— 500 g Mehl, und etwas
   Mehl zum Bestäuben
— 120 ml Olivenöl
— 500 g Mangold, ohne Stiele
— 2 Scheiben Weißbrot,
   ohne Rinde
— 50 ml Milch
— Saft von 1 Zitrone, durch
   ein Sieb gestrichen
— 12 Artischocken
— 50 ml Olivenöl
— 1 Zwiebel, in dünne
   Ringe geschnitten
— 100 g geriebener
   Pecorino-Käse
— 50 g geriebener Parmesan
— 1 EL gehackter Majoran
— Butter, zum Einfetten
— Salz und Pfeffer

Für den Teig das Mehl sieben und auf der Arbeitsfläche aufhäufen. Eine Vertiefung in die Mitte drücken. 1 Prise Salz, das Öl und 4 Esslöffel Wasser hineingeben und alles mit den Händen verkneten. Falls nötig, 1–2 Esslöffel Wasser zufügen. Gründlich kneten, den Teig zu einer Kugel formen, in Frischhaltefolie wickeln und etwa 30 Minuten in den Kühlschrank legen.

Inzwischen in einem Topf Wasser mit etwas Salz zum Kochen bringen und den Mangold darin 10–15 Minuten bissfest garen. Abgießen, gut ausdrücken und hacken. Das Brot in Stücke reißen, in eine Schüssel legen und mit der Milch übergießen. Quellen lassen.

Inzwischen eine Schüssel zur Hälfte mit Wasser füllen und den Zitronensaft einrühren. Von den Artischocken Stielansätze und harte Blätter entfernen, die übrigen Blätter etwas kürzen. Die Artischocken sofort in das Zitronenwasser einlegen, damit sie sich nicht verfärben, und 10 Minuten darin liegen lassen, dann abgießen und hacken. Das restliche Öl in einer Pfanne erhitzen. Zwiebel und Artischocken darin bei schwacher Hitze unter gelegentlichem Rühren 5 Minuten weich dünsten. Das eingeweichte Brot abgießen und gründlich ausdrücken. Zusammen mit Mangold, Pecorino und Parmesan in die Pfanne geben. Durchrühren, mit Salz und Pfeffer würzen und mit Majoran bestreuen. Die Pfanne vom Herd nehmen.

Den Backofen auf 200 °C vorheizen. Eine Auflaufform (35 x 25 cm) mit Butter einfetten. Den Teig auswickeln und in 2 Portionen teilen, davon eine etwas größer als die andere. Die größere Portion auf einer leicht bemehlten Arbeitsfläche ausrollen, vorsichtig in die Form legen und Boden und Wände damit auskleiden (Achtung, der Teig zerbröselt leicht!). Die Gemüsemischung darauf verteilen. Die zweite Portion ausrollen und vorsichtig auf das Gemüse legen. Die Ränder zusammendrücken. Mit den Zinken einer Gabel ein spiralförmiges Muster in den Teigdeckel stechen und 40–45 Minuten goldbraun backen. Warm oder kalt servieren.

MANGOLD MIT SARDELLEN

BIETOLE CON LE ACCIUGHE

Vorbereiten: *30 Min.*
Garzeit: *20 Min.*
Für 4 Personen

— 1 kg Mangold
— 4 in Salz eingelegte Sardellen
  (aus dem Glas), filetiert,
  10 Min. in kaltes Wasser
  eingelegt und abgetropft
— 2 EL Olivenöl, und etwas
  Olivenöl zum Beträufeln
— 1 Knoblauchzehe, fein gehackt
— 40 g geriebener Parmesan
— Salz und Pfeffer

Die Mangoldblätter von den Stielen trennen (die Blätter können für eine Suppe verwendet werden). Die Stiele in etwa 5 cm lange Stücke schneiden und 10–15 Minuten in gesalzenem Wasser garen. Gut abtropfen lassen. Inzwischen die Sardellen fein hacken. Das Öl in einer Pfanne erhitzen, Knoblauch und Sardellen zufügen und bei schwacher Hitze anbraten, dabei die Sardellen gut zerdrücken. Die Mangoldstiele zufügen und bei starker Hitze unter häufigem Rühren einige Minuten dünsten. Auf mittlere Hitze zurückschalten. Den Mangold mit Salz und Pfeffer abschmecken und mit Öl beträufeln. Umrühren und weitere 10 Minuten garen. Vom Herd nehmen, den Mangold mit Parmesan bestreuen und sofort servieren.

GRÜNE CREMESUPPE

CREMA VERDE

Vorbereiten: *15 Min.*
Garzeit: *30 Min.*
Für 4 Personen

— 25 g Butter
— 2 Porreestangen, nur
  der weiße Teil, in dünne
  Ringe geschnitten
— 3 Kartoffeln, gewürfelt
— 1 l Gemüsebrühe
— 250 g frische Brunnenkresse,
  gehackt
— 1 Prise frisch geriebene
  Muskatnuss
— 150 ml Sahne
— Salz und Pfeffer
— Croûtons, zum Servieren

Die Butter in einem Topf zerlassen und den Porree darin bei schwacher Hitze unter gelegentlichem Rühren etwa 5 Minuten dünsten. Die Kartoffeln zugeben, die Brühe zugießen und bei schwacher Hitze 10 Minuten köcheln. Brunnenkresse und Muskatnuss zugeben, mit Salz und Pfeffer abschmecken und weitere 10 Minuten garen. In einen Mixer geben und glatt pürieren. Wieder in den Topf geben, die Sahne einrühren und kurz erwärmen. Mit Croûtons servieren.

ZICHORIENSALAT MIT SALSICCIA

ZICHORIENSALAT MIT SALSICCIA

SALSICCIA ALLA CICORIA

Vorbereiten: *10 Min.*
Garzeit: *7–8 Min.*
Für 4 Personen

— 2 italienische Räucher-
   würstchen (Salsiccia)
— 200 g Croûtons
— 200 g zarte Blätter von
   Wilder Zichorie oder
   jungem Löwenzahn
— Olivenöl, zum Beträufeln
— Rotweinessig, zum Beträufeln
— Salz und Pfeffer

Die Würste in einem kleinen Topf mit 2 Esslöffeln Wasser 7–8 Minuten gar ziehen lassen. Zur Probe mit einer Gabel einstechen. Wenn die Zinken beim Herausziehen glänzen, sind die Würste gar. Aus dem Topf nehmen und etwas abkühlen lassen. Inzwischen Croûtons und die Zichorien- oder Löwenzahnblätter in eine Salatschüssel geben. Die Würste häuten und das Innere auf die Blätter bröseln. Mit Salz und Pfeffer würzen, mit Öl und Essig nach Geschmack beträufeln, mischen und servieren.

BRENNNESSELSUPPE

MINESTRA DI ORTICHE

Vorbereiten: *10 Min.*
Garzeit: *35–40 Min.*
Für 4 Personen

— 600 g junge Brennnesseln
— 1,5 l Fleischbrühe
— 3 EL Olivenöl
— 50 g Pancetta oder
   durchwachsener Speck, fein
   gewürfelt
— 1 Knoblauchzehe, gehackt
— 2 vollreife Tomaten, geschält,
   entkernt und gewürfelt
— 150 g Langkornreis
— Salz

Die Brennnesselblätter mit Gummihandschuhen von den Stielen abstreifen, waschen und grob hacken. Die Brühe in einem Topf aufkochen. Das Öl in einem anderen Topf erhitzen und darin den Speck und den Knoblauch etwa 5 Minuten anbraten. Die Tomaten und etwas Salz zufügen und 10 Minuten mitgaren. Die Brennnesseln zugeben und einige Minuten mitgaren. Die Brühe zugießen, aufkochen und den Reis hinzufügen. 15–20 Minuten köcheln, bis der Reis gar ist. In eine Suppenterrine füllen und servieren.

BRENNNESSEL-SPINAT-RAVIOLI

FOTO AUF SEITE 65

RAVIOLI DI ORTICHE E SPINACI

Vorbereiten: *50 Min.*
plus *15 Min.* Ruhen
Garzeit: *15 Min.*
Für 4 Personen

Für den Pastateig:
— 200 g Mehl, und etwas Mehl
 zum Bestäuben
— 2 Eier

Für die Füllung:
— 250 g junge Brennnesselblätter
— 250 g Spinat oder Mangold,
 ohne Stiele
— 200 g Ricotta (italienischer
 Frischkäse)
— 1 Ei, leicht verquirlt
— 80 g geriebener Parmesan, und
 etwas mehr zum Servieren
— 1 TL geriebene Zitronenschale
— 1 Prise Majoran
— 1 Prise geriebene Muskatnuss
— 1 Prise gemahlener Zimt,
 nach Belieben
— Salz
— Sauce nach Wahl, zum
 Servieren

Für den Pastateig das Mehl und 1 Prise Salz sieben, auf die Arbeitsfläche häufen und eine Vertiefung in die Mitte drücken. Die Eier aufschlagen, in die Vertiefung geben und mit den Fingern vorsichtig mit den trockenen Zutaten vermischen. Gut durchkneten, zur Kugel formen und an einem kühlen Platz mindestens 15 Minuten ruhen lassen. Inzwischen die Füllung vorbereiten. In 2 Töpfen leicht gesalzenes Wasser zum Kochen bringen. Die Brennnesseln in einen Topf geben, in den anderen Topf Spinat oder Mangold. Das Gemüse 5 Minuten garen, abgießen und gründlich ausdrücken. Alle Blätter fein hacken und in eine Schüssel geben. Ricotta, Ei, Parmesan, Zitronenschale, Majoran, Muskatnuss und nach Belieben Zimt zugeben und unterrühren. Mit Salz würzen.

Den Pastateig auf einer leicht bemehlten Arbeitsfläche dünn ausrollen und in Quadrate schneiden. In die Mitte der Teigquadrate jeweils etwas Füllung geben, dann die Ränder mit Wasser bestreichen, die Quadrate zusammenfalten und die Ränder zusammendrücken. Wasser mit etwas Salz in einem großen Topf zum Kochen bringen und die Ravioli darin 10 Minuten garen. Abgießen und mit einer Sauce nach Wahl mischen. In eine vorgewärmte Servierschüssel füllen und sofort servieren. Dazu Parmesan reichen.

BRUNNENKRESSE-SCHNITTCHEN

TARTINE AL CRESCIONE

Zubereiten: *25 Min.*
Für 4 Personen

— 4 Eier, hart gekocht
— 4 EL Mayonnaise
— Saft von 1 Zitrone, durch
 ein Sieb gestrichen
— 1 Bund Brunnenkresse,
 grob gehackt
— 8 Scheiben Weißbrot, ohne
 Rinde
— Salz und Pfeffer

Die Eier schälen, hacken und mit der Mayonnaise und dem Zitronensaft vermengen. Mit Salz und Pfeffer abschmecken und die Brunnenkresse untermengen. Die Brotscheiben halbieren und mit der Mischung bestreichen. Bis zum Servieren kalt stellen.

BRENNNESSEL-SPINAT-RAVIOLI

BRENNNESSEL-RISOTTO

RISOTTO ALLE ORTICHE

Vorbereiten: *10 Min.*
Garzeit: *35 Min.*
Für 4 Personen

— 1,5 l Gemüsebrühe
— 25 g Butter
— 3 EL Olivenöl
— 300 g junge Brennnesselblätter, gehackt
— 350 g Risotto-Reis
— 5 EL trockener Weißwein
— 200 ml Sahne
— 40 g geriebener Parmesan

Die Brühe in einem Topf zum Kochen bringen. Butter und
Öl in einem anderen Topf erhitzen, die Brennnesselblätter
zufügen und bei schwacher Hitze einige Minuten dünsten.
Den Reis zugeben und unter Rühren glasig dünsten. Mit
Wein ablöschen und die Flüssigkeit verdampfen lassen.
1 Kelle heiße Brühe zufügen und unter Rühren köcheln.
Wenn der Reis die Brühe aufgesogen hat, eine weitere
Kelle Brühe zugeben. Auf diese Weise fortfahren, bis der
Reis gar ist. Kurz vor Ende der Garzeit die Sahne einrühren.
Wenn der Reis gar ist, den Topf vom Herd nehmen und
Parmesan unterrühren. Vor dem Servieren den Risotto
etwa 2 Minuten abgedeckt ruhen lassen.

PUNTARELLE-SALAT MIT SARDELLENDRESSING

INSALATA DI PUNTARELLE ALLE ACCIUGHE

Vorbereiten: *25 Min.*
plus *1 Std.* Einweichen
Für 4 Personen

— 1 kg Puntarelle (Cicoria
  di catalogna), geputzt
— 3 Sardellenfilets (aus dem
  Glas), abgetropft und gehackt,
  oder ½ TL Sardellenpaste
— 1 kleine Knoblauchzehe,
  fein gehackt
— 2 EL Weißweinessig
— 2 EL Olivenöl

Die Puntarelle in Längsrichtung der Blätter in schmale
Streifen schneiden. Die Streifen in eine Schüssel legen,
mit Wasser übergießen und 1 Stunde einweichen, bis sich
die Blätter aufrollen. Inzwischen das Dressing zubereiten.
Die Sardellenfilets in einem Mörser zerstoßen, dann den
Knoblauch zugeben und ebenfalls zerstoßen. Alternativ
Sardellenpaste mit dem Knoblauch im Mörser zerstoßen.
In eine Schüssel umfüllen, den Essig einrühren, danach
das Öl unterrühren. Die Puntarelle vorsichtig abgießen,
mit einem Geschirrtuch abtupfen und in eine Salatschüssel
geben. Mit dem Dressing beträufeln und servieren.

LÖWENZAHN MIT PARMESAN

CATALOGNA AL PARMIGIANO

Vorbereiten: *10 Min.*
Garzeit: *17 Min.*
Für 4 Personen

— 750 g zarte Löwenzahnblätter,
  in feine Streifen geschnitten
— 65 g Butter
— 4 EL geriebener Parmesan
— Salz

Die Löwenzahnblätter 15 Minuten in gesalzenem Wasser kochen, dann abgießen, gut ausdrücken, grob hacken und in eine vorgewärmte Servierschüssel geben. Die Butter in einem Topf zerlassen. Wenn sie hellbraun ist, über den Löwenzahn gießen. Mit Parmesan bestreuen und servieren.

ESCARIOL MIT OLIVEN-KAPERN-FÜLLUNG

INDIVIA RIPIENA DI OLIVE E CAPPERI

Vorbereiten: *10 Min.*
Garzeit: *45 Min.*
Für 4 Personen

— 1½ Knoblauchzehen,
  geschält
— 2 Köpfe Escariol
  (Glatte Endivie)
— 3 EL Olivenöl, und etwas
  Olivenöl zum Einstreichen
— 50 g Semmelbrösel
— 80 g entsteinte grüne Oliven,
  in Scheiben geschnitten
— 25 g Kapern, abgetropft
— 1 Stängel Petersilie, gehackt
— Salz und Pfeffer

Die ganze Knoblauchzehe fein hacken. Die beiden Köpfe Escariol mit dem Wasser, das vom Waschen an den Blättern haftet, in eine Pfanne setzen. 2 Esslöffel Öl und gehackten Knoblauch zufügen. Mit Salz und Pfeffer würzen und abgedeckt bei schwacher Hitze etwa 15 Minuten dünsten. Inzwischen den Backofen auf 180 °C vorheizen. Eine Auflaufform mit Öl einstreichen. Das restliche Öl in einem Topf erhitzen, die Semmelbrösel und die übrige halbe Knoblauchzehe zufügen und unter häufigem Rühren rösten, bis die Semmelbrösel goldbraun sind. Den Knoblauch entfernen. Oliven, Kapern und Petersilie einrühren. Die Escariolblätter vorsichtig aufbiegen, die Köpfe mit dem Großteil der gerösteten Semmelbrösel füllen und wieder zusammendrücken. Escariol in die vorbereitete Form legen und mit den restlichen Semmelbröseln bestreuen. Im Backofen etwa 20 Minuten backen.

ARTISCHOCKENSALAT MIT PILZEN

INSALATA DI CARCIOFI E CHAMPIGNON

Vorbereiten: *30 Min.*
Für 4 Personen

— 3 zarte, junge Artischocken
— Saft von 2 Zitronen, durch
  ein Sieb gestrichen
— 150 g kleine Champignons,
  in Scheiben geschnitten
— 4–5 EL Olivenöl
— 100 g Gruyère-Käse, gewürfelt
— Salz und Pfeffer

Die harten, äußeren Blätter der Artischocken entfernen und die Artischocken in dünne Scheiben schneiden. Mit der Hälfte des Zitronensafts beträufeln und in eine Schüssel geben. Die Pilze zufügen und mit Salz und Pfeffer würzen. Den restlichen Zitronensaft in einem Gefäß mit dem Öl verrühren und über den Salat gießen. Alles gut vermengen, mit dem gewürfelten Käse bestreuen und servieren.

ARTISCHOCKEN MIT OLIVEN

CARCIOFI E OLIVE

Vorbereiten: *30 Min.*
Garzeit: *45 Min.*
Für 4 Personen

— Saft von 1 Zitrone, durch
  ein Sieb gestrichen
— 8 Artischocken
— Olivenöl
— 1 frischer Zweig Thymian
— 1 Lorbeerblatt
— ½ Zwiebel, in dünne Ringe
  geschnitten
— 200 g schwarze Oliven,
  zum Servieren
— Salz und Pfeffer

Eine Schüssel zur Hälfte mit Wasser füllen und den Zitronensaft einrühren. Von den Artischocken Stiele, Strünke und harte Blätter entfernen, von den restlichen Blättern die Spitzen um etwa 1 cm kürzen. Die Artischocken sofort in das Zitronenwasser einlegen damit sie sich nicht verfärben. Abgießen und aufrecht in einen hohen, schmalen Topf stellen. Bis zur halben Höhe der Artischocken Wasser zugießen, dabei die Wassermenge abmessen. Die halbe Menge Öl zufügen (die Flüssigkeit steht nun bis zu drei Vierteln der Höhe der Artischocken). Mit Salz und Pfeffer würzen. Thymian, Lorbeerblatt und Zwiebelringe zufügen und abgedeckt 45 Minuten köcheln, bis die Artischocken gar sind und sie das Wasser weitgehend aufgenommen haben. Vom Herd nehmen und ganz abkühlen lassen, dann mit den Oliven servieren.

ARTISCHOCKEN MIT OLIVEN UND ZITRONE

CARCIOFI ALLE OLIVE E LIMONE

Vorbereiten: *45 Min.*
Garzeit: *25 Min.*
Für 6 Personen

— 2 Zitronen
— 12 Artischocken
— 3–4 EL Olivenöl
— 150 g schwarze Oliven,
  entsteint
— Blätter von 1 Zweig Thymian,
  fein gehackt
— 2 Knoblauchzehen,
  fein gehackt
— Salz und Pfeffer

Eine Zitrone auspressen und den Saft durch ein Sieb in eine Schüssel gießen. Eine Schüssel zur Hälfte mit Wasser füllen und die Hälfte des Zitronensafts einrühren. Stiele, Strünke und harte Blätter von den Artischocken entfernen, die Spitzen der restlichen Blätter um etwa 1 cm kürzen. Die Artischocken sofort in das Zitronenwasser einlegen, damit sie sich nicht verfärben. Das Öl in einem Topf erhitzen. Artischocken abgießen und in Scheiben schneiden. Artischocken, Oliven, Thymian und Knoblauch in den Topf geben und bei schwacher Hitze unter gelegentlichem Rühren etwa 5 Minuten anschwitzen. Mit Salz und Pfeffer würzen, 250 ml Wasser zugießen und 10 Minuten köcheln. Die restliche Zitrone in Scheiben schneiden, zum Gemüse geben und weitere 10 Minuten köcheln. Vom Herd nehmen und etwas abkühlen lassen, dann in eine Servierschüssel umfüllen und warm servieren.

NEAPOLITANISCHE ARTISCHOCKEN

CARCIOFI ALLA NAPOLETANA

Vorbereiten: *30 Min.*
Garzeit: *45 Min.*
Für 4 Personen

— Saft von ½ Zitrone, durch
  ein Sieb gestrichen
— 8 große Artischocken, geputzt
  und in Spalten geschnitten
— 3–4 EL Olivenöl
— 2 Knoblauchzehen
— 1 EL Kapern, abgetropft
— 100 g grüne Oliven, entsteint
  und gehackt
— 1 EL gehackte Petersilie
— 1 Zitrone, in Spalten
  geschnitten
— Salz und Pfeffer

Eine Schüssel zur Hälfte mit Wasser füllen, den Zitronensaft einrühren. Die Artischocken etwa 10 Minuten hineinlegen, dann abgießen und trocken tupfen. Das Öl erhitzen und den Knoblauch darin einige Minuten goldbraun braten. Knoblauch aus der Pfanne nehmen und entsorgen. Die Artischockenspalten in den Topf geben und bei starker Hitze etwa 5 Minuten anbraten. Kapern und Oliven zufügen und mit Salz und Pfeffer abschmecken. 150 ml warmes Wasser zugeben, alles gut verrühren und abgedeckt etwa 30 Minuten garen. Die Flüssigkeit im offenen Topf stark reduzieren. Die Artischocken in einer Schüssel anrichten, mit Petersilie bestreuen und mit Zitronenspalten garnieren.

ARTISCHOCKEN UND FENCHEL, FRITTIERT

ARTISCHOCKEN UND FENCHEL, FRITTIERT

FOTO AUF SEITE 70

CARCIOFI E FIONOCCHI IN PASTELLA FRITTI

Vorbereiten: *15 Min.*
Garzeit: *10–20 Min.*
Für 4 Personen

— 2 Fenchelknollen, in
   Spalten geschnitten
— Saft von ½ Zitrone, durch
   ein Sieb gestrichen
— 4 Artischocken
— Olivenöl, zum Frittieren
— Salz

Für den Teig:
— 1 Ei
— 4 EL Milch
— 50 g Mehl
— Salz

In einem Topf Wasser mit etwas Salz zum Kochen bringen. Die Fenchelspalten zugeben und 5 Minuten blanchieren, dann abgießen und beiseitestellen. Eine Schüssel zur Hälfte mit Wasser füllen und den Zitronensaft einrühren. Stiele, Strünke und harte Blätter von den Artischocken entfernen. Die Artischocken in Spalten schneiden und sofort in das Zitronenwasser einlegen, damit sie sich nicht verfärben. Für den Teig Ei und Milch in einer Schüssel verrühren. Langsam das Mehl und 1 Prise Salz zufügen und glatt rühren. Etwa 5 Minuten quellen lassen. Das Öl in einer Fritteuse oder Pfanne auf 180–190 °C erhitzen (bis ein Würfel Brot vom Vortag in 30 Sekunden goldbraun wird). Die Artischocken abgießen. Die Gemüsespalten in den Teig tauchen, abtropfen lassen, dann in das heiße Öl geben und 5–8 Minuten goldbraun frittieren. Mit einem Schaumlöffel herausnehmen und auf Küchenpapier abtropfen lassen. Warm halten und das restliche Gemüse ebenso frittieren. Auf einer Servierplatte anrichten, mit Salz bestreuen und sofort servieren.

ARTISCHOCKEN NACH JÜDISCHER ART

CARCIOFI ALLA GIUDIA

Vorbereiten: *30 Min.*
Garzeit: *25 Min.*
Für 4 Personen

— 8 Romanesco-Artischocken
— Olivenöl
— Salz

Verwenden Sie für dieses Rezept junge, möglichst runde Romanesco-Artischocken. Die Stiele abbrechen und die harten äußeren Blätter entfernen. Die übrigen Blätter mit einer Schere kürzen und den Boden mit einem Messer abschneiden, dabei die Frucht waagerecht auf einem Schneidebrett halten (so erhalten die Artischocken einen breiten Boden und eine abgerundete Spitze). Eine Pfanne mit hohem Rand mit so viel Öl füllen, dass die Artischocken halb bedeckt sind. Öl langsam erhitzen. Die Artischocken leicht aufbiegen und aufrecht in das Öl setzen. Bei mittlerer Hitze 10–12 Minuten braten, dann die Hitze erhöhen, die Artischocken kopfüber drehen und weitere 10 Minuten braten. Herausnehmen, mit Salz würzen und sofort servieren.

ARTISCHOCKEN SORRENTINO

Vorbereiten: *30 Min.*
Garzeit: *45 Min.*
Für 4 Personen

— Saft von 1 Zitrone, durch
  ein Sieb gestrichen
— 4 große Artischocken
— 150 g Mozzarella, gewürfelt
— 25 g geriebener Pecorino-Käse
— 1 EL gehackte Petersilie
— 1 EL frische Semmelbrösel
— 1 Ei, leicht verquirlt
— 4 Sardellenfilets (aus dem
  Glas), abgetropft und
  grob gehackt
— Olivenöl, zum Beträufeln
— Salz und Pfeffer

Eine Schüssel zur Hälfte mit Wasser füllen und den
Zitronensaft einrühren. Stiele, Strünke und harte Blätter
von den Artischocken entfernen, die Spitzen der restlichen
Blätter abschneiden und die Artischocken sofort in das
Zitronenwasser einlegen, damit sie sich nicht verfärben.
Mozzarella, Pecorino, Petersilie, Semmelbrösel und Ei in
einer Schüssel mischen und mit Salz und Pfeffer würzen.
Die Artischocken abgießen und die äußeren Blätter etwas
öffnen. In jede Artischocke 1 Prise Salz streuen, dann die
Käsemischung einfüllen. Artischocken aufrecht in eine
Auflaufform stellen. Bis zur halben Höhe der Artischocken
Wasser einfüllen, die Sardellen zufügen, mit Öl beträufeln
und 30 Minuten köcheln. Inzwischen den Backofen auf
180 °C vorheizen. Die Form in den Ofen stellen und etwa
15 Minuten überbacken. Herausnehmen und sofort servieren.

ARTISCHOCKENSUPPE MIT KERBEL

Vorbereiten: *30 Min.*
Garzeit: *15–20 Min.*
Für 4 Personen

— Saft von 1 Zitrone, durch
  ein Sieb gestrichen
— 6 Artischocken
— 25 g Butter
— 2 Schalotten, fein gehackt
— 1 Porreestange, in Scheiben
  geschnitten
— 250 ml Milch
— 1 l Gemüsebrühe
— 1 Handvoll Kerbelblätter,
  fein gehackt
— 1 Spritzer Tabasco
— Salz
— dicke Weißbrotscheiben,
  getoastet, zum Servieren

Eine Schüssel zur Hälfte mit Wasser füllen und die Hälfte
des Zitronensafts einrühren. Stiele, Strünke und harte
Blätter von den Artischocken entfernen. Die Artischocken
vierteln und sofort in das Zitronenwasser einlegen, damit sie
sich nicht verfärben. In einem Topf Wasser mit etwas Salz
zum Kochen bringen, den restlichen Zitronensaft einrühren.
Die Artischocken zufügen und 15 Minuten köcheln, dann
abgießen. Die Butter in einem großen Topf schmelzen.
Schalotten, Porree und Artischocken zugeben und bei
schwacher Hitze unter gelegentlichem Rühren 5 Minuten
kochen. Milch und Brühe zugießen und weitere 10 Minuten
köcheln. Den Topf vom Herd nehmen und etwas abkühlen
lassen. Alles in einen Mixer geben und glatt pürieren.
Die Suppe wieder in den Topf geben, Kerbel und Tabasco
einrühren. Kurz durchwärmen und mit Toastbrot servieren.

ARTISCHOCKEN MIT RICOTTA-PILZ-FÜLLUNG IN SCHALOTTENSAUCE

CARCIOFI RIPIENI DI RICOTTA E FUNGHI
CON SALSA DI SCALOGNI

Vorbereiten: *50 Min.*
Garzeit: *1 Std.*
Für 4 Personen

— Saft von 1 Zitrone,
   durch ein Sieb gestrichen
— 4 Artischocken

Für die Füllung:
— 3 EL Olivenöl
— 1 Zwiebel, fein gehackt
— 1 Knoblauchzehe, fein gehackt
— 1 Handvoll Rosmarinnadeln,
   fein gehackt
— 250 g Pilze
— 200 g Ricotta (italienischer
   Frischkäse)
— Salz und Pfeffer

Für die Sauce:
— 50 g Butter
— 100 g Schalotten, fein gehackt
— 1 EL milder Senf
— 100 ml trockener Weißwein
— 250 g Crème double

Eine Schüssel zur Hälfte mit Wasser füllen und die Hälfte des Zitronensafts einrühren. Stiele, Strünke und harte Blätter von den Artischocken entfernen. Die Artischocken sofort in das Zitronenwasser einlegen, damit sie sich nicht verfärben. In einem Topf Wasser mit etwas Salz zum Kochen bringen und den restlichen Zitronensaft einrühren.

Für die Füllung das Öl in einem Topf erhitzen. Zwiebel, Knoblauch und Rosmarin darin bei schwacher Hitze unter gelegentlichem Rühren etwa 5 Minuten dünsten. Die Hitze erhöhen, die Pilze zufügen und unter Rühren garen, bis die Flüssigkeit, die sie abgeben, verdampft ist. Die Mischung in eine Schüssel geben und die Pilze mit einer Gabel zu einer Paste zerdrücken. Dann den Ricotta untermischen. Mit Salz und Pfeffer würzen und beiseitestellen.

Für die Sauce die Butter in einem Topf schmelzen. Die Schalotten darin bei schwacher Hitze unter gelegentlichem Rühren 5 Minuten glasig dünsten. Senf und Wein einrühren und unter ständigem Rühren so lange köcheln, bis der Alkohol verdampft ist. Die Crème double zufügen und die Sauce unter Rühren einige Minuten kochen, bis sie eindickt. Vom Herd nehmen und durch ein Sieb gießen.

Die Artischocken mit der Ricotta-Pilz-Mischung füllen und über jede 2 Teelöffel Sauce geben. Die restliche Sauce separat dazu servieren.

GESCHMORTE ARTISCHOCKEN

CARCIOFI STUFATI AL FORNO

Vorbereiten: *30 Min.*
Garzeit: *50 Min.*
Für 4 Personen

— 2 Knoblauchzehen, sehr fein
  gehackt
— 1 Zwiebel, sehr fein gehackt
— 1 Handvoll Minzeblätter,
  fein gehackt
— ½ Petersilienstängel, fein
  gehackt
— Saft von 1 Zitrone, durch
  ein Sieb gestrichen
— 8 Artischocken
— Olivenöl, zum Beträufeln
— Salz und Pfeffer

Den Backofen auf 180 °C vorheizen. Knoblauch, Zwiebel, Minze und Petersilie in eine Schüssel geben, mit Salz und Pfeffer würzen und gründlich mischen. Eine zweite Schüssel zur Hälfte mit Wasser füllen und den Zitronensaft einrühren. Die Stiele der Artischockenstiele abschneiden und aufbewahren. Harte Blätter und Strünke entfernen, nur jeweils eine Lage um das Artischockenherz herum stehenlassen. Artischocken sofort in das Zitronenwasser einlegen, damit sie sich nicht verfärben. Die Stiele schälen, in kurze Stücke schneiden und in die Schüssel legen. Artischocken abgießen und das Innere mit der Knoblauch-Zwiebel-Mischung füllen. 250 ml Wasser in einen Bräter gießen. Die Artischocken aufrecht dicht an dicht hineinstellen und die Stiele dazwischenlegen. Mit Öl beträufeln, abdecken und 50 Minuten im Backofen garen. Herausnehmen, auf einer Servierplatte anrichten und heiß oder kalt servieren.

ARTISCHOCKEN MIT OLIVENÖL UND KNOBLAUCH

FOTO AUF SEITE 75

CARCIOFI IN CASSERUOLA ALL'AGLIO E OLIO

Vorbereiten: *30 Min.*
Garzeit: *40 Min.*
Für 4 Personen

— Saft von 1 Zitrone,
  durch ein Sieb gestrichen
— 8 Artischocken
— Olivenöl
— 2 Knoblauchzehen, geschält
— Salz und Pfeffer

Eine Schüssel zur Hälfte mit Wasser füllen und den Zitronensaft einrühren. Stiele, Strünke und harte Blätter von den Artischocken entfernen, die Spitzen der restlichen Blätter abschneiden. Die Artischocken sofort in das Zitronenwasser einlegen, damit sie sich nicht verfärben. Abgießen und dicht an dicht in einen hohen, schmalen Topf setzen. Bis zur halben Höhe der Artischocken Wasser zugießen, dabei die Wassermenge abmessen, dann halb so viel Öl zugießen (das obere Viertel der Artischocken sollte aus der Flüssigkeit herausragen). Den Knoblauch zufügen und alles mit Salz und Pfeffer würzen. Mit geschlossenem Deckel bei schwacher Hitze 40 Minuten kochen, bis die Artischocken gar sind und sie das Wasser größtenteils aufgenommen haben. Vom Herd nehmen. Sofort servieren.

ARTISCHOCKEN MIT OLIVENÖL UND KNOBLAUCH

ARTISCHOCKEN MIT PARMESAN

FOTO AUF SEITE 76

CARCIOFI AL PARMIGIANO

Vorbereiten: *35 Min.*
plus *15 Min.* Einweichen
Garzeit: *25 Min.*
Für 4 Personen

— Saft von 1 Zitrone, durch
   ein Sieb gestrichen
— 8 Artischocken
— 4 EL Olivenöl
— 50 g geriebener Parmesan
— 1 EL gehackte Petersilie
— Salz und Pfeffer

Eine Schüssel zur Hälfte mit Wasser füllen und den Zitronensaft einrühren. Stiele, Strünke und harte Blätter von den Artischocken entfernen. Sofort in das Zitronenwasser einlegen, damit sie sich nicht verfärben, und darin etwa 15 Minuten marinieren, dann abgießen und in dünne Scheiben schneiden. Das Öl in einem Topf erhitzen und die Artischocken bei schwacher Hitze darin unter gelegentlichem Rühren 15 Minuten andünsten. Inzwischen den Backofen auf 190 °C vorheizen. Die Artischocken mit Salz würzen und den Topf vom Herd nehmen. Die Artischocken in eine Auflaufform umfüllen, mit Käse und Petersilie bestreuen und mit etwas Pfeffer würzen. Im Ofen etwa 10 Minuten überbacken, dann direkt in der Form servieren.

GEBACKENE ARTISCHOCKEN MIT REIS

RISO AL FORNO AI CARCIOFI

Vorbereiten: *30 Min.*
Garzeit: *30 Min.*
Für 4 Personen

— 5 EL Olivenöl, und etwas
   Olivenöl zum Einstreichen
— Saft von 1 Zitrone, durch
   ein Sieb gestrichen
— 8 Artischocken
— 325 g Risotto-Reis
— 1 Petersilienstängel, gehackt
— 1 kleine Knoblauchzehe,
   fein gehackt
— 1 l heiße Gemüsebrühe
— 25 g frisch geriebener
   Pecorino-Käse
— Salz und Pfeffer

Den Backofen auf 220 °C vorheizen. Eine Auflaufform mit Öl einstreichen. Eine Schüssel zur Hälfte mit Wasser füllen und den Zitronensaft einrühren. Stiele, Strünke und harte Blätter von den Artischocken entfernen. Die Artischocken in dünne Scheiben schneiden und sofort in das Zitronenwasser einlegen, damit sie sich nicht verfärben. Den Reis in die vorbereitete Form füllen und mit Petersilie und Knoblauch bestreuen. Die Artischocken abgießen, in die Form geben, mit Öl beträufeln und mit etwas Salz würzen. 3 Kellen heiße Brühe darübergießen. Mit geriebenem Käse bestreuen und im Ofen 30 Minuten garen. Zwischendurch immer wieder prüfen, ob Brühe nachgefüllt werden muss. Die Artischocken aus dem Ofen nehmen, mit etwas Pfeffer würzen und sofort servieren.

ARTISCHOCKENFLAN

FLAN DI CARCIOFI

Vorbereiten: *30 Min.*
Garzeit: *45 Min.*
Für 4 Personen

— Saft von 1 Zitrone, durch
  ein Sieb gestrichen
— 6 Artischocken
— Butter, zum Einfetten
— 2 Eier
— 50 g geriebener Parmesan
— 1 Rezept Béchamelsauce
  (siehe Seite 51)
— 4 EL feine Semmelbrösel
— Salz und Pfeffer

Eine Schüssel zur Hälfte mit Wasser füllen und die Hälfte des Zitronensafts einrühren. Stiele, Strünke und Blätter von den Artischocken entfernen und die Artischockenherzen sofort in das Zitronenwasser einlegen, damit sie sich nicht verfärben. In einem Topf Wasser mit etwas Salz zum Kochen bringen und den restlichen Zitronensaft einrühren. Artischocken-herzen abgießen, in den Topf legen und mit geschlossenem Deckel 15 Minuten köcheln. Den Backofen auf 180 °C vorheizen. Eine Kastenform (22 cm) mit Butter einfetten. Die Artischockenherzen abgießen, hacken und etwas abkühlen lassen. Die Eier mit dem geriebenen Käse in einer Schüssel verquirlen, dann die Artischockenherzen unterrühren. Nun die Béchamelsauce zubereiten. Die Mischung unter die Sauce heben und mit Salz und Pfeffer würzen. In die vorbereitete Form gießen und mit Semmel-bröseln bestreuen. Etwa 45 Minuten backen, bis der Flan fest ist. Aus dem Ofen nehmen und sofort servieren.

ARTISCHOCKENSALAT MIT SCHINKEN UND MAYONNAISE

INSALATA DI CARCIOFI CON MAIONESE AL PROSCIUTTO COTTO

Vorbereiten: *30 Min.*
Für 4 Personen

— 6 zarte, sehr junge
  Artischocken
— Saft von 1 Zitrone, durch
  ein Sieb gestrichen
— 65 g magerer Prosciutto
  cotto (Kochschinken)
— 120 ml Mayonnaise
— 100 g Fontina-Käse, in feine
  Streifen geschnitten

Stiele und harte Blätter von den Artischocken entfernen, dann die Artischocken in dünne Scheiben schneiden. Mit dem Zitronensaft beträufeln und in eine Salatschüssel geben. Den Schinken würfeln und in einer Schüssel mit der Mayonnaise mischen. Die Käsestreifen mit den Artischocken mischen, dann die Mayonnaise mit dem Schinken zufügen und vorsichtig unterheben. Servieren.

ARTISCHOCKEN-LASAGNETTE

Vorbereiten: *15 Min.*
Garzeit: *15 Min.*
Für 4 Personen

— Saft von ½ Zitrone, durch
  ein Sieb gestrichen
— 4 Artischocken
— 4 EL Olivenöl
— ½ Zwiebel, in dünne
  Ringe geschnitten
— 275 g Lasagnette (kleine
  Lasagne-Platten)
— 150 g Prosciutto cotto
  (Kochschinken), in
  Streifen geschnitten
— 50 g geriebener Parmesan
— Salz und Pfeffer

Eine Schüssel zur Hälfte mit Wasser füllen und den
Zitronensaft einrühren. Stiele, Strünke und harte Blätter
von den Artischocken entfernen. Die Artischocken in
dünne Scheiben schneiden und sofort in das Zitronenwasser
einlegen, damit sie sich nicht verfärben. Das Öl in einer
Pfanne erhitzen. Die Artischocken abgießen und mit der
Zwiebel in die Pfanne geben. Abgedeckt bei schwacher
Hitze unter gelegentlichem Rühren 15 Minuten dünsten,
bis sie gar sind. Inzwischen in einem großen Topf Wasser
mit etwas Salz zum Kochen bringen. Lasagnette zugeben,
zum Kochen bringen und die Pasta in etwa 10 Minuten al
dente garen. Wenn die Artischocken gar sind, den Schinken
unterrühren und 2 Minuten durchwärmen, dann die Pfanne
vom Herd nehmen. Lasagnette abgießen und in eine Servierschüssel füllen. Artischocken und Schinken zufügen und
unterheben. Mit geriebenem Käse bestreuen. Sofort servieren.

ARTISCHOCKENSUPPE MIT BOHNEN

CREMA DI CARCIOFI E FAGIOLI

Vorbereiten: *1 Std. 20 Min.*
plus *8–12 Std.* Einweichen
Garzeit: *50 Min.*
Für 4 Personen

— 150 g getrocknete weiße
  Bohnen, über Nacht in
  kaltem Wasser eingeweicht
  und abgetropft
— Saft von 1 Zitrone, durch
  ein Sieb gestrichen
— 4 Artischocken
— 1 l Gemüsebrühe
— 25 g Butter
— 1 EL Olivenöl
— 1 Zwiebel, fein gehackt
— 2 Eigelb
— 2 EL Crème double
— dicke Weißbrotscheiben,
  geröstet, zum Servieren
— Salz

Die Bohnen in einem Topf geben, mit Wasser bedecken
und zum Kochen bringen. Die Hitze reduzieren und etwa
1 Stunde leicht köcheln. Eine Schüssel zur Hälfte mit
Wasser füllen und den Zitronensaft einrühren. Stiele,
Strünke und harte Blätter von den Artischocken entfernen.
Die Artischocken in dünne Scheiben schneiden und sofort
in das Zitronenwasser einlegen. Die Brühe in einem Topf
langsam erhitzen. Die Butter mit dem Öl in einem großen
Topf erhitzen. Die Zwiebel darin bei mittlerer Hitze unter
gelegentlichem Rühren 5 Minuten dünsten. Die Bohnen
abgießen, zu den Zwiebeln geben und unter Rühren einige
Minuten kochen lassen. Die Artischocken abgießen und mit
der heißen Brühe in den Topf geben. Abgedeckt 30 Minuten
köcheln. Den Topf vom Herd nehmen, die Suppe etwas
abkühlen lassen, dann in einem Mixer pürieren. In einen
sauberen Topf füllen und erhitzen, aber nicht mehr kochen
lassen. Eigelb und Sahne verquirlen, in die Suppe einrühren
und erhitzen. Sofort mit geröstetem Brot servieren.

79   ARTISCHOCKEN

TARTE TATIN MIT ARTISCHOCKENHERZEN

TARTE TATIN AI CARCIOFI

Vorbereiten: *50 Min.*
Garzeit: *30 Min.*
Für 6 Personen

— 6–8 Artischockenherzen
— 2 EL Olivenöl
— 1 Knoblauchzehe, fein gehackt
— 3 Tomaten, gewürfelt
— 1 Fenchelknolle, gewürfelt
— 2 Schalotten, gewürfelt
— 1–2 EL Olivenpaste
— 50 g geriebener Parmesan
— 250 g Blätterteig
  (Tiefkühlware), aufgetaut
— Mehl, zum Bestäuben
— Salz und Pfeffer

In einem Topf Wasser mit etwas Salz zum Kochen bringen. Die Artischockenherzen darin bei schwacher Hitze etwa 10 Minuten garen, dann mit einem Schaumlöffel herausheben. Das Öl in einem Topf erhitzen. Knoblauch, Tomaten, Fenchel und Schalotten sowie etwas Salz und Pfeffer zufügen und bei schwacher Hitze unter gelegentlichem Rühren 20 Minuten dünsten. Inzwischen den Backofen auf 180 °C vorheizen. Die Artischockenherzen in eine Tarte-Form legen und die Olivenpaste daraufstreichen. Gemüse und Käse in einer gleichmäßigen Schicht darauf verteilen. Den Teig auf einer leicht bemehlten Arbeitsfläche ausrollen und einen etwas größeren Kreis als die Form ausschneiden. Den Teig auf das Gemüse legen und den Teigrand einschlagen. Die Tarte im Ofen etwa 30 Minuten backen, bis der Teig aufgegangen und goldbraun ist. Aus dem Ofen nehmen, auf eine vorgewärmte Servierplatte stürzen und sofort servieren.

ARTISCHOCKEN-TARTE MIT MOZZARELLA

TORTA DI CARCIOFI E MOZZARELLA

Vorbereiten: *40 Min.*
Garzeit: *55–60 Min.*
Für 4 Personen

— Saft von 1 Zitrone, durch
  ein Sieb gestrichen
— 3 Artischocken
— Butter, zum Einfetten
— 300 g Blätterteig
  (Tiefkühlware), aufgetaut
— Mehl, zum Bestäuben
— 150 g Mozzarella
— 2 Eier
— 100 g geriebener Parmesan
— 1 Knoblauchzehe, fein gehackt
— 1 Petersilienstängel, fein
  gehackt
— Olivenöl, zum Beträufeln
— Salz und Pfeffer

Eine Schüssel zur Hälfte mit Wasser füllen und die Hälfte des Zitronensafts einrühren. Stiele, Strünke und harte Blätter von den Artischocken entfernen. Die Artischocken in Spalten schneiden und sofort in das Zitronenwasser einlegen, damit sie sich nicht verfärben. In einem Topf Wasser mit etwas Salz zum Kochen bringen und den restlichen Zitronensaft zufügen. Die Artischocken abgießen, in den Topf geben und 10–15 Minuten garen. Inzwischen den Backofen auf 180 °C vorheizen. Eine Tarte-Form (23 cm) mit Butter einfetten. Den Teig auf einer bemehlten Arbeitsfläche ausrollen. Die Form mit dem Teig auskleiden und in den Kühlschrank stellen. Die Hälfte des Mozzarellas würfeln. Die Eier mit Parmesan, Knoblauch, Petersilie und Mozzarella in einer Schüssel verquirlen. Den Teigboden 15–20 Minuten blindbacken. Restlichen Mozzarella in Scheiben schneiden und den Teigboden damit belegen. Die Artischocken abgießen, in die Form geben und die Eiermischung gleichmäßig darauf verteilen. Mit Salz und Pfeffer würzen, mit Öl beträufeln und 40 Minuten backen, bis die Füllung goldbraun und gerade fest ist. Heiß, warm oder kalt servieren.

ARTISCHOCKENRING MIT SCHINKEN

ANELLO DI CARCIOFI AL PROSCIUTTO COTTO

Vorbereiten: *45 Min.*
Garzeit: *45 Min.*
Für 6–8 Personen

— 25 Artischockenherzen
— 25 g Butter, und etwas Butter
  zum Einfetten
— 100 g geriebener Parmesan
— 200–250 g Prosciutto cotto
  (Kochschinken), in dünne
  Scheiben geschnitten
— 100 g Käse, in Scheiben
— Salz und Pfeffer
— junge Erbsen mit Butter
  als Beilage (nach Belieben)

In einem Topf Wasser mit etwas Salz zum Kochen bringen. Die Artischockenherzen in 6 oder 8 Stücke schneiden, in den Topf geben und einige Minuten blanchieren, dann abgießen. Die Butter in einem Topf schmelzen und darin die Artischocken bei schwacher Hitze unter gelegentlichem Rühren 10 Minuten andünsten. Inzwischen den Backofen auf 190 °C vorheizen und eine kleine Springform (1,5 l) mit Butter einfetten. Die Artischockenherzen mit Salz würzen und weitere 5 Minuten dünsten. Mit geriebenem Käse bestreuen, mit Pfeffer würzen und bei Bedarf nachsalzen. Den Topf vom Herd nehmen. Die vorbereitete Form mit dem Schinken auslegen, dabei die Scheiben über den Rand hängen lassen. Abwechselnd Artischockenherzen und Käsescheiben in die Form schichten, dann die Schinkenränder darüberfalten. Die Form in einen Bräter stellen und bis zur Hälfte der Form heißes Wasser einfüllen. Etwa 45 Minuten im Ofen backen, bis die Masse fest ist. Herausnehmen und auf eine Servierplatte stürzen. Nach Belieben mit Erbsen anrichten und sofort servieren.

TOSKANISCHE ARTISCHOCKEN-TARTE MIT EI

TORTA DI UOVA E CARCIOFI ALLA TOSCANA

Vorbereiten: *30 Min.*
Garzeit: *15 Min.*
Für 4 Personen

— 4 Artischocken
— Mehl, zum Bestäuben
— Olivenöl, zum Braten
— Butter, zum Einfetten
— 6 Eier
— 1 Handvoll Majoran- oder
  Petersilienblätter, gehackt
— Salz und Pfeffer

Stiele, Strünke und harte Blätter von den Artischocken entfernen. Die Artischocken vierteln und mit Mehl bestäuben. Ausreichend Öl zum Braten in einer Pfanne erhitzen und darin die Artischocken bei schwacher Hitze 8 Minuten anbraten, zwischendurch mehrmals wenden. Den Backofen auf 180 °C vorheizen. Eine Auflaufform mit Butter einfetten. Die Artischocken mit einem Schaumlöffel aus der Pfanne nehmen und auf Küchenpapier abtropfen lassen. Eier und Majoran oder Petersilie in einer Schüssel mit einer Gabel verrühren und mit Salz und Pfeffer würzen. Die Artischocken in die vorbereitete Form geben, mit Salz würzen und mit der Eiermischung übergießen. Im Ofen etwa 15 Minuten backen, bis die Masse aufgegangen ist und eine knusprige, goldbraune Kruste hat. Aus dem Ofen nehmen und sofort servieren.

ARTISCHOCKEN-ZUCCHINI-STRUDEL

FOTO AUF SEITE 83

STRUDEL DI CARCIOFI E ZUCCHINE

Vorbereiten: *40 Min.*
Garzeit: *1 Std.*
Einweichen: *30 Min.*
Für 6 Personen

— Saft von ½ Zitrone, durch
ein Sieb gestrichen
— 4 Artischocken
— 4 EL Olivenöl
— 2 Knoblauchzehen, geschält
— 2 Zucchini, gewürfelt
— 100 ml Gemüsebrühe
— 1 Prise gemahlene
Macisblüte (nach Belieben)
— 200 g Ricotta (italienischer
Frischkäse)
— 250 g Blätterteig
(Tiefkühlware), aufgetaut
— Mehl, zum Bestäuben
— 1 Ei, leicht verquirlt
— 1 EL Sesam
— Salz und Pfeffer

Für die Sauce:
— 10 g getrocknete Pilze
— 500 ml Gemüsebrühe
— 25 g Butter
— 25 g Mehl
— 4 EL gehackte Petersilie
— Salz und Pfeffer

Eine Schüssel zur Hälfte mit Wasser füllen und den
Zitronensaft einrühren. Stiele, Strünke und harte Blätter
von den Artischocken entfernen. Die Artischocken in
dünne Scheiben schneiden und sofort in das Zitronenwasser
einlegen, damit sie sich nicht verfärben. Das Öl in einem
großen Topf erhitzen. Die Knoblauchzehen zufügen und
einige Minuten bei schwacher Hitze unter ständigem
Rühren goldbraun anbraten, dann herausnehmen. Die
Artischocken abgießen und in den Topf geben. Bei starker
Hitze unter gelegentlichem Rühren 5 Minuten anbraten.
Zucchini, Brühe und Macisblüte (falls verwendet) zugeben,
mit Salz und Pfeffer würzen und unter gelegentlichem
Rühren 10 Minuten kochen. Den Topf vom Herd nehmen
und den Ricotta einrühren. Den Backofen auf 190 °C
vorheizen. Ein großes Backblech mit Backpapier auslegen.

Den Teig auf einer leicht bemehlten Arbeitsfläche zu einem
großen Rechteck ausrollen. Die Gemüse-Ricotta-Mischung
gleichmäßig darauf verteilen, aber an den Schmalseiten
einen 7,5 cm breiten Rand frei lassen. Die Ränder über die
Füllung falten, dann den Teig von einer Längsseite her
aufrollen. Die Oberseite mit dem verquirlten Ei einstreichen,
mit Sesam bestreuen und mehrmals mit einem kleinen
Messer schräg einschneiden. Den Strudel vorsichtig auf
das vorbereitete Backblech legen und 20 Minuten backen.
Aus dem Ofen nehmen und abkühlen lassen.

Inzwischen die Sauce zubereiten. Dazu die Pilze in eine
hitzebeständige Schüssel geben, mit warmem Wasser
bedecken und 30 Minuten einweichen. Abgießen, gründlich
ausdrücken und hacken. Die Brühe in einem Topf zum
Kochen bringen. Die Butter in einem zweiten Topf zerlassen.
Das Mehl einrühren und unter ständigem Rühren 2 Minuten
anschwitzen. Dann unter ständigem Rühren portionsweise
die heiße Brühe zufügen. Die Pilze zugeben und 20 Minuten
köcheln. Zwischendurch mit einem Schneebesen umrühren.
Mit Salz und Pfeffer würzen und die Petersilie unterrühren.
Den Topf vom Herd nehmen. Den Strudel aufschneiden
und auf Tellern anrichten. Neben jede Scheibe 1–2 Esslöffel
der heißen Sauce füllen und sofort servieren.

ARTISCHOCKEN MIT WEISSEN BOHNEN

ARTISCHOCKEN MIT WEISSEN BOHNEN

GUAZZETTO DI FAGIOLI E CARCIOFI

Vorbereiten: *40 Min.*
Garzeit: *15 Min.*
Für 6 Personen

— 2 reife Tomaten, geschält,
  entkernt und gehackt
— 1 Frühlingszwiebel, grob
  gehackt
— 1 Staudensellerie-Herz,
  blanchiert und in Scheiben
  geschnitten
— Saft von 1 Zitrone, durch
  ein Sieb gestrichen
— 2 Artischocken
— 2 EL Olivenöl, und etwas
  Olivenöl zum Beträufeln
— 1 Knoblauchzehe, geschält
— 1 Petersilienstängel, gehackt
— 250 g weiße Bohnen
  (aus der Dose), abgetropft
  und abgespült
— Salz und Pfeffer

Tomaten, Frühlingszwiebel und Staudensellerie mit etwas Salz und Pfeffer in einem Mixer pürieren. In einen kleinen Topf geben und unter gelegentlichem Rühren 10 Minuten köcheln. Die Sauce warm halten.

Inzwischen eine Schüssel zur Hälfte mit Wasser füllen und den Zitronensaft einrühren. Stiele, Strünke und harte Blätter von den Artischocken entfernen. Die Spitzen der restlichen Blätter um 1 cm kürzen. Die Artischocken sofort in das Zitronenwasser einlegen, damit sie sich nicht verfärben. Das Öl in einem Topf erhitzen. Die Knoblauchzehe darin bei schwacher Hitze unter gelegentlichem Rühren einige Minuten hellbraun anbraten, dann herausnehmen und entsorgen. Die Artischocken abgießen. Mit der Petersilie in den Topf geben, mit Salz und Pfeffer würzen und mit 1 Esslöffel Wasser beträufeln. Etwa 10 Minuten garen, dann die Bohnen einrühren und gut durchwärmen.

Zum Servieren 2 Esslöffel der Tomatensauce auf jeden der 6 Portionsteller geben und Bohnen mit Artischocken darüber geben. Mit etwas Öl beträufeln und servieren.

SPARGEL IM BACKTEIG

ASPARAGI IN CAMICIA

Vorbereiten: *20 Min.*
plus *1 Std.* Ruhen
Garzeit: *5 Min.*
Für 4 Personen

Für den Teig:
— 250 g Mehl
— 2 EL Bier
— 1 EL Olivenöl
— 1 Eiweiß
— Salz

Außerdem:
— 1 kg Spargel, küchenfertig
  geputzt
— Olivenöl, zum Braten
— Salz

Für den Teig das Mehl mit 1 Prise Salz in eine Schüssel sieben. Mit wenig Wasser zu einer zähen Masse verrühren, dann Bier und Öl zufügen und alles zu einem glatten Teig verarbeiten. Abgedeckt etwa 1 Stunde ruhen lassen. Inzwischen den Spargel in kurze Stücke schneiden und in einem Topf mit Wasser mit etwas Salz zum Kochen bringen. Bei schwacher Hitze etwa 15 Minuten garen. Abgießen und beiseitestellen. Das Eiweiß in einer fettfreien Schüssel steif schlagen und behutsam unter den Teig heben. In eine Pfanne 1 cm hoch Öl geben und erhitzen. Die Spargelstücke erst in den Teig tauchen, dann in dem heißen Öl goldbraun backen. Mit einem Schaumlöffel herausnehmen, auf Küchenpapier abtropfen lassen und sofort servieren.

SPARGELSALAT MIT KRÄUTERN

TARTARA D'ASPARAGI ALLE ERBETTE

Vorbereiten: *30 Min.*
Garzeit: *20 Min.*
Für 4 Personen

— 16 Stangen grüner Spargel,
  küchenfertig geputzt
— 2 Tomaten, geschält, entkernt
  und gewürfelt
— 1 Bund Basilikum, fein gehackt
— 2 Bund Kerbel, fein gehackt
— 2 Avocados
— Saft von 1 Zitrone, durch
  ein Sieb gestrichen
— 1 Schalotte, fein gehackt
— 1 TL Kapern
— 4 EL Olivenöl
— 2 EL Apfelessig
— Salz und Pfeffer

Die Spargelstangen auf gleiche Länge schneiden und mit Küchengarn bündeln. Wasser mit etwas Salz in einem hohen Topf zum Kochen bringen. Den Spargel aufrecht in den Topf stellen (die Köpfe sollen dabei aus dem Wasser ragen). Abgedeckt etwa 15 Minuten garen. Den Spargel aus dem Topf nehmen und auf Küchenpapier abtropfen lassen. Abkühlen lassen. Tomaten, Basilikum und Kerbel in eine Salatschüssel geben. Die Avocados schälen, entkernen und würfeln. Sofort in einer Schüssel mit Zitronensaft mischen, damit sie sich nicht verfärben. Den Spargel in 2 cm lange Stücke schneiden und mit der Schalotte und den Kapern in die Salatschüssel geben. Die Avocadowürfel zugeben und behutsam unterheben. Mit Salz und Pfeffer würzen, mit Öl und Essig beträufeln, vorsichtig mischen und servieren.

SPARGELRISOTTO MIT PANCETTA

RISOTTO AGLI ASPARAGI E PANCETTA

Vorbereiten: *20 Min.*
Garzeit: *30 Min.*
Für 4 Personen

— 150 g Spargel, küchenfertig
  geputzt
— 1,2 l Gemüsebrühe
— 40 g Butter
— 2 EL Olivenöl
— 1 Zwiebel, gehackt
— 50 g Pancetta oder
  durchwachsener Speck,
  fein gewürfelt
— 300 g Risotto-Reis
— 50 ml Orangenlikör
  (Cointreau)
— 40 g geriebener Parmesan
— 2 EL gehackte Petersilie
— Salz und Pfeffer

Die Spargelstangen auf gleiche Länge schneiden und mit Küchengarn bündeln. In einem hohen Topf Wasser mit etwas Salz zum Kochen bringen. Den Spargel aufrecht hineinstellen (die Köpfe sollen dabei aus dem Wasser ragen) und abgedeckt etwa 15 Minuten garen. Den Spargel aus dem Topf nehmen und auf Küchenpapier abtropfen lassen. Die Köpfe abschneiden und beiseitelegen. Die restlichen Stangen in Stücke schneiden. Die Brühe in einem Topf zum Kochen bringen.

Inzwischen die Hälfte der Butter mit dem Öl in einem Topf erhitzen. Zwiebel und Speck darin bei schwacher Hitze etwa 5 Minuten anbraten. Dabei gelegentlich rühren. Die Spargelstücke zugeben und kurz mitbraten, dann den Reis zufügen und unter Rühren 1–2 Minuten erhitzen, bis alle Körner von Öl überzogen sind.

Den Likör zum Reis gießen und aufkochen, bis der Alkohol verdampft ist. 1 Kelle Brühe zum Reis geben und unter ständigem Rühren köcheln, bis der Reis die Flüssigkeit aufgenommen hat. Die restliche Brühe kellenweise zufügen. Nach etwa 20 Minuten hat der Reis die gesamte Brühe aufgenommen.

Den Topf vom Herd nehmen, die übrige Butter und den geriebenen Käse einrühren. Mit Pfeffer würzen und die Spargelköpfe zufügen. In eine Servierschüssel umfüllen, mit Petersilie bestreuen und servieren.

SPARGEL MIT WACHTELEIERN

SPARGEL MIT WACHTELEIERN

FOTO AUF SEITE 88

OVETTI NEL NIDO

Vorbereiten: *20 Min.*
Garzeit: *25 Min.*
Für 8 Personen

— 1 hart gekochtes Ei
— 150 ml Olivenöl
— 10 grüne Oliven, entsteint
— 1 EL Weißwein
— 1 EL Weißweinessig
— 1 EL gehackte Petersilie
— 1 EL gehackte
  Majoranblätter
— 1 kg Spargel, küchenfertig
  geputzt
— 16 Wachteleier
— 1 Salatherz, in feine
  Streifen geschnitten
— Salz und Pfeffer

Das hart gekochte Ei schälen, halbieren und das Eigelb in eine Schüssel geben. Öl, Oliven, Wein und Essig zugeben, mit Salz und Pfeffer würzen. 3 Esslöffel Wasser zugeben und alles mit einer Gabel gründlich vermengen. Mit Petersilie und Majoran bestreuen, dann die Sauce beiseitestellen. Die Spargelstangen auf gleiche Länge schneiden und mit Küchengarn bündeln. In einem hohen Topf Wasser mit etwas Salz zum Kochen bringen. Den Spargel aufrecht hineinstellen(die Köpfe sollen dabei aus dem Wasser ragen). Abgedeckt etwa 15 Minuten garen. Den Spargel aus dem Topf nehmen und auf Küchenpapier abtropfen lassen. Die Wachteleier in einen Topf mit kaltem Wasser legen, zum Kochen bringen und 4 Minuten kochen. Vom Herd nehmen, abgießen, mit kaltem Wasser bedecken und abkühlen lassen. Die Eier vorsichtig schälen und halbieren. Ein Salatbett in der Mitte einer Servierplatte auslegen und die halbierten Wachteleier darauflegen. Die Spargelstangen in Stücke schneiden und wie ein Nest ringsherum anrichten. Mit der Sauce übergießen und servieren.

SPARGELCREMESUPPE MIT MASCARPONE

VELLUTATA DI ASPARAGI AL MASCARPONE

Vorbereiten: *25 Min.*
Garzeit: *20 Min.*
Für 4 Personen

— 200 g Mascarpone
— 250 g Crème double
— 400 g Spargel, küchenfertig
  geputzt
— 1 l Gemüsebrühe
— Salz und Pfeffer

Mascarpone und Crème double und in einer Schüssel verrühren. Von den Spargelstangen die Köpfe abschneiden und beiseitelegen. Die Stangen in Stücke schneiden, in einen Topf legen und die Brühe zugießen. Zum Kochen bringen, die Hitze reduzieren und etwa 15 Minuten garen. Den Topf vom Herd nehmen. Etwas abkühlen lassen, dann in einem Mixer pürieren. Die Suppe wieder in den Topf geben und bis an den Siedepunkt erhitzen. Die Mascarpone-Mischung einrühren und mit Salz und Pfeffer würzen. Einige Spargelköpfe zum Garnieren beiseitelegen, die übrigen in die Suppe geben und bei sehr schwacher Hitze 5 Minuten köcheln. Den Topf vom Herd nehmen, die Suppe in eine vorgewärmte Terrine oder Portionsschälchen geben. Mit den restlichen Spargelköpfen garnieren und servieren.

SPARGEL IN ZITRONENBUTTER

FOTO AUF SEITE 90

ASPARAGI AL BURRO PROFUMATO DI LIMONE

Vorbereiten: *30 Min.*
Garzeit: *25 Min.*
Für 4 Personen

— 1 kg Spargel, küchenfertig
  geputzt
— 80 g Butter
— Saft von ½ Zitrone, durch
  ein Sieb gestrichen
— Salz

Die Spargelstangen auf gleiche Länge schneiden und mit Küchengarn bündeln. In einem hohen Topf Wasser mit etwas Salz zum Kochen bringen. Den Spargel aufrecht hineinstellen (die Köpfe sollen dabei aus dem Wasser ragen) und abgedeckt etwa 15 Minuten garen. Den Spargel aus dem Topf nehmen und auf Küchenpapier abtropfen lassen. Das Garn durchschneiden und die Stangen auf einer Servierplatte anrichten. Mit etwas Salz würzen. Die Butter in einer hitzebeständigen Schüssel über einem heißen Wasserbad schmelzen. Den Zitronensaft einrühren. Vom Herd nehmen und die aromatisierte Butter vorsichtig über den Spargel gießen. Sofort servieren.

SPARGEL IN SENFSAUCE

ASPARAGI LESSATI IN SALSA ALLA SENAPE

Vorbereiten: *40 Min.*
Garzeit: *20 Min.*
Für 4 Personen

— 1 kg Spargel, küchenfertig
  geputzt
— 3 in Salz eingelegte Sardellen
  (aus dem Glas), filetiert,
  10 Min. in kaltes Wasser
  eingelegt, abgetropft und
  abgespült
— 1 EL Kapern, abgespült,
  abgetropft und fein gehackt
— 1 kleines Bund Petersilie,
  fein gehackt
— 150 ml Olivenöl
— 4 EL Weißweinessig
— ½ EL Dijon-Senf
— Salz

Die Spargelstangen auf gleiche Länge schneiden und mit Küchengarn bündeln. In einem hohen Topf Wasser mit etwas Salz zum Kochen bringen. Den Spargel aufrecht hineinstellen (die Köpfe sollen dabei aus dem Wasser ragen). Abgedeckt etwa 15 Minuten garen. Den Spargel aus dem Topf nehmen und auf Küchenpapier abtropfen lassen. Das Garn durchschneiden und die Spargelstangen auf einer Servierplatte anrichten. Vollständig abkühlen lassen. Für die Sauce Sardellen, Kapern und Petersilie in eine Schüssel geben. Öl, Essig und Senf zufügen und sorgfältig verrühren. Die Sauce über den Spargel gießen und servieren.

SPARGELSALAT MIT WEISSEN BOHNEN

FOTO AUF SEITE 93

INSALATA DI FAGIOLI E ASPARAGINA

Vorbereiten: *20 Min.*
Garzeit: *10 Min.*
Für 6–8 Personen

— 1 Bund dünner, junger
  Spargel, küchenfertig geputzt
— 250 g weiße Bohnen
  (aus der Dose), abgetropft
  und abgespült
— 5 EL Olivenöl
— Saft von ½ Zitrone,
  durch ein Sieb gestrichen
— 1 Bund Petersilie, fein gehackt
— Salz und frisch gemahlener
  weißer Pfeffer

Die Spargelstangen auf gleiche Länge schneiden und mit Küchengarn bündeln. In einem hohen Topf Wasser mit etwas Salz zum Kochen bringen. Den Spargel aufrecht hineinstellen (die Köpfe sollen dabei aus dem Wasser ragen) und abgedeckt etwa 10 Minuten bissfest garen. Den Spargel herausnehmen und auf Küchenpapier abtropfen lassen. Die Bohnen in eine Servierschüssel geben. Öl, Zitronensaft und Petersilie in einer Schüssel verrühren, mit Salz und Pfeffer würzen. Die Sauce über die Bohnen träufeln, den Spargel daraufgeben, vorsichtig mischen und servieren.

SALAT AUS GEBACKENEM SPARGEL MIT ZUCCHINI UND ROTEN ZWIEBELN

INSALATA AL FORNO DI ASPARAGI, ZUCCHINE E CIPOLLA ROSSA

Vorbereiten: *30 Min.*
Garzeit: *30 Min.*
Für 6 Personen

— 5 EL Olivenöl
— 1 rote Zwiebel, in hauchdünne
  Ringe geschnitten
— 1 Chili, entkernt und in
  feine Streifen geschnitten
— 2 Zucchini, gewürfelt
— 500 g Spargelköpfe
— 2 EL Sojasauce
— 2 EL flüssiger Honig
— Salz und Pfeffer

Den Backofen auf 180 °C vorheizen. 2 Esslöffel Öl in eine große Auflaufform gießen. Zwiebel und Chili zugeben, in dem Öl wenden und im Ofen 20 Minuten backen. Die Form herausnehmen. Zucchini und Spargelköpfe hineingeben, vorsichtig mischen und weitere 8–10 Minuten im Ofen garen. In einer Servierschüssel Sojasauce, Honig und das restliche Öl verrühren. Mit Salz und Pfeffer würzen. Das Gemüse aus dem Ofen nehmen, mit dem Dressing übergießen und vorsichtig mischen.

SPARGELSALAT MIT WEISSEN BOHNEN

SPARGEL MIT PARMESAN

ASPARAGI ALLA PARMIGIANA

Vorbereiten: *5 Min.*
Garzeit: *15 Min.*
Für 4 Personen

— 1 kg Spargel, küchenfertig
   geputzt
— 80 g geriebener Parmesan
— 25 g Butter
— Salz

Den Spargel 15 Minuten in gesalzenem Wasser kochen. Abgießen und trocken tupfen. In einer vorgewärmten Servierschüssel anrichten, die Spargelköpfe dabei zur Mitte hin ausrichten. Den Spargel mit Parmesan bestreuen. Die Butter zerlassen, mit etwas Salz abschmecken und über den Spargel gießen. Sofort servieren.

ÜBERBACKENER SPARGEL MIT SCHINKEN

ASPARAGI ALLA VALDOSTANA

Vorbereiten: *5 Min.*
Garzeit: *20–25 Min.*
Für 4 Personen

— Butter, zum Einfetten
— 1 kg Spargel, küchenfertig
   geputzt
— 2 Scheiben Prosciutto cotto
   (Kochschinken), in Streifen
   geschnitten
— 120 g Fontina-Käse, in
   Scheiben geschnitten
— 2 Eier
— 2 EL geriebener Parmesan
— Salz und Pfeffer

Den Backofen auf 180 °C vorheizen. Eine Auflaufform mit Butter einfetten. Den Spargel 10 Minuten in gesalzenem Wasser kochen. Abgießen, vorsichtig in die Form schichten und mit den Schinken- und Käsescheiben bedecken. Die Eier mit dem Parmesan verquirlen, mit Salz und Pfeffer würzen und über den Spargel gießen. Auflauf im Ofen 15–20 Minuten backen, bis der Parmesan goldbraun ist und die Eier gestockt sind. Sofort servieren.

SUPPE MIT DICKEN BOHNEN

ZUPPA DI FAVE

Vorbereiten: 25 Min.
Garzeit: 35 Min.
Für 4 Personen

— 2 EL Olivenöl
— 1 Karotte, fein gehackt
— ½ Selleriestange, fein gehackt
— 1 Knoblauchzehe, fein gehackt
— ½ Zwiebel, fein gehackt
— 100 ml trockener Weißwein
— 2 EL Passata
— 400 g dicke Bohnen, gepalt
— 500 ml Rinderbrühe
— Salz und Pfeffer
— gehacktes Basilikum, zum
  Garnieren
— frisch geriebener Parmesan,
  zum Servieren
— Brotscheiben, geröstet, zum
  Servieren

Das Öl in einem Topf erhitzen. Karotte, Sellerie, Knoblauch und Zwiebel darin bei schwacher Hitze unter gelegentlichem Rühren etwa 2 Minuten andünsten. Den Wein zugießen und kochen lassen, bis der Alkohol verdampft ist. Die Passata einrühren, mit Salz und Pfeffer würzen und 15 Minuten köcheln. Inzwischen die Bohnen zwischen Daumen und Zeigefinger aus ihren Häuten drücken. Bohnen und Brühe in den Topf geben und alles bei schwacher Hitze etwa 15 Minuten köcheln. Die heiße Suppe darübergeben und mit Basilikum bestreuen. Die Brotscheiben mit Parmesan bestreuen und in Portionsschälchen legen. Sofort servieren.

DICKE BOHNEN MIT MINZE

FAVE E MENTA

Vorbereiten: 15 Min.
Garzeit: 30 Min.
Für 6 Personen

— 40 g Butter
— 40 g Mehl
— 1 Zwiebel, fein gehackt
— 1 Handvoll Minzeblätter,
  fein gehackt
— ¼ TL Koriandersamen,
  leicht zerdrückt
— 750 ml Gemüsebrühe
— 800 g dicke Bohnen, gepalt
— Salz und Pfeffer

Die Butter in einem Topf schmelzen. Das Mehl zugeben und unter ständigem Rühren 2 Minuten hellbraun anschwitzen. Zwiebel, Minze und Koriander zufügen, dann die Brühe zugießen. Zum Kochen bringen. Die Bohnen zugeben, die Hitze reduzieren und etwa 30 Minuten köcheln. Mit Salz und Pfeffer würzen und sofort servieren.

PÜREE AUS FRISCHEN DICKEN BOHNEN

PURÉ DI FAVE FRESCHE

Vorbereiten: *35 Min.*
plus *30 Min.* Einweichen
Garzeit: *10–15 Min.*
Für 4 Personen

— 3 kg frische dicke Bohnen,
  gepalt
— 2 kleine Kartoffeln, fein
  gewürfelt
— 100 ml Gemüsebrühe
— Olivenöl, zum Beträufeln
— Salz und Pfeffer

Die Bohnen 30 Minuten in kaltes Wasser legen, dann abgießen. Die Häutchen entfernen und die Bohnen in einen Topf geben. Mit kaltem Wasser bedecken und abgedeckt bei schwacher Hitze zum Kochen bringen. Sobald das Wasser kocht, den Topf vom Herd nehmen, die Bohnen abgießen, wieder in den Topf geben und mit einem Stampfer zerdrücken. Mit Salz würzen, Kartoffeln und Brühe zufügen und kochen, bis das Püree weich und cremig ist. Den Topf vom Herd nehmen. Das Püree großzügig mit Öl beträufeln, mit Salz und Pfeffer abschmecken. Heiß oder kalt servieren.

RISOTTO MIT ERBSEN UND BOHNEN

RISOTTO CON FAVE E PISELLI

Vorbereiten: *20 Min.*
Garzeit: *45 Min.*
Für 4 Personen

— 200 g dicke Bohnen, gepalt
— 200 g Erbsen, gepalt
— 300 g Risotto-Reis
— 500 g Tomaten, geschält,
  entkernt und grob gehackt
— 2 EL Olivenöl
— 1 Zwiebel, fein gehackt
— 1 Handvoll Minzeblätter,
  fein gehackt
— 1 Handvoll Majoranblätter,
  fein gehackt
— 1 Handvoll Thymianblätter,
  fein gehackt
— 1 Handvoll Basilikumblätter,
  gehackt
— 25 g Butter
— 40 g geriebener Parmesan
— Salz und Pfeffer

Die Bohnen zwischen Daumen und Zeigefinger aus ihren Häuten drücken. In einem Topf Wasser mit etwas Salz zum Kochen bringen. Bohnen und Erbsen darin gar kochen, abgießen und beiseitestellen. Wasser mit etwas Salz in einem großen Topf zum Kochen bringen. Den Reis zufügen und unter häufigem Rühren 20–25 Minuten garen. Inzwischen die Tomaten in einem Mixer fein pürieren. Das Öl in einem Topf erhitzen. Zwiebel, Kräuter und Tomatenpüree hineingeben, mit Salz und Pfeffer würzen und zum Kochen bringen. Die Hitze reduzieren, Erbsen und Bohnen zufügen und einige Minuten köcheln. Den Reis abgießen und in die Sauce geben. Die Butter unterrühren und den Käse darüberstreuen. Sofort servieren.

DICKE BOHNEN MIT SCHINKEN

FAVE AL PROSCIUTTO

Vorbereiten: *20 Min.*
Garzeit: *25 Min.*
Für 4 Personen

— 2 kg frische dicke Bohnen, gepalt
— 40 g Butter
— 100 g Prosciutto cotto (Kochschinken), fein gewürfelt
— 1 Zwiebel, gehackt
— 1 Karotte, gehackt
— 200 ml Fleischbrühe
— 1 Petersilienstängel, gehackt
— Salz und Pfeffer

Die Bohnen in einem Topf mit kaltem Wasser bedecken, zum Kochen bringen und etwa 10 Minuten garen. Inzwischen die Hälfte der Butter in einem anderen Topf zerlassen, Schinken, Zwiebel und Karotte zugeben und unter gelegentlichem Rühren etwa 5 Minuten dünsten. Die Bohnen abgießen und zum Schinken geben. Die Brühe zugießen und mit Salz und Pfeffer würzen. Köcheln, bis die Sauce sämig ist. Die restliche Butter einrühren, in einer vorgewärmten Schüssel anrichten, mit Petersilie bestreuen.

PIEMONTESISCHE BOHNEN

FAVE ALLA PIEMONTESE

Vorbereiten: *5 Min.*
Garzeit: *15 Min.*
Für 4 Personen

— 2 kg frische dicke Bohnen, gepalt
— 200 g Crème double
— 50 g Fontina-Käse, in Scheiben geschnitten
— Salz

Die Bohnen 10 Minuten in gesalzenem Wasser kochen, dann abgießen und in eine Pfanne geben. Die Crème double einrühren und etwa 10 Minuten leicht köcheln, bis die Sauce eindickt. Den Käse einrühren und erhitzen, bis er zu schmelzen beginnt. Sofort servieren.

DICKE BOHNEN MIT KÄSECHIPS

FAVE CON CIALDE DI FORMAGGIO

Vorbereiten: *20 Min.*
Garzeit: *40 Min.*
Für 4 Personen

— zerlassene Butter, zum
  Einfetten
— 80 g geriebener Parmesan
— 200 g dicke Bohnen, gepalt
— 4–5 Roma-Tomaten, entkernt
  und längs in schmale
  Streifen geschnitten
— Olivenöl, zum Beträufeln
— Salz

Für die Käsechips eine beschichtete Pfanne mit Butter einfetten und langsam erhitzen. 1 gehäuften Esslöffel geriebenen Käse in die Mitte geben und mit einem Spatel zu einem Kreis von 10 cm Durchmesser verteilen. Wenn der Käse geschmolzen ist und goldbraun wird, mit einem Palettmesser herausheben und auf ein Schneidebrett legen. Weitere 7 Käsechips zubereiten und abkühlen lassen. Die Bohnen vorsichtig zwischen Daumen und Zeigefinger aus ihren Häuten drücken. Bohnen und Tomaten in eine Schüssel geben, mit Öl beträufeln und mit Salz würzen. Auf 4 Portionsteller je 1 Käsechip legen, ein Viertel der Gemüsemischung daraufgeben und mit einem zweiten Käsechip bedecken. Dazu kann luftgetrockneter Schinken serviert werden.

FRITEDDA

FOTO AUF SEITE 99

FRITEDDA

Vorbereiten: *30 Min.*
Garzeit: *40 Min.*
Für 8 Personen

— Saft von 1 Zitrone, durch
  ein Sieb gestrichen
— 8 Artischocken
— 100 ml Olivenöl
— 1 große Zwiebel, in dünne
  Ringe geschnitten
— 1,5 kg dicke Bohnen, gepalt
— 1,5 kg Erbsen, gepalt
— 3 EL Weißweinessig
— 1 TL Zucker
— Salz und Pfeffer

Eine Schüssel zur Hälfte mit Wasser füllen und den Zitronensaft einrühren. Stiele, Strünke und harte Blätter von den Artischocken entfernen. Die Artischocken in Spalten schneiden und sofort in das Zitronenwasser einlegen, damit sie sich nicht verfärben. 2 Esslöffel Öl in einem großen Topf erhitzen. Die Zwiebel darin bei schwacher Hitze unter gelegentlichem Rühren etwa 5 Minuten weich und glasig dünsten. Die Artischocken abgießen, zur Zwiebel geben und unter gelegentlichem Rühren einige Minuten erhitzen. Dann die großen Bohnen einrühren. Mit Öl beträufeln und 10 Minuten köcheln. Die Erbsen zugeben und weitere 20 Minuten garen. Essig und Zucker in einer Schüssel verrühren. Das Gemüse mit Salz und Pfeffer würzen, den Essig darübergeben und bei starker Hitze kochen lassen, bis er verdampft ist. In eine Servierschüssel umfüllen und vor dem Servieren ganz abkühlen lassen.

ERBSENSUPPE MIT SALAT

ZUPPA DI PISELLI CON LATTUGA

Vorbereiten: *40 Min.*
Garzeit: *30 Min.*
Für 4 Personen

— 2 kleine Salatköpfe, in Streifen
geschnitten
— 3 Kartoffeln, geschält und
gewürfelt
— 3 große Frühlingszwiebeln,
in dünne Ringe geschnitten
— 300 g Erbsen, gepalt
— 1 kleines Bund gemischte
Kräuter, wie Petersilie,
Fenchel und Salbei
— 40 g Butter
— 1 Petersilienstängel, gehackt
— Salz und Pfeffer

Salat, Kartoffeln, Frühlingszwiebeln, Erbsen, die gebündelten Kräuter sowie die Hälfte der Butter in einen großen Topf geben. 750 ml Wasser zugießen, mit Salz und Pfeffer würzen. Abgedeckt bei mittlerer Hitze unter gelegentlichem Rühren etwa 30 Minuten kochen. Die Kräuter herausnehmen, die Suppe in eine Terrine umfüllen. Die restliche Butter einrühren, die Petersilie darüberstreuen und sofort servieren.

BRÜHE MIT ERBSEN UND PASTA

QUADRUCCI E PISELLI IN BRODO

Vorbereiten: *15 Min.*
Garzeit: *25 Min.*
Für 4 Personen

— 1 kleine Zwiebel, fein gehackt
— 50 g Rohschinken (Prosciutto),
fein gewürfelt
— 25 g Butter
— 300 g Erbsen, gepalt
— 1 TL Tomatenmark
— 1,2 l Hühnerbrühe
— 200 g frische oder
getrocknete Quadrucci
(flache, quadratische Pasta)
— Salz und Pfeffer
— geriebener Parmesan,
zum Servieren

Zwiebel, Schinken und Butter in einem Topf bei schwacher Hitze unter gelegentlichem Rühren 5 Minuten anschwitzen, bis die Zwiebel weich und glasig ist. Die Erbsen einrühren und 1 Minute erhitzen. Das Tomatenmark in einer kleinen Schüssel mit 1 Esslöffel Wasser verrühren, dann unter die Erbsen rühren. Mit Salz und Pfeffer würzen, dann die Erbsen abgedeckt gar kochen. Die Brühe zugießen und zum Kochen bringen. Die Pasta zufügen und 5–6 Minuten garen. Vom Herd nehmen, in Schälchen füllen und sofort servieren. Geriebenen Parmesan separat dazu reichen.

ERBSEN-TIMBALE

TORTINO DI PISELLI

Vorbereiten: *15 Min.*
Garzeit: *55 Min.*
Für 6 Personen

— 3 EL Olivenöl
— 2 große Frühlingszwiebeln,
nur der weiße Teil in dünne
Ringe geschnitten
— 500 g Erbsen, gepalt
— Butter, zum Einfetten
— 6 EL feine, frische
Semmelbrösel
— 3 Eier
— 65 g frisch geriebener
Pecorino-Käse
— 1 Zweig Minze, in kleine
Stücke gezupft
— Salz und Pfeffer

Das Öl in einer Pfanne erhitzen. Die Frühlingszwiebeln darin bei schwacher Hitze unter gelegentlichem Rühren 10 Minuten glasig dünsten, aber nicht bräunen. Die Erbsen einrühren und einige Minuten erhitzen. 100 ml Wasser und 1 Prise Salz zufügen und umrühren. Bei mittlerer Hitze etwa 15 Minuten kochen, bis die Erbsen gar sind und die Flüssigkeit verdampft ist. Die Pfanne vom Herd nehmen und abkühlen lassen. Inzwischen den Backofen auf 180 °C vorheizen. Eine Backform (22 cm) mit Butter einfetten und mit Semmelbröseln ausstreuen. Eier, Pecorino und Minze in einer Schüssel verrühren und mit Salz und Pfeffer würzen. Die Erbsen unterrühren und alles in die vorbereitete Form geben. Etwa 30 Minuten backen. Aus dem Ofen nehmen und einige Minuten abkühlen lassen. Dann auf eine vorgewärmte Platte stürzen und sofort servieren.

 # REIS MIT ERBSEN

RISI E BISI

Vorbereiten: *10 Min.*
Garzeit: *35 Min.*
Für 4 Personen

— 1,2 l Fleischbrühe
— 3 EL Olivenöl
— 50 g Butter
— 1 Zwiebel, gehackt
— 1 Knoblauchzehe, geschält
— 1 Selleriestange, gehackt
— 250 g Erbsen, gepalt
— 200 g Risotto-Reis
— 25 g geriebener Parmesan
— Salz

Die Brühe in einem Topf zum Kochen bringen. Das Öl und die Hälfte der Butter in einem anderen Topf erhitzen. Zwiebel, Knoblauch und Sellerie zufügen und bei schwacher Hitze 5 Minuten andünsten. Den Knoblauch entfernen. Erst die Erbsen, dann den Reis zugeben und unter ständigem Rühren 1 Minute andünsten. 1 Kelle Brühe einrühren und etwas einköcheln. Dann kellenweise Brühe zugeben, bis der Reis nach 20 Minuten gar und die Brühe aufgebraucht ist. Mit Salz abschmecken, die übrige Butter und den Parmesan unterrühren. In eine Servierschüssel geben.

PASTETE MIT GARTENGEMÜSE UND ZIEGENKÄSE

TORTA DI RICOTTA, CAPRINI E VERDURE DELL'ORTO

Vorbereiten: *35 Min.*
plus *30 Min.* Ruhen
Garzeit: *50 Min.*
Für 8 Personen

Für den Teig:
— 375 g Mehl, und etwas Mehl
  zum Bestäuben
— 170 g weiche Butter, und
  etwas Butter zum Einfetten
— 1 Ei
— 2 EL Milch
— Salz

Für die Füllung:
— 120 g Erbsen, gepalt
— 2 kleine Zucchini, gewürfelt
— 350 g sehr frischer Ricotta
  (italienischer Frischkäse)
— 225 g Ziegenkäse
— 200 g Crème double
— 1 Prise geriebene Muskatnuss
— 2 Eier, getrennt
— Salz und Pfeffer

Für den Teig das Mehl mit 1 Prise Salz sieben und auf die Arbeitsfläche häufen. Eine Vertiefung in die Mitte drücken. Butter, Ei und Milch in die Vertiefung geben und mit den trockenen Zutaten vermengen. Falls nötig, etwas mehr Milch zugeben. Alles durchkneten und den Teig zur Kugel formen und in 2 Portionen teilen, davon eine etwas größer als die andere. Teig zu flachen Kugeln formen, in Frischhaltefolie wickeln und 30 Minuten in den Kühlschrank legen.

Inzwischen die Füllung zubereiten. In einem Topf Wasser mit etwas Salz zum Kochen bringen. Erbsen und Zucchini darin in 8–10 Minuten bissfest garen, dann abgießen. Ricotta, Ziegenkäse und Crème double in einer Schüssel gründlich verrühren. Gemüse und Muskatnuss zufügen. Das Eiweiß steif schlagen und unter die Käsemischung heben. Mit Salz und Pfeffer würzen.

Den Backofen auf 180 °C vorheizen. Eine Pastetenform mit Butter einfetten und mit Mehl ausstreuen. Die größere Teigportion auf einer leicht bemehlten Arbeitsfläche ausrollen und die vorbereitete Form damit auskleiden. Die Füllung hineingeben und glatt streichen. Den restlichen Teig ausrollen, auf die Füllung legen und die Teigränder gut zusammendrücken. Das Eigelb mit 1 Esslöffel Wasser verquirlen und die Oberfläche der Pastete damit einstreichen. Die Form auf ein Backblech stellen und im Ofen 50 Minuten backen, bis die Oberseite goldbraun wird. Herausnehmen und sofort servieren.

GRATINIERTES ERBSENPÜREE

Vorbereiten: *1 Std. 15 Min.*
plus *1–2 Std.* Einweichen
Garzeit: *15 Min.*
Für 4 Personen

— 300 g getrocknete Erbsen,
  in kaltem Wasser 1–2 Std.
  eingeweicht und abgetropft
— 25 g Butter, und etwas
  Butter zum Einfetten
— Salz und Pfeffer

Für die Käsesauce:
— 25 g Butter
— 25 g Mehl
— 250 ml Milch
— 1 Prise geriebene Muskatnuss
— 40 g geriebener Parmesan
— Salz

Die Erbsen mit 500 ml Wasser in einem Topf zum Kochen bringen. Auf niedrigste Temperaturstufe schalten, den Topf abdecken und die Erbsen 30–40 Minuten köcheln, bis sie gar sind und die Flüssigkeit aufgenommen haben. In einen Mixer umfüllen und pürieren. Die Butter unterrühren, mit Salz und Pfeffer würzen und beiseitestellen. Den Backofen auf 200 °C vorheizen. Eine Auflaufform mit Butter einfetten.

Für die Käsesauce die Butter in einem Topf schmelzen und das Mehl mit einem Schneebesen einrühren. Die gesamte Milch auf einmal zugießen und mit dem Schneebesen rühren, bis die Sauce zu kochen beginnt. Mit Salz und Muskat würzen. Auf niedrigste Temperaturstufe umschalten und die Sauce unter Rühren etwa 15 Minuten köcheln, bis sie eindickt. Vom Herd nehmen und den geriebenen Käse einrühren. Das Erbsenpüree in die vorbereitete Form füllen und mit der Käsesauce bedecken. 15 Minuten überbacken, bis die Oberseite goldbraun ist.

SAUTIERTE ERBSEN MIT TOMATEN

Vorbereiten: *15 Min.*
Garzeit: *15 Min.*
Für 6–8 Personen

— 2 EL Olivenöl
— 1 große Frühlingszwiebel,
  sehr fein gehackt
— 500 g Erbsen, gepalt
— 300 g Passata
— ½ TL Zucker
— 1 Handvoll Basilikumblätter
— Salz und Pfeffer

Das Öl in einer Pfanne erhitzen und die Frühlingszwiebel darin bei schwacher Hitze unter Rühren 4–5 Minuten weich und glasig dünsten. Erbsen, Passata und Zucker zufügen, mit Salz und Pfeffer würzen und bei mittlerer Hitze zum Kochen bringen. Auf sehr schwache Hitze schalten und abgedeckt 10–12 Minuten sautieren, bis die Erbsen gar sind. Zwischendurch den Topf immer wieder rütteln. Basilikum in kleine Stücke zupfen und unterrühren. Das Gemüse in eine vorgewärmte Servierschüssel umfüllen und servieren.

ERBSEN MIT SPECK

PISELLI ALLA PANCETTA

Vorbereiten: *5 Min.*
Garzeit: *20 Min.*
Für 4 Personen

— 1 kg frische Erbsen, gepalt
— 40 g Butter
— 100 g Pancetta, in Streifen
  geschnitten
— Salz

Die Erbsen 10–15 Minuten in gesalzenem Wasser kochen. Abgießen und gut abtropfen lassen. Die Butter bei sehr schwacher Hitze in einem Topf zerlassen und den Speck darin goldbraun anbraten. Die Erbsen zufügen und unter gelegentlichem Rühren etwa 5 Minuten mitbraten. In einer vorgewärmten Servierschüssel anrichten.

PIKANTE ERBSENTERRINE MIT PAPRIKA UND TOMATEN

GATEAU DI PISELLI CON PEPERONI E DADINI DI POMODORI

Vorbereiten: *1 Std.*
Garzeit: *20–25 Min.*
Für 4 Personen

— Butter, zum Einfetten
— 400 g Erbsen, gepalt
— 100 g Ricotta (italienischer
  Frischkäse)
— 2 Eier, getrennt
— 150 g geriebener Parmesan
— Salz und Pfeffer

Für die Sauce:
— 3 EL Olivenöl
— 4–5 reife Roma-Tomaten,
  geschält, entkernt und
  gewürfelt
— 4–5 Basilikumblätter, in
  Stücke gezupft
— Salz und Pfeffer

Zum Garnieren:
— ¼ rote Paprika, entkernt, in
  schmale Streifen geschnitten
— ¼ gelbe Paprika, entkernt, in
  schmale Streifen geschnitten

Den Backofen auf 180 °C vorheizen. Eine Kastenform mit Butter einfetten. In einem Topf Wasser mit etwas Salz zum Kochen bringen. Die Erbsen zugeben, wieder zum Kochen bringen und in 10–15 Minuten weich garen. Inzwischen die Sauce zubereiten. Das Öl in einem Topf erhitzen. Die Tomaten zugeben und bei starker Hitze etwa 4 Minuten dünsten. Den Topf zwischendurch immer wieder rütteln. Mit Salz und Pfeffer würzen und das Basilikum einrühren. Vom Herd nehmen und beiseitestellen. Die Erbsen abgießen und in einem Mixer glatt pürieren und das Püree in eine Schüssel umfüllen. Ricotta, Eigelb und geriebenen Käse unterrühren und mit Salz und Pfeffer würzen. Das Eiweiß in einer fettfreien Schüssel zu steifem Schnee schlagen und unter die Erbsen-Käse-Masse heben.

Die Masse in die vorbereitete Form füllen und in einen Bräter stellen. Bis zur halben Höhe der Form heißes Wasser in den Bräter gießen. Die Terrine 20–25 Minuten garen, bis sie fest ist. Aus dem Ofen nehmen und etwas abkühlen lassen. Die Tomatensauce langsam erhitzen. Die Terrine auf eine vorgewärmte Servierplatte stürzen und mit einem Gitter aus roten und gelben Paprikastreifen garnieren. Ringsherum Tomatensauce verteilen und sofort servieren.

ERBSEN MIT SPECK

ERBSEN-KARTOFFEL-TIMBALEN MIT PESTO

ERBSEN-KARTOFFEL-TIMBALEN MIT PESTO

FOTO AUF SEITE 106

SFORMATINI DI PISELLI E PATATE AL PESTO

Vorbereiten: *50 Min.*
Garzeit: *30 Min.*
Für 6–8 Personen

— 600 g Kartoffeln
— 150 g Erbsen, gepalt
— Butter, zum Einfetten
— 40 g geriebener Pecorino-Käse
— 40 g geriebener Parmesan
— 3 Eier, leicht verquirlt
— ½ Rezept Pesto
  (siehe Seite 159)
— Salz und Pfeffer

Wasser mit etwas Salz in einem großen Topf zum Kochen bringen. Die ungeschälten Kartoffeln zugeben und wieder zum Kochen bringen. Die Hitze reduzieren und 30 Minuten kochen. Inzwischen in einem anderen Topf Wasser mit etwas Salz zum Kochen bringen. Die Erbsen zufügen, wieder zum Kochen bringen und etwa 10 Minuten garen. Abgießen und beiseitestellen.

Den Backofen auf 160 °C vorheizen. 6–8 Timbale-Förmchen mit Butter einfetten. Die Kartoffeln abgießen, abkühlen lassen und schälen. In einer großen Rührschüssel stampfen. Pecorino, Parmesan und Eier unterrühren und je 1 Prise Salz und Pfeffer zugeben. Zuletzt die Erbsen dazugeben. Die Förmchen mit der Masse füllen und auf ein Backblech stellen. Im Backofen etwa 30 Minuten backen. Aus dem Ofen nehmen, etwas abkühlen lassen und auf Portionsteller stürzen. Auf jede Timbale 1 Esslöffel Pesto setzen und sofort servieren.

ERBSEN MIT MINZE

PISELLI ALLA MENTA

Vorbereiten: *5 Min.*
Garzeit: *20–25 Min.*
Für 4 Personen

— 1 kg frische Erbsen, gepalt
— ½ TL Zucker
— 10 frische Minzeblätter
— 50 g Butter
— Salz und Pfeffer

Einen Topf mit Wasser und 1 Teelöffel Salz zum Kochen bringen. Die Erbsen mit dem Zucker und 5 Minzeblättern zugeben und darin 15–30 Minuten kochen. Abgießen und die Minze entfernen. Die Butter in einem Topf zerlassen, die Erbsen zufügen und bei schwacher Hitze 5 Minuten erhitzen. Mit Salz und Pfeffer abschmecken, die restlichen Minzeblätter zufügen und servieren.

FEINE ERBSENTERRINE

SFORMATO DI PISELLI

Vorbereiten: *10 Min.*
Garzeit: *20 Min.*
Für 6 Personen

— Butter, zum Einfetten
— 400 g gekochte Erbsen
— 100 g Frischkäse (Rahmstufe)
— 3 Eigelb, und zusätzlich
  1 Eiweiß
— 200 g geriebener Parmesan
— Salz und Pfeffer
— süßsauer eingelegte Paprikastreifen (siehe Seite 221),
  zum Servieren
— rohe Tomaten- und Zucchini-
  würfelchen, zum Servieren

Den Backofen auf 200 °C vorheizen. Eine Auflaufform mit Butter einfetten. Erbsen, Frischkäse, Eigelb und Eiweiß mit etwas Salz und Pfeffer in einem Mixer glatt pürieren. In eine Schüssel umfüllen und den Parmesan einrühren, dann die Masse in die vorbereitete Form füllen. Die Form in einen Bräter stellen und bis zur halben Höhe der Form heißes Wasser hineingießen. Terrine etwa 20 Minuten garen. Aus dem Ofen nehmen, einige Minuten abkühlen lassen, dann auf eine vorgewärmte Servierplatte stürzen. Mit Paprikastreifen und Würfeln von Tomaten und Zucchini garnieren und servieren.

SAHNIGE RADIESCHEN

RAVANELLI CREMOSI

Vorbereiten: 15 Min.
Garzeit: 5 Min.
Für 4 Personen

— 675 g Radieschen, küchenfertig geputzt und halbiert
— 40 g Butter
— 2 EL Crème double
— Salz und Pfeffer

In einem Topf Wasser mit etwas Salz zum Kochen bringen, die Radieschen zufügen und 10 Minuten kochen. Abgießen. Die Butter in einem kleinen Topf schmelzen, Crème double und Radieschen zugeben. Bei schwacher Hitze 5 Minuten köcheln, bis die Radieschen gar sind und die Sahne eindickt. Mit Salz und Pfeffer abschmecken. Sofort servieren.

RADIESCHENSALAT MIT JOGHURT

RAVANELLI IN INSALATA CON LO YOGURT

Zubereiten: 10 Min.
plus 10 Min. Ruhen
Für 4 Personen

— 2 große weiße Radieschen, in
  dünne Scheiben geschnitten
— 1 grüner Apfel
— 4 EL Naturjoghurt
— Salz und weißer Pfeffer

Die Radieschen in eine Salatschüssel geben, mit 1 Prise Salz bestreuen, umrühren und etwa 10 Minuten ruhen lassen. Den Apfel schälen, entkernen und in Spalten schneiden. Die Spalten mit einem sehr scharfen Messer in hauchdünne Scheiben schneiden und zu den Radieschen geben. Den Joghurt und etwas Pfeffer in einer kleinen Schüssel verrühren, über den Salat geben, mischen und servieren.

RADIESCHENSALAT MIT OLIVEN

FOTO AUF SEITE 110

RAVANELLI IN INSALATA CON LE OLIVE

Zubereiten: 10 Min.
plus 10 Min. Ruhen
Für 4 Personen

— 6 Radieschen, küchenfertig
  geputzt
— Saft von 1 Zitrone
— 100 g Feldsalat
— 10 entsteinte schwarze Oliven
— Olivenöl, zum Beträufeln
— Salz

Die Radieschen quer in hauchdünne Scheiben schneiden, in eine Salatschüssel geben und mit dem Zitronensaft beträufeln. Salat und Oliven zufügen, mit Öl beträufeln und mit Salz würzen. Vorsichtig mischen. Vor dem Servieren etwa 10 Minuten ruhen lassen.

RADIESCHENSALAT MIT OLIVEN (SEITE 109)

AVOCADOSALAT MIT OLIVEN

INSALATA DI AVOCADO CON OLIVE

Vorbereiten: *20 Min.*
Für 4 Personen

— 2 feste, reife Avocados
— Saft von 1 Zitrone
— 1 Grapefruit
— 1 Zwiebel
— 50 g schwarze Oliven, entsteint
— Olivenöl, zum Beträufeln
— Salz und Pfeffer

Die Avocados schälen und halbieren. Die Kerne entfernen, das Fleisch würfeln und in eine Schüssel geben. Sofort mit Zitronensaft beträufeln, damit es sich nicht verfärbt. Die Grapefruit schälen und die weiße Haut vollständig entfernen. Mit einem kleinen, scharfen Messer die Filets zwischen den Trennhäuten herauslösen und in eine Schüssel geben. Zwiebel und Oliven zufügen, mit Öl beträufeln und mit Salz und Pfeffer würzen. Vorsichtig mischen.

AVOCADOSUPPE MIT JOGHURT

ZUPPA DI AVOCADO E YOGURT

Vorbereiten: *35 Min.*
plus *1 Std.* Kühlen
Für 4 Personen

— 4 Avocados
— Saft von 1 Zitrone, durch ein Sieb gestrichen
— 120 g Naturjoghurt
— 750 ml Gemüsebrühe
— Salz und Pfeffer
— Schnittlauchröllchen, zum Garnieren

Die Avocados schälen und halbieren. Die Kerne entfernen, das Fleisch grob würfeln und in eine flache Schüssel geben. Sofort mit Zitronensaft beträufeln, damit es sich nicht verfärbt. Den Joghurt zufügen und vorsichtig umrühren. In einen Mixer umfüllen, die Brühe zugeben und glatt pürieren. Die Suppe in eine Terrine umfüllen, mit Salz und Pfeffer würzen, sorgfältig mit Frischhaltefolie abdecken und 1 Stunde in den Kühlschrank stellen. Die Suppe umrühren, mit Schnittlauchröllchen bestreuen und servieren.

PASTA-SALAT MIT AVOCADO UND GORGONZOLACREME

INSALATA DI MEZZI RIGATONI ALL'AVOCADO E CREMA DI GORGONZOLA

Vorbereiten: *20 Min.*
Garzeit: *12 Min.*
Für 4 Personen

— 65 g Gorgonzola-Käse, gewürfelt
— 40 g Butter, gewürfelt
— 250 g Ricotta
— 2 Avocados
— 200 g Rigatoni (kurze Röhrennudeln)
— Salz und Pfeffer

Gorgonzola und Butterwürfel in einer Schüssel bei Zimmertemperatur weich werden lassen, dann den Frischkäse zugeben und alles glatt rühren. Mit Salz und Pfeffer würzen. Die Avocados schälen und halbieren. Die Kerne entfernen, das Fleisch würfeln und unter die Käsecreme rühren. Wasser mit etwas Salz in einem großen Topf zum Kochen bringen. Die Pasta zufügen, wieder zum Kochen bringen und in etwa 10 Minuten al dente garen. Abgießen und mit kaltem Wasser abschrecken. In eine Salatschüssel umfüllen, die Käsecreme zufügen, gründlich mischen und servieren.

AVOCADO MIT SPARGEL

AVOCADO E ASPARAGI

Vorbereiten: *20 Min.*
plus *1 Std.* Marinieren
Garzeit: *15–20 Min.*
Für 4 Personen

— 1 Karotte, gewürfelt
— 2 grüne Selleriestangen,
  gewürfelt
— 12 Oliven, entsteint
— 1 EL Kapern in Essig,
  abgetropft und gehackt
— 1 Schalotte, gehackt
— 1 TL getrockneter Thymian
— 1 TL Currypulver
— 1 Prise gemahlene Muskatnuss
— 200 g grüne Spargelstangen,
  küchenfertig geputzt
— 2 kleine Avocados
— 1 EL Olivenöl
— Salz

Karotte und Sellerie in eine Schüssel geben und mit etwas Salz würzen. Mit Frischhaltefolie abdecken und 1 Stunde in den Kühlschrank stellen. Danach Oliven, Kapern und Schalotte einrühren. Thymian, Currypulver und Muskatnuss daraufstreuen und mit Salz würzen. Die Spargelstangen auf gleiche Länge schneiden und mit Küchengarn bündeln. In einem hohen, schmalen Topf Wasser mit etwas Salz zum Kochen bringen. Eine Schüssel mit Eiswasser bereitstellen. Den Spargel so in den Topf stellen, dass die Köpfe aus dem Wasser ragen. Abgedeckt 15 Minuten garen, aus dem Topf nehmen und sofort im Eiswasser abschrecken. Gut abtropfen lassen, dann die Schnur entfernen. Spargelköpfe abschneiden und beiseitelegen. Die Stangen in Stücke schneiden und zur Gemüsemischung geben. Die Avocados schälen und halbieren. Die Kerne entfernen, das Fleisch würfeln und zum übrigen Gemüse geben. Das Öl über den Salat träufeln, gründlich mischen und in eine Servierschüssel umfüllen. Mit den Spargelköpfen garnieren und servieren.

AVOCADO MIT JOGHURT-HONIG-CREME

FOTO AUF SEITE 113

CREMA DI YOGURT AL MIELE E AVOCADO

Vorbereiten: *25 Min.*
Garzeit: *10 Min.*
Für 4 Personen

— 100 g Haselnusskerne
— 250 g Naturjoghurt
  (Vollfettstufe)
— 50 g flüssiger Honig
— 4 Avocados

Den Backofen auf 160 °C vorheizen. Die Nüsse auf einem Backblech verteilen und im Ofen etwa 10 Minuten rösten. Aus dem Ofen nehmen und auf ein sauberes Geschirrtuch schütten. Die Häute mit dem Tuch abreiben, dann die Nüsse in einem Mixer fein hacken. Joghurt und Honig in einer Schüssel verrühren. Die Avocados schälen und halbieren. Die Kerne entfernen, das Fleisch zügig würfeln und sofort in den Joghurt geben, damit es sich nicht verfärbt. Vorsichtig umrühren. In eine Glasschüssel umfüllen, mit den Nüssen bestreuen und bis zum Servieren kalt stellen.

AVOCADO MIT JOGHURT-HONIG-CREME

ZWIEBELKUCHEN NACH ALTER ART

ZWIEBELKUCHEN NACH ALTER ART

FOTO AUF SEITE 114

TORTA DI CIPOLLE ALL'ANTICA

Vorbereiten: *20 Min.*
Garzeit: *1 Std. 15 Min.*
Für 6 Personen

— 50 g Butter, und etwas
   Butter zum Einfetten
— Mehl, zum Bestäuben
— 150 g Rosinen
— 250 ml trockener Weißwein
— 200 g Mürbeteig
— 1 Handvoll getrocknete
   Erbsen, zum Blindbacken
— 1 kg Zwiebeln, in feine
   Ringe geschnitten
— Mark von 2 Rinderknochen,
   gewürfelt
— 1 Prise Zucker
— Salz und Pfeffer

Den Backofen auf 160 °C vorheizen. Eine Quicheform mit Butter einfetten und mit Mehl ausstäuben. Die Rosinen in einer Schüssel mit Wein übergießen und einweichen. Inzwischen den Teig auf einer bemehlten Arbeitsfläche ausrollen und die vorbereitete Form damit auskleiden. Überstehende Ränder abschneiden und beiseitelegen. Den Boden mit der Gabel einstechen, mit Backpapier belegen, mit getrockneten Erbsen beschweren und 15 Minuten blindbacken. Aus dem Ofen nehmen und die Hitze auf 180 °C erhöhen. Die Butter in einer Pfanne zerlassen und die Zwiebeln bei schwacher Hitze unter gelegentlichem Rühren 10 Minuten goldbraun dünsten. Rindermark, eingeweichte Rosinen mitsamt dem Wein, Zucker, Salz und Pfeffer untermengen und einköcheln. Erbsen und Backpapier vom Teigboden nehmen und die Zwiebelmischung darauf verteilen. Die Teigreste ausrollen, in Streifen schneiden, die Enden mit Wasser bestreichen und die Streifen gitterförmig über den Kuchen legen. Im Ofen etwa 30 Minuten backen, warm servieren.

GESTÜRZTER REIS MIT ZWIEBELN

SFORMATO DI RISO E CIPOLLA

Vorbereiten: *30 Min.*
Garzeit: *20 Min.*
Für 4 Personen

— 4 EL Olivenöl
— 450 g weiße Zwiebeln, in
   dünne Ringe geschnitten
— 320 g Langkornreis
— 25 g Butter, und etwas
   Butter zum Einfetten
— Salz und Pfeffer

Das Öl in einer großen Pfanne erhitzen und die Zwiebeln darin bei schwacher Hitze unter gelegentlichem Rühren 10 Minuten weich dünsten, aber nicht bräunen. Mit Salz und Pfeffer würzen und vom Herd nehmen. Wasser mit etwas Salz in einem großen Topf zum Kochen bringen. Den Reis zufügen und 15–20 Minuten garen. Den Backofen auf 180 °C vorheizen. Eine Auflaufform mit Butter einfetten. Den Reis abgießen und etwas Butter unterrühren. Eine Schicht Reis in die vorbereitete Form füllen, darauf eine Schicht Zwiebeln geben. Abwechselnd Reis und Zwiebeln einschichten, bis die Zutaten verbraucht sind. Die Form auf ein Backblech stellen und 25 Minuten backen. Aus dem Ofen nehmen und 10 Minuten abkühlen lassen. Auf eine Platte stürzen und sofort servieren.

ZWIEBEL-QUICHE MIT KÄSE

QUICHE DI CIPOLLE E FORMAGGIO

Vorbereiten: *20 Min.*
Garzeit: *1 Std. 20 Min.*
Für 4 Personen

— 25 g Butter
— 350 g Zwiebeln, in dünne
   Ringe geschnitten
— Mehl, zum Bestäuben
— 1 Ei
— 1 Eigelb
— 120 ml Milch
— 350 g Blätterteig
   (Tiefkühlware), aufgetaut
— 65 g frisch geriebener
   Gruyère-Käse
— 1 EL fein gehackte
   Petersilie
— Salz und Pfeffer

Die Butter in einem Topf schmelzen und die Zwiebeln darin bei schwacher Hitze unter gelegentlichem Rühren 20 Minuten weich und glasig dünsten. Mit 1 Prise Salz bestreuen, vom Herd nehmen und abkühlen lassen. Den Backofen auf 200 °C vorheizen. Eine Quiche-Form (23 cm Durchmesser) mit Mehl ausstäuben. In einer Schüssel Ei, Eigelb und Milch mit einem Schneebesen aufschlagen. Mit Salz und Pfeffer würzen. Den Teig auf einer bemehlten Arbeitsfläche dünn ausrollen, die Form damit auskleiden. Mehrmals einstechen und 15 Minuten blindbacken, dann aus dem Ofen nehmen und die Hitze auf 160 °C reduzieren. Die Hälfte des Gruyère auf den Teig streuen, darauf die Zwiebeln verteilen. Alles mit der Eiermischung übergießen und den restlichen Gruyère darüberstreuen. Die Form auf ein Backblech stellen und im Ofen 40 Minuten backen, bis der Belag fest und goldbraun ist. Herausnehmen, mit Petersilie bestreuen und servieren.

ROTE ZWIEBELN MIT PISTAZIEN

FOTO AUF SEITE 117

CIPOLLE DI TROPEA AL SALE CON PISTACCHI

Vorbereiten: *30 Min.*
Garzeit: *1 Std.*
Für 6 Personen

— 6 große rote Zwiebeln
— 1–1,5 kg grobes Meersalz
— 3 EL Pistazienkerne, grob
   gehackt
— Weißweinessig, zum Beträufeln
— Olivenöl, zum Beträufeln
— Salz und Pfeffer

Den Backofen auf 220 °C vorheizen. Die ungeschälten Zwiebeln in eine hohe Auflaufform legen und komplett mit dem groben Salz bedecken. Etwa 1 Stunde im Ofen garen. Die Form aus dem Ofen nehmen, die Zwiebeln mit einem Schaumlöffel herausnehmen und das Salz abwischen. Die Zwiebeln schälen, senkrecht in Spalten schneiden und auf einer Servierplatte anrichten. Mit Pistazien bestreuen, mit Salz und Pfeffer würzen und mit etwas Essig und Öl beträufeln. Die Zwiebeln schmecken zum Beispiel hervorragend zu Mozzarella und zu Burrata, eine Sonderform des Mozzarella aus Apulien.

ROTE ZWIEBELN MIT PISTAZIEN

GESCHMORTE FRÜHLINGSZWIEBELN

ÜBERBACKENE ZWIEBELN

Vorbereiten: *15 Min.*
Garzeit: *45 Min.*
Für 6 Personen

— Olivenöl zum Einstreichen,
  und etwas Öl zum Beträufeln
— 6 weiße Zwiebeln, geschält
  und halbiert
— 3 Eier
— 100 ml Milch
— 100 g Crème double
— 1 EL frisch gehackte
  Basilikumblätter
— 50 g Parmesan, frisch gerieben
— Salz und Pfeffer

Den Backofen auf 180 °C vorheizen. Eine Auflaufform mit
Öl einstreichen. Die Zwiebelhälften in die Form einlegen,
mit Öl besträufeln und leicht pfeffern. Im Ofen 15 Minuten
garen. Inzwischen die Eier mit der Milch, der Crème double
und dem Basilikum in einer Schüssel leicht verschlagen
und mit Salz und Pfeffer würzen. Die Zwiebeln aus dem
Ofen nehmen und die Eiermischung darübergeben.
Den geriebenen Käse darüberstreuen, die Form erneut
in den Ofen schieben und weitere 30 Minuten goldbraun
überbacken. Aus dem Ofen nehmen und Sofort servieren.

GESCHMORTE FRÜHLINGSZWIEBELN

FOTO AUF SEITE 118

Vorbereiten: *15 Min.*
Garzeit: *30 Min.*
Für 4 Personen

— 25 g Butter
— 2 EL fein gehackte, gemischte
  Kräuter, z.B. Thymian,
  Majoran und Salbei
— 500 g Frühlingszwiebeln,
  in Ringe geschnitten
— 50 g Pancetta oder
  durchwachsener Speck, in
  schmale Streifen geschnitten
— Salz und Pfeffer

Die Butter mit den Kräutern in einem Topf zerlassen.
Die Frühlingszwiebeln zugeben und bei schwacher Hitze
unter ständigem Rühren etwa 10 Minuten andünsten.
Den Pancetta zufügen und unter gelegentlichem Rühren
weitere 10 Minuten dünsten. 2 Esslöffel heißes Wasser
zugeben und 10 Minuten köcheln, bis die Frühlingszwiebeln
weich sind und die Flüssigkeit verdampft ist. Mit Salz
und Pfeffer würzen und sofort servieren.

ZWIEBEL-FOCACCIA

FOTO AUF SEITE 121

FOCACCIA DI CIPOLLE

Vorbereiten: 20 Min.
plus 2 Std. Ruhen
Garzeit: 30 Min.
Für 4 Personen

— 250 ml lauwarme Milch,
  und nach Bedarf etwas mehr
— 1 TL Zucker
— 2 TL Trockenhefe
— 250 g Mehl
— 1 Ei
— 50 g Butter, und etwas
  Butter zum Einfetten
— 2 große Zwiebeln,
  fein gehackt
— 2 Petersilienstängel,
  fein gehackt
— Olivenöl
— Salz

Die Hälfte der Milch in eine Schüssel gießen und den Zucker einrühren. Die Hefe auf die Oberfläche streuen und 10–15 Minuten stehen lassen, bis die Milch schaumig wird. Sorgfältig glatt rühren. So viel Mehl unter den Hefeansatz kneten, dass eine weiche Teigkugel von der Größe eines Brötchens entsteht. Abgedeckt bei Zimmertemperatur etwa 1 Stunde gehen lassen. Das restliche Mehl mit 1 Prise Salz sieben, auf die Arbeitsfläche häufen und eine Vertiefung in die Mitte drücken. Das Ei hineinschlagen und die Teigkugel zugeben. Alles zu einem geschmeidigen Teig verkneten, bei Bedarf noch etwas Milch zugeben. Zur Kugel formen und abgedeckt 1 Stunde gehen lassen. Inzwischen die Butter in einem Topf schmelzen. Die Zwiebeln darin bei schwacher Hitze unter Rühren 8–10 Minuten dünsten. Mit Salz würzen, die Petersilie einrühren und die Pfanne vom Herd nehmen. Den Backofen auf 180 °C vorheizen. Den Boden einer Backform (20 cm) mit Butter einfetten. Einige Löffel Zwiebeln beiseitestellen, den Rest von Hand unter den Teig kneten. Den Teig zu einem runden Fladen formen und in die Form legen. Die restlichen Zwiebeln darauf verteilen, mit Alufolie abdecken und 30 Minuten backen. Aus dem Ofen nehmen, aus der Form lösen und heiß servieren.

GEFÜLLTE ZWIEBELN AUS DEM OFEN

CIPOLLE SAPORITE AL FORNO

Vorbereiten: 20 Min.
Garzeit: 30–35 Min.
Für 4 Personen

— 4 Zwiebeln, geschält
— 1 Ei, leicht verquirlt
— 65 g geriebener Parmesan
— 1 EL frische Semmelbrösel
— 8 schwarze Oliven, entsteint
  und grob gehackt
— Olivenöl, zum Einstreichen
  und Beträufeln
— Salz und Pfeffer

Den Backofen auf 180 °C vorheizen. In einem großen Topf leicht gesalzenes Wasser zum Kochen bringen. Die Zwiebeln darin 5 Minuten blanchieren, dann abgießen. Mit einem Teelöffel einen Teil des Inneren aus jeder Zwiebel herausheben. Ei, Käse, Semmelbrösel und Oliven in einer Schüssel vermengen und mit Salz und Pfeffer würzen. Die Mischung in die Zwiebeln füllen. Eine Auflaufform mit dem Öl einstreichen und die gefüllten Zwiebeln aufrecht hineinsetzen. Zwiebeln mit Öl beträufeln und im Ofen 30–35 Minuten backen, bis sie gebräunt sind. Aus dem Ofen nehmen und servieren.

ZWIEBEL-FOCACCIA

CHICORÉE MIT KREBSFLEISCH

CHICORÉE MIT KREBSFLEISCH

FOTO AUF SEITE 122

INDIVIA BELGA AI GRANCHIO

Vorbereiten: *15 Min.*
Für 4 Personen

— 1–2 Stauden Chicorée
— 250 ml Mayonnaise
— 250 g Krebsfleisch
  (aus der Dose), abgetropft
— 2 EL Crème double
— 2 EL Tomatenketchup
— ½ TL Worcestersauce
— Cognac, zum Beträufeln

Die Blätter vom Chicorée ablösen und in konzentrischen Kreisen auf einer Servierplatte anrichten, die kleineren Blätter für die inneren Kreise verwenden. Mayonnaise und Krebsfleisch mischen. Crème double, Ketchup und Worcestersauce unterrühren. Den Cognac darüberträufeln und alles vorsichtig mischen. Je 1 Esslöffel der Mischung in die Wölbung der Chicoréeblätter geben und servieren.

CHICORÉESALAT MIT SPECK

INSALATA DI INDIVIA BELGA E BACON

Vorbereiten: *10 Min.*
Garzeit: *6–8 Min.*
Für 6 Personen

— 600 g Chicorée
— 1 Zwiebel, in dünne Ringe
  geschnitten
— 1 EL Weißweinessig
— 2 EL Olivenöl
— 100 g Pancetta oder
  durchwachsener Speck,
  in Streifen geschnitten
— Salz

Die Blätter vom Chicorée ablösen und zusammen mit den Zwiebelringen in eine Salatschüssel geben. Den Essig in einer kleinen Schüssel mit 1 Prise Salz verrühren, dann über den Salat gießen. Das Öl in einer Pfanne erhitzen und den Speck darin bei mittlerer Hitze unter gelegentlichem Rühren etwa 5 Minuten anbraten. Über den Salat geben, mischen und sofort servieren.

ÜBERBACKENER CHICORÉE

BELGA BRASATA GRATINATA IN FORNO

Vorbereiten: *25 Min.*
Garzeit: *45 Min.*
Für 4 Personen

— 10 Stauden Chicorée, ohne
  harte Blätter und Strünke
— 50 g Butter, und etwas Butter
  zum Einfetten
— Saft von ½ Zitrone, gesiebt
— 150 g Prosciutto cotto
  (Kochschinken), in dünne
  Scheiben geschnitten
— ½ Rezept Béchamelsauce
  (siehe Seite 51)
— Salz und Pfeffer

Den Chicorée in einen Topf legen, die Butter zufügen und mit Salz und Pfeffer würzen. Gerade mit Wasser bedecken und den Zitronensaft darüberträufeln. Abgedeckt bei mittlerer Hitze 30 Minuten garen, bei Bedarf etwas heißes Wasser zugeben. Vom Herd nehmen. Den Chicorée auf einen Teller legen und abkühlen lassen. Den Backofen auf 180 °C vorheizen. Eine flache Auflaufform mit Butter einfetten. Die Schinkenscheiben halbieren und jeden Chicorée in eine halbe Scheibe Schinken wickeln. Chicorée in die vorbereitete Form legen. Die Béchamelsauce über die Röllchen füllen und alles im Ofen 15 Minuten überbacken, bis die Oberfläche hell gebräunt ist. herausnehmen und sofort servieren.

CHICORÉE MIT GEMÜSEMIX

BELGA RIPIENA DI VERDURINE

Vorbereiten: *20 Min.*
Für 6 Personen

— 2 Karotten, in Juliennes-
  Streifen geschnitten
— 1 Selleriestange, in feine
  Streifen geschnitten
— 1 Zwiebel, in feine Streifen
  geschnitten
— 100 g Spinat, ohne harte Stiele,
  Blätter in 2–3 cm lange
  Streifen geschnitten
— 24 Chicoréeblätter
  (ca. 2 Köpfe)

Für das Dressing:
— 200 g Crème double
— Weißweinessig
— 1 Prise gemahlener
  rosa Pfeffer
— Salz

Karotten, Sellerie, Zwiebel und Spinat gleichmäßig auf den Chicoréeblättern verteilen und auf einer Servierplatte anrichten. Die Crème double in einer Schüssel leicht aufschlagen, mit dem Essig beträufeln und mit Pfeffer und Salz würzen. Das Dressing über die Chicoréeblätter geben und servieren.

CHICORÉESALAT MIT KERBEL

INSALATA DI INDIVIA BELGA AL CERFOGLIO

Vorbereiten: 25 Min.
Für 4 Personen

— 2 Orangen
— 3 Köpfe Chicorée, in schmale
   Streifen geschnitten
— 12 Walnusskernhälften

Für das Dressing:
— 1 EL Weißweinessig
— 5 EL Olivenöl
— 1 Schalotte, fein gehackt
— 3 EL gehackter Kerbel
— Salz und Pfeffer

Die Orangen schälen, dabei die weiße Haut vollständig entfernen. Die Filets zwischen den Trennhäuten herauslösen. Dabei die Früchte über eine Schüssel halten, um den Saft aufzufangen. Für das Dressing Essig und Öl in einer Salatschüssel verrühren. Schalotte und Kerbel zufügen, den aufgefangenen Orangensaft einrühren und mit Salz und Pfeffer würzen. Den Chicorée kurz vor dem Servieren mit dem Dressing mischen, in einer Schüssel anrichten und mit den Walnusshälften und Orangenfilets garnieren.

CHICORÉESALAT MIT KAPERN-DRESSING

BELGA CON SALSA AI CAPPERI

Vorbereiten: 15 Min.
Für 4 Personen

— 3 EL Kapern (in Salzlake),
   gut abgespült und abgetropft
— 1 großer Petersilienstängel,
   gehackt
— 1 kleine Knoblauchzehe,
   geschält
— 1 in Salz eingelegte Sardelle
   (aus dem Glas), filetiert,
   10 Min. in kaltes Wasser
   eingelegt und abgetropft
— 5 grüne Oliven, entsteint
— 4 EL Olivenöl
— 4 Köpfe Chicorée, in schmale
   Streifen geschnitten
— Pfeffer

Kapern, Petersilie, Knoblauch, Sardellenfilet, Oliven und Öl mit etwas Pfeffer in einen Mixer geben und zu einer Paste verarbeiten. Die Chicoréestreifen auf 4 Teller verteilen und auf jede Portion 1 Esslöffel Kaperndressing geben.

CHICORÉERISOTTO

Vorbereiten: *40 Min.*
Garzeit: *35 Min.*
Für 4 Personen

— 500 g Chicorée, küchenfertig
    geputzt und halbiert
— 1,2 l Gemüsebrühe
— 50 g Butter
— 1 Zwiebel, fein gehackt
— 1 Selleriestange, fein gehackt
— 1 Knoblauchzehe, fein gehackt
— 2 reife Tomaten, geschält,
    entkernt und gehackt
— 300 g Risotto-Reis
— 50 g frisch geriebener
    Pecorino-Käse
— 1 Petersilienstängel, gehackt
— Salz und Pfeffer

In einem Topf Wasser mit etwas Salz zum Kochen bringen und den Chicorée darin 15 Minuten blanchieren, dann abgießen und in Streifen schneiden. Die Brühe in einem Topf zum Kochen bringen. Inzwischen die Hälfte der Butter in einem anderen Topf schmelzen. Zwiebel, Sellerie und Knoblauch zugeben und bei schwacher Hitze unter gelegentlichem Rühren 5 Minuten andünsten. Die Tomaten zufügen, mit Salz und Pfeffer abschmecken und alles bei schwacher Hitze 10 Minuten köcheln. Den Chicorée einrühren und einige Minuten mitkochen, dann den Reis einrühren. 1 Kelle heiße Brühe zugeben und unter Rühren köcheln, bis der Reis sie aufgenommen hat. Weiter kellenweise heiße Brühe zufügen und unter Rühren vom Reis aufsaugen lassen. Nach etwa 20 Minuten ist der Risotto fertig. Vom Herd nehmen, die restliche Butter zufügen, mit geriebenem Käse und Petersilie bestreuen und servieren.

CHICORÉESALAT MIT BRUNNENKRESSE UND ORANGE

FOTO AUF SEITE 127

Vorbereiten: *25 Min.*
Für 4–6 Personen

— 2 Stauden Chicorée
— 1 Orange
— 1 grüner Apfel
— 1 Bund Brunnenkresse, in
    kurze Stängel geschnitten
— 4 EL Olivenöl
— 1 EL Walnussöl
— Saft von ½ Zitrone, durch ein
    Sieb gestrichen
— Pfeffer

Die Blätter von den Chicorée-Stauden ablösen. Die Orange schälen, dabei die weiße Haut vollständig entfernen. Die Filets zwischen den Trennhäuten herauslösen. Den Apfel schälen und das Kernhaus herausstechen. Den Apfel in Ringe schneiden und diese halbieren. Chicorée, Orangenfilets, Apfelringe und Brunnenkresse dekorativ auf einer Servierplatte anrichten. Oliven- und Walnussöl, Zitronensaft und 1 Prise Pfeffer in einer Schüssel gut verrühren. Das Dressing über den Salat träufeln und etwa 5 Minuten durchziehen lassen, dann servieren.

CHICORÉESALAT MIT BRUNNENKRESSE UND ORANGE

KRÄUTER

RAUKE

GRÜNE BOHNEN

AUBERGINEN

ZUCCHINI

GURKEN

TOMATEN

PAPRIKA

FENCHEL

GEMÜSEMAIS

SOMMER

Herrscht im Frühling zartes Grün im Garten vor, so entfaltet sich im Sommer dort das gesamte Farbspektrum. Sobald die Tage länger werden und die Temperaturen allmählich steigen, setzt das Pflanzenwachstum verstärkt ein. In Ihrem Garten und auf dem Markt gibt es jetzt ein reichhaltiges Angebot an erntefrischem Gemüse. Aromatische Tomaten, milde Paprika und zarte Auberginen sind dabei unverzichtbare Zutaten der italienischen Küche – und sie schmecken zu keiner Jahreszeit besser als in den Sommermonaten.

Das große Gemüseangebot im Sommergarten verwöhnt jeden Koch. Insbesondere italienische Köche kennen zahlreiche fantasievolle Zubereitungsarten für Sommergemüse. Ideal als erfrischende Vorspeise für eine Mahlzeit unter freiem Himmel eignet sich zum Beispiel eine Kalte Gurkencremesuppe (siehe Seite 201) oder eine Tomaten-Granita (siehe Seite 211). Vollreife Tomaten sind bereits mit Olivenöl und Salz ein Genuss, aber man kann sie auch füllen und im Ofen backen, zu Suppen verarbeiten oder mit Mozzarella und Basilikum für Salate oder Tartes verwenden. Paprika kombiniert man mit Eiern, Oliven, Kapern und Sardellen, füllt sie oder gibt sie an Risottos. Junge Zucchini schmecken hervorragend in einem Flan oder in Pesto mit Mandeln und Minze – und die Blüten der Zucchini werden gern für Salate verwendet oder gefüllt, und als erster Gang serviert. Normalerweise bereitet man aus Sommergemüse vor allem herzhafte Gerichte zu, aber es gibt mit Gemüse auch Rezepte für unkonventionelle Süßspeisen, wie aromatisches Basilikum-Sorbet (siehe Seite 167).

Im Sommer müssen Sie im Garten regelmäßig jäten, gießen und Pflanzen stützen. Binden Sie hoch wachsende Tomatensorten an ein Gerüst, damit die Früchte nicht auf dem Boden liegen und faulen. Auch hohe Paprika- und Auberginenpflanzen sollten gestützt oder an ein Spalier gebunden werden, damit sie nicht durch das Gewicht der eigenen Früchte oder durch einen heftigen Sommerregen umknicken. Mais sollte stets angehäufelt werden, damit die hohen Pflanzen nicht vom Wind umgeworfen werden. Auch Kartoffeln sollten Sie anhäufeln. So können Sie später mehr Knollen von stattlicher Größe ernten.

Die Gemüseernte kann viel Freude bereiten. Nehmen Sie einen großen Sammelkorb hinaus in den Garten, denn er wird in der Hochsaison ruck, zuck voll. Auch wenn das Gemüsefach in Ihrem Kühlschrank bereits mit Gemüse aus dem eigenen Anbau gefüllt ist, sollten Sie dennoch weiterhin ernten, denn dadurch wird bei vielen Gemüsepflanzen der Ertrag gesteigert. Lassen Sie Zucchini, Bohnen, Gurken oder Paprika zu groß werden, dann stellen die Pflanzen ihre Fruchtbildung ein. Gemüse, das Sie nicht sofort verbrauchen, können Sie entweder einfrieren, einkochen oder einlegen – oder auch verschenken. Ernten Sie regelmäßig, dann haben Sie bis zum Frost frisches und gesundes Gemüse aus dem eigenen Garten für Ihre Gemüseküche zur Verfügung.

KRÄUTER

ERBE

Kräuter spielen in der italienischen Küche eine große Rolle und verleihen zahlreichen italienischen Gerichten ihren unverwechselbaren Geschmack. Glatte Petersilie, das wohl beliebteste Küchenkraut, passt zu vielen anderen Zutaten und wird für Pastagerichte und Saucen eingesetzt. Ebenso unentbehrlich sind Lorbeerblätter, Rosmarin, Thymian, Basilikum, Salbei, Majoran oder Oregano.

Als klassische Kombinationen gelten Basilikum und Tomate, Schweinefleisch und Salbei oder Kartoffeln und Rosmarin. Thymian und Oregano betonen in Pizza- und Pastagerichten das Aroma reifer Tomaten. Frische Kräuter gibt man oft an Salate. Frittiert werden vor allem Petersilienstängel oder Salbeiblätter gern als attraktive Garnierung verwendet – und manche Kräuter setzt man zum Aromatisieren von Desserts ein.

Wählen Sie stets nur frische, unbeschädigte Kräuter in kräftigem Grün. Am besten verbraucht man sie sofort. Man kann sie aber auch in feuchtes Küchenpapier wickeln, dann in einen Gefrierbeutel verpacken und einige Tage im Gemüsefach des Kühlschranks lagern. Die meisten Kräuter werden gehackt, damit sie ihre aromatischen Öle an die Speisen abgeben. Zarte Blätter wie Basilikum sollte man von Hand in Stücke zupfen.

SÄEN UND ERNTEN Kräuter kann man auch ziehen, wenn man wenig Platz hat. Die beliebtesten Kräuter brauchen einen warmen Standort in der Sonne und sehr durchlässigen Boden mit relativ geringem Nährstoffgehalt. Die Erntezeit beginnt, sobald die Blätter groß genug sind. Pflücken Sie Kräuter am Vormittag, dann ist das Aroma am intensivsten. Kräuter, die man nicht gleich frisch verbraucht, kann man bündeln und in einem luftigen, warmen Raum für den Winter trocknen.

REZEPTE MIT KRÄUTERN AUF DEN SEITEN 158–167

RAUKE

Die Blätter mit dem pfeffrig-pikanten Geschmack sehen ein bisschen aus wie Löwenzahn. Sie werden häufig an gemischte Blattsalate gegeben. Traditionell serviert man sie in Italien zu Carpaccio. Rauke schmeckt aber auch wunderbar zu Käse, Eiern, Fisch und Meeresfrüchten. Man kann die Blätter zu einem Pesto verarbeiten, an Risottos geben oder in Öl andünsten und unter Pasta mischen. Wilde Rauke mit Parmesan und Balsamico ist ausgesprochen köstlich als Vorspeise oder Beilage.

Rauke schmeckt strenger, je größer die Blätter werden. Suchen Sie auf dem Markt daher kleine, feste, makellose Blätter aus. Blätter mit Löchern, Rissen oder gelben Rändern lassen Sie lieber liegen. In einem verschlossenen Gefrierbeutel kann man die Blätter einige Tage im Kühlschrank aufbewahren.

SÄEN UND ERNTEN Rauke gehört zur Familie der Senfgewächse. Sie gedeiht am besten bei kühler Witterung. Sobald es wärmer wird, entwickeln die Blätter einen strengen, scharfen Geschmack. Wilde Rauke ist dabei noch schärfer als Salatrauke. Gesät wird im Spätwinter in Abständen von 2,5 cm und in Reihenabständen von 30 cm. Sind die Sämlinge groß genug, werden sie auf Abstände von 15 cm ausgedünnt. Um fortlaufend zu ernten, säen Sie im Frühling und Herbst alle 2 Wochen jeweils nur kleine Mengen. Schon 4 Wochen nach der Aussaat kann geerntet werden. Schneiden Sie einzelne Blätter nach Bedarf ab, wenn sie 5 cm lang sind. Sie können auch einige Wochen warten, dann alle Blätter über dem Boden abschneiden oder die Pflanze ausgraben. Zurückgeschnittene Pflanzen treiben wieder aus, solange es kühl bleibt.

REZEPTE MIT RAUKE AUF DEN SEITEN 168–171

GRÜNE BOHNEN
FAGIOLINI

Grüne Bohnen zählen wohl zu den vielseitigsten Gemüsearten, zumal sie ganzjährig im Angebot sind. In Italien bereitet man grüne und gelbe Bohnen sehr gern mit Sahne, Frischkäse oder Parmesan zu. Sie werden oft in Tomatensauce überbacken oder in Butter gegart und mit Knoblauch und Sardellen aromatisiert. Grüne Bohnen harmonieren beispielsweise gut mit Basilikum und schmecken ausgezeichnet mit Pesto.

Um die Frische zu prüfen, biegen Sie eine Bohne. Sie sollte leicht brechen und saftig sein. Unabhängig von der Sorte, sollten Bohnen immer fest und knackig sein und eine intensive Farbe haben. Ungewaschene Bohnen können Sie in einer Plastiktüte im Gemüsefach des Kühlschranks maximal 7 Tage aufbewahren.

Zur Zubereitung schneiden Sie die beiden Enden ab. Sie können die Bohnen ganz lassen oder in Stücke schneiden. Bissfest gegart werden sie in 5–10 Minuten in leicht gesalzenem Wasser. Sofern im Rezept nichts anderes angegeben ist, schreckt man die Bohnen für Salate unter kaltem Wasser ab, um das Nachgaren zu verhindern.

SÄEN UND ERNTEN Grüne Bohnen sind einfach anzubauen. Im Frühling nach den letzten Frösten werden die Samen mit 7,5 cm Abstand und Reihenabständen von 60 cm in den Boden gelegt. Nach etwa 2 Monaten kann die Ernte beginnen. Pflücken Sie die Bohnen, bevor die Kerne im Inneren anschwellen. Viele moderne Sorten bringen den Hauptertrag in einem Zeitraum von 1–2 Wochen. Ernten Sie in dieser Zeit täglich, um die Bildung weiterer Bohnen anzuregen.

REZEPTE MIT GRÜNEN BOHNEN AUF DEN SEITEN 172–180

AUBERGINEN
MELANZANE

Auberginen haben einen milden, leicht erdigen Geschmack. Gegart erhält das Fleisch eine weiche, cremig-zarte Konsistenz. Auberginen sind eine beliebte Zutat in Caponata, einem süß-sauren sizilianischen Gemüsegericht, in Risottos sowie Terrinen und Pasteten, werden aber auch gern frittiert. Weil das robuste Gemüse geschmacklich hervorragend mit Tomaten und Käse harmoniert, spielt es in zahlreichen klassischen Rezepten der italienischen Küche eine wichtige Rolle, wie in Auberginen-Parmigiana (siehe Seite 184) und Lasagne mit Auberginen und Ricotta (siehe Seite 188).

Wählen Sie Auberginen mit einer festen, glänzenden und unversehrten Schale. Der Stiel sollte frisch und grün aussehen, die Frucht sich für ihre Größe schwer anfühlen. Bewahren Sie Auberginen im Gemüsefach des Kühlschranks auf. Es ist nicht notwendig, sie vor der Zubereitung zu salzen, aber wenn man es tut, saugen sie beim Braten weniger Öl auf.

PFLANZEN UND ERNTEN Setzen Sie Jungpflanzen nach dem letzten Frost in fruchtbaren, durchlässigen Boden, der mit Kompost angereichert wurde. Die meisten Sorten werden 60–90 cm hoch und ebenso breit und sehen mit ihren essbaren Früchten äußerst dekorativ aus. In kühleren Regionen hilft Mulchfolie, um den Boden zu erwärmen, die Verdunstung von Feuchtigkeit zu reduzieren und Unkraut zu unterdrücken. Regelmäßig gießen und monatlich einen Universaldünger geben. Fühlt sich die Schale prall an und gibt auf Fingerdruck kaum nach, sind die Früchte reif. Überreife Früchte haben eine matte, weiche Schale und einen bitteren Geschmack.

REZEPTE MIT AUBERGINEN AUF DEN SEITEN 181–188

ZUCCHINI

Zucchini sind genau genommen unreife Markkürbisse, die noch keine Samen ausgebildet haben. Lässt man sie wachsen, werden sie faserig und wässrig. Es gibt verschiedene Sorten mit gelber und grüner Schale. Beliebt sind Zucchini in der Küche vor allem wegen ihrer Vielseitigkeit. Sie eignen sich für die verschiedensten Gerichte, zum Beispiel Geröstete Zucchini mit Kartoffeln und Tomaten aus dem Ofen (siehe Seite 196), Zucchiniflan mit Ricotta und Zucchiniblüten (siehe Seite 193) oder Knsuprige Zucchini nach römischer Art (siehe Seite 195).

Kaufen Sie nur feste Früchte mit glänzender, glatter Schale. Im Gemüsefach des Kühlschranks halten sie sich etwa 2 Tage. Sehr kleine Früchte können auch im Ganzen zubereitet werden. Bei größeren Zucchini entfernt man die Enden, ehe man sie in Würfel oder Scheiben schneidet. Die Blüten können frittiert, gefüllt, gebraten oder gebacken werden.

SÄEN UND ERNTEN Säen Sie nach dem letzten Frost in Beete, die mit Kompost verbessert wurden. In Gegenden mit kühlen Sommern decken Sie den Boden mit einer schwarzen Folie ab und säen durch eingestochene Löcher, um das Wachstum zu beschleunigen. Legen Sie in jedes Loch zwei Samen im Abstand von 60–90 cm, die Reihenabstände sollten 1,5 m betragen. Später jeweils den schwächeren Sämling auszupfen. Zucchini tragen separate männliche und weibliche Blüten und sind darum zur Bestäubung auf Bienen angewiesen. Ungenügend bestäubte Früchte faulen an der Spitze und fallen ab. Am besten schmecken Zucchini, wenn sie nicht länger als 15 cm sind. Je mehr Sie ernten, desto mehr neue Früchte werden gebildet. Falls eine Frucht versehentlich zu groß wird, nehmen Sie sie ab, sonst stellt die Pflanze die Fruchtbildung ein.

REZEPTE MIT ZUCCHINI AUF DEN SEITEN 189–198

GURKEN
CETRIOLO

Gurken sind knackig, kühl, erfrischend – und damit das perfekte Salatgemüse für den Sommer, entweder solo in einem sahnigen Dressing oder einer Vinaigrette, aber auch in bunten Salaten mit Tomaten, Paprika und Oliven. Auch zu Käse und Eiern passen Gurken gut. Gegart werden sie in Italien selten, obwohl Gurken, kurz in Butter sautiert, ganz hervorragend zu Fisch schmecken. Kleine Gurken, in Essig eingelegt, sind als Beilage zu Fleisch und als Garnierung für kalte Gerichte beliebt.

Wählen Sie beim Einkauf feste Gurken, und meiden Sie alle, die gelblich oder runzlig aussehen oder beschädigt sind. Gurken können im Gemüsefach des Kühlschranks 1 Woche aufbewahrt werden. Wer Gurken ungeschält essen möchte, sollte sie gründlich waschen, vor allem, wenn sie aus dem Supermarkt stammen, denn manche sind mit einer wachsartigen Schicht überzogen. Um Gurken einen Teil des Wassers zu entziehen, halbieren Sie sie in Längsrichtung, schaben die Kerne heraus und schneiden das Fleisch in dünne Scheiben. Scheiben mit Salz bestreuen, 1 Stunde ziehen lassen, und in einem Geschirrtuch ausdrücken.

SÄEN, PFLANZEN UDN ERNTEN Gurken werden nach dem letzten Frost in Boden, der mit Kompost verbessert wurde, gesät oder gepflanzt. Die Abstände sollten mindestens 60 cm betragen. In kühlen Gegenden schwarze Mulchfolie auslegen, um den Boden zu erwärmen und Feuchtigkeit zu speichern, dann Jungpflanzen durch Einschnitte pflanzen. Regelmäßig gießen, damit die Früchte nicht bitter werden. Einlegegurken ernten, wenn sie etwa 7 cm lang sind. Gurken zum Rohverzehr dürfen auch 15 cm lang werden. Je mehr Sie ernten, desto mehr neue Früchte werden gebildet. Überreife Gurken haben viele Kerne und schmecken oft bitter.

REZEPTE MIT GURKEN AUF DEN SEITEN 199–202

TOMATEN
POMODORI

Tomaten – von den kleinen süßlichen Cocktailtomaten bis
zu den aromatischen, saftigen Roma-Tomaten – sind das erklärte
Lieblingsgemüse der italienischen Küche. Tomaten passen zu
vielen Zutaten. Am liebsten kombiniert man sie mit Basilikum,
Mozzarella und Zwiebeln. Klassiker der italienischen Küche
sind Bruschetta mit Tomate (siehe Seite 206), Insalata caprese
mit Büffel-Mozzarella (siehe Seite 211) oder Toskanische
Tomatensuppe (siehe Seite 209). Tomaten werden auch für
Flans, Suppen, Saucen, Gratins und Risottos verwendet.

Wählen Sie Tomaten mit glatter, unversehrter Haut und
frisch-grünem Stiel. Unreife Tomaten reifen in einer Papiertüte
im Gemüsefach des Kühlschranks nach, und überreife – sofern
sie keine Anzeichen von Fäulnis zeigen – sind ideal für Suppen.
Am besten bewahrt man Tomaten bei Zimmertemperatur auf.
Zum Häuten das Stielende kreuzweise einschneiden und die
Tomaten in eine hitzebeständige Schüssel legen. Mit kochendem
Wasser übergießen, etwa 1 Minute warten, abgießen und die
Haut mit einem scharfen Messer abziehen. Zum Entkernen
Früchte halbieren und mit einem Teelöffel ausschaben.

PFLANZEN UND ERNTEN Tomaten brauchen einen sonnigen
Standort und durchlässigen, nährstoffreichen Boden. Für kleine
Gärten gibt es zwergwüchsige Sorten, die im Kübel gedeihen.
Mulchfolie oder Stroh halten den Boden feucht und unter-
drücken Unkraut. Höhere Sorten sollten Sie stützen und
anbinden, damit die Früchte nicht auf dem Boden liegen.
Geerntet wird, wenn die Früchte kräftig rot sind. Pflückt man
sie früher, reifen sie an einem schattigen warmen Platz nach.

REZEPTE MIT TOMATEN AUF DEN SEITEN 202–219

PAPRIKA
PEPERONI

Paprika werden oft als Gemüsepaprika bezeichnet, um sie
unmissverständlich von der Chilipaprika zu unterscheiden.
Rote Früchte sind süßlicher als grüne oder gelbe, orangefarbene
Früchte weniger süß als rote – und die schwärzlichvioletten
Früchte schmecken herber. In Italien schätzt man vor allem die
kleineren, grünen Spitzpaprika aus der Lombardei. Paprika wird
gern für Salate verwendet, aber auch im Ofen gebacken, frittiert,
gebraten oder geschmort. Man kann sie mit Fleisch, Gemüse
oder einer Reismischung füllen und dann braten oder backen.
Paprika passen zu Eiern, Tomaten und zu Pasta.

Kaufen Sie pralle, unversehrte Früchte mit glatter Haut.
Im Gemüsefach des Kühlschranks halten sie sich einige Tage.
Zur Zubereitung den Stiel, die Samen und die faserigen Innenhäute entfernen. Sollen die Paprika gefüllt werden, schneidet
man oben einen Deckel ab, entfernt das Innere und lässt den
unteren Teil intakt. Sollen sie in Stücke geschnitten werden,
halbiert man sie am besten, um Kerne und Häute zu entfernen.
Um Paprika zu häuten, werden sie im vorgeheizten Backofen
bei 180 °C oder unter dem Grill geröstet, bis die Haut schwarz
wird und Blasen wirft. Dann in einen Gefrierbeutel legen und
verschließen. Sind sie abgekühlt, lässt sich die Haut abziehen.

PFLANZEN UDN ERNTEN Den Boden mit Kompost anreichern
und die Jungpflanzen nach dem letzten Frost einsetzen. In
kühleren Regionen hilft Mulchfolie, den Boden zu erwärmen.
Gepflanzt wird am besten in Abständen von 45 cm durch
Einschnitte in der Folie. Regelmäßig gießen und einmal im
Monat düngen. Sie können die Früchte grün ernten, wenn
sie ihre volle Größe erreicht haben. Alternativ warten Sie noch
2–4 Wochen, bis sie die vollreife Färbung erreicht haben.

REZEPTE MIT PAPRIKA AUF DEN SEITEN 220–227

FENCHEL
FINOCCHIO

Gemüsefenchel hat einen kräftigen, süßlichen Anisgeschmack. Wegen seiner knackigen Konsistenz eignet er sich ausgezeichnet für Salate, vor allem mit anderen bissfesten Zutaten wie Sellerie und Äpfeln. Fenchel harmoniert außerdem gut mit Grapefruit und anderen Zitrusfrüchten, schmeckt aber ebenso mit einem einfachen Dressing aus Olivenöl, Zitronensaft und Salz. Man kann Fenchel schmoren, panieren, braten oder für Gratins und Risottos verwenden.

Wählen Sie stets gut gerundete Knollen mit frischem Grün. Die Knollen halten sich im Gemüsefach des Kühlschranks 2–3 Tage. Das Grün eignet sich zur Garnierung und zum Aromatisieren von Brühe. Entfernen Sie bei der Zubereitung den Strunk und die äußere Blattschicht, sofern die Knollen nicht mehr ganz jung sind, und schneiden Sie den Fenchel in dünne Scheiben. Legen Sie die Scheiben sofort in eine Schüssel mit Zitronenwasser ein, damit sie sich nicht verfärben.

SÄEN UND ERNTEN Legen Sie ein Hochbeet mit durchlässigem, etwas sandigem Boden an, und säen Sie den Fenchel um die Zeit der letzten Fröste in Abständen von etwa 10 cm. Wenn die Pflanzen 10 cm hoch sind, auf Abstände von 20 cm ausdünnen. Während des weiteren Wachstums mit Stroh mulchen, um den Boden kühl und feucht zu halten. Dann bildet der Fenchel schönere Knollen. Sobald die Knollen einen Durchmesser von etwa 5 cm haben, werden sie angehäufelt, um sie zu bleichen. Das Aroma wird dadurch etwas milder. Geerntet werden die Fenchelknollen, wenn der Durchmesser bei 7,5 cm liegt. Fenchel wächst am besten bei kühler Witterung und braucht bis zur Ernte gut 2 Monate. Bei starker Hitze oder unregelmäßiger Bewässerung schießt er allerdings schnell.

REZEPTE MIT FENCHEL AUF DEN SEITEN 228–234

GEMÜSEMAIS
MAIS

Saftig-süßer, topfrischer Mais schmeckt herrlich, wenn man die Kolben in ungesalzenem Wasser 10–15 Minuten kocht und mit zerlassener Butter serviert. Gart man die Kolben im Ofen oder auf dem Grill, kommt die Süße sogar noch intensiver heraus. Wählen Sie füllige Kolben mit dicht sitzenden, prallen Körnern. Falls der Gemüsemais mit Hüllblättern angeboten wird, sollten diese hellgrün sein und die seidigen Fasern am oberen Ende glatt, fein und goldbraun. Verabeiten Sie Kolben möglichst schnell nach dem Einkauf, denn die Zuckerstoffe im Mais werden nach der Ernte allmählich in Stärke umgewandelt. Vor dem Kochen die Hüllblätter entfernen. Wenn Sie nur die Körner verwenden wollen, schaben oder schneiden Sie sie mit einem scharfen Messer von oben nach unten vom Kolben.

Mais ist eine beliebte Zutat für Salate, weil er mit süßen Komponenten, wie Äpfeln, ebenso gut harmoniert wie mit zartbitteren, zum Beispiel Radicchio. Aus praktischen Gründen wird Mais häufig aus dem Glas oder der Dose verwendet.

PFLANZEN UND ERNTEN Um Mais möglichst lange ernten zu können, pflanzen Sie frühe, mittelfrühe und späte Sorten an. Nach dem letzten Frost in warmen, nährstoffreichen Boden aussäen, dabei Pflanzabstände von 20 cm und Reihenabstände von 60 cm einhalten. Wenn die Pflanzen kniehoch sind und die Bildung der Kolben beginnt, sollten Sie einen stickstoffbetonten Dünger geben. Sobald sich die Fasern bräunlich färben, drücken Sie die Spitze des Kolbens leicht zusammen. Fühlt sie sich fest an, schieben Sie die Hüllblätter beiseite, um einige Körner anzuritzen. Tritt ein milchig-weißer Saft aus, ist der Kolben reif.

REZEPTE MIT MAIS AUF DEN SEITEN 235–239

BASILIKUMBUTTER

BURRO AL BASILICO

Vorbereiten: 10 Min.
Für 4 Personen

— 100 g Butter, gewürfelt
— Blätter von 1 Bund Basilikum, klein gezupft
— 2–3 EL Zitronensaft, durch ein Sieb gestrichen
— Salz und Pfeffer

Die Butter in einem kleinen Topf oder einer Schüssel im Wasserbad schmelzen. Vom Herd nehmen, Basilikum und Zitronensaft unterrühren und mit Salz und Pfeffer würzen. Schmeckt gut zu Fisch oder Muscheln.

PETERSILIENBUTTER

BURRO AL PREZZEMOLO

Vorbereiten: 10 Min.
Für 4 Personen

— 100 g weiche Butter
— 1 EL gehackte Petersilie
— 1 EL Zitronensaft
— Salz und frisch gemahlener weißer Pfeffer

Die Butter in einer Schüssel mit einem Kochlöffel glatt rühren. Petersilie, Zitronensaft und je 1 Prise Salz und Pfeffer zugeben und gründlich unterrühren. Bis zum Verbrauch in den Kühlschrank stellen. Petersilienbutter schmeckt köstlich zu Steaks.

SALBEIBUTTER

BURRO ALLA SALVIA

Vorbereiten: 10 Min.
Garzeit: 5 Min.
Für 4 Personen

— 100 g Butter
— 15 Salbeiblätter
— Salz

Die Butter in einem kleinen Topf oder einer Schüssel im Wasserbad schmelzen. Sobald sie beginnt, Farbe anzunehmen, die Salbeiblätter zugeben und mit Salz würzen. Wenn die Blätter knusprig sind, den Topf vom Herd nehmen und sofort servieren – zum Beispiel zu gekochtem Reis, gegrilltem Fleisch oder Ravioli.

PESTO

Vorbereiten: *15 Min.*
Für 4 Personen

— 25 große Basilikumblätter
— 100 ml natives Olivenöl extra
— 40 g Pinienkerne
— 25 g frisch geriebener
  Parmesan
— 25 g frisch geriebener
  Pecorino-Käse
— Salz

Die Basilikumblätter mit Öl, Pinienkernen und 1 Prise Salz in einen Mixer geben und bei mittlerer Geschwindigkeit zerkleinern. Beide Käsesorten zufügen und nochmals fein pürieren. Schmeckt gut zu Spargel, Eierspeisen, Spaghetti oder Gnocchi.

BASILIKUM-MAYONNAISE

MAIONESE AL BASILICO

Vorbereiten: *5 Min.*
Für 4 Personen

Für die Mayonnaise:
— 2 Eigelb
— 200 ml Sonnenblumenöl
  oder mildes Olivenöl
— 2 EL Zitronensaft oder
  Weißweinessig
— 10 große Basilikumblätter
— Salz und Pfeffer

Eigelb mit etwas Salz und Pfeffer in eine Schüssel geben. Das Öl unter ständigem Rühren mit einem Schneebesen oder Kochlöffel tropfenweise zugeben. Sobald die Mischung dick wird, 1 Tropfen Zitronensaft oder Essig zugeben. Dann abwechselnd in dünnem Strahl Öl und Zitronensaft oder Essig zugießen, bis eine glatte Mayonnaise entstanden ist.

Die Basilikumblätter in Stücke zupfen und unter die Mayonnaise rühren. Mit Salz und Pfeffer nach Geschmack würzen. Bis zum Servieren in den Kühlschrank stellen.

ROSEMARIN-FOCACCIA

ROSMARIN-FOCACCIA

FOTO AUF SEITE 160

FOCACCIA AL ROSMARINO

Vorbereiten: *35 Min.*
plus *1 Std.* Ruhen
Garzeit: *50 Min.*
Für 6–8 Personen

— 2 EL Olivenöl, und etwas
  Olivenöl zum Einstreichen
— 15 g frische Hefe oder
  2 TL Trockenhefe
— 250 ml lauwarme Milch
— 1 TL Zucker
— 400 g Weizenmehl
  (Type 1050), und etwas
  Mehl zum Bestäuben
— 2 TL grobes Salz
— Nadeln von 2 Zweigen
  Rosmarin, grob gehackt
— grobes Meersalz

Ein großes Backblech mit Öl einstreichen oder mit Backpapier auslegen. Frische Hefe mit der warmen Milch in eine Schüssel geben und mit einer Gabel zu einer glatten Paste zerdrücken. Mehl und Salz in eine Schüssel sieben. Hefeansatz oder Trockenhefe, Zucker (falls er nicht für den Hefesansatz verwendet wurde), Rosmarin und Öl zufügen. Bei Verwendung von Trockenhefe auch die warme Milch zugießen. Gut verrühren, dann auf einer leicht bemehlten Arbeitsfläche 10 Minuten durchkneten, bis der Teig glatt und elastisch ist. Zu einem Kreis von 23 cm ausrollen, auf das vorbereitete Backblech legen und etwa 10 Dellen in die Oberfläche drücken. In jede Delle 2–3 Körner Salz streuen. Mit dem Öl einstreichen und an einem warmen Platz 1 Stunde gehen lassen. Inzwischen den Backofen auf 200 °C vorheizen und darin den Laib 30 Minuten backen, bis er gut gebräunt ist. Aus dem Ofen nehmen, auf einem Küchengitter etwas abkühlen lassen und warm servieren.

FRITTIERTE SALBEIKISSEN

STUZZICHINI DI SALVIA

Vorbereiten: *25 Min.*
Garzeit: *10 Min.*,
plus *1 Std.* Ruhen
Für 4 Personen

— 500 g Mehl, und etwas
  Mehl zum Bestäuben
— 10 frische Salbeiblätter
— 50 ml trockener Weißwein
— 1 Eigelb
— 200 ml Sonnenblumenöl
  oder mildes Olivenöl
— Salz

Das Mehl mit 1 Prise Salz sieben und auf die Arbeitsfläche häufen. Die Salbeiblätter untermischen. Eine Vertiefung in die Mitte drücken. Wein, Eigelb und 2 Esslöffel Öl hineingeben und alles mit den Fingern vermengen. So viel Wasser zugeben, dass ein glatter Teig entsteht. Zu einer Kugel formen, in Frischhaltefolie wickeln und 1 Stunde in den Kühlschrank stehen. Den Teig auf einer leicht bemehlten Arbeitsfläche dünn ausrollen und kleine Kreise ausstechen. 20 Minuten ruhen lassen. Das Öl in einer großen Pfanne erhitzen. Die Teigkreise darin portionsweise goldbraun frittieren. Mit einem Schaumlöffel herausnehmen, auf Küchenpapier abtropfen lassen und warm halten, bis alle Kissen fertig sind. Sofort servieren.

OMELETT MIT WÜRZIGEN KRÄUTERN

FOTO AUF SEITE 163

OMELETTE ALLE ERBE AROMATICHE

Vorbereiten: *10 Min.*
Garzeit: *10 Min.*
Für 4 Personen

— 6 Eier
— 1 EL fein gehackt Petersilie
— 1 EL Schnittlauchröllchen
— 1 EL fein gehackter Estragon
— 1 EL fein gehackter Kerbel
— 25 g Butter
— Salz und Pfeffer

Die Eier mit 1 Esslöffel Wasser in einer Schüssel verquirlen. Mit Salz und Pfeffer würzen, dann die Kräuter einrühren. Die Butter bei mittlerer bis starker Hitze in einer Pfanne schmelzen. Die Eiermischung hineingießen und durch Schwenken in der Pfanne verteilen. Etwa 10 Sekunden garen, dann die gestockte untere Schicht mit einem Palettmesser anheben, sodass die rohe Eiermasse darunterlaufen kann. Mehrmals wiederholen, bis die Masse gerade gar, aber oben noch weich und cremig ist. Den Rand mit einem Palettmesser lösen. Die Pfanne schräg halten, um das Omelett zusammenzuklappen. Auf eine Servierplatte gleiten lassen und sofort servieren.

RISOTTO MIT ZITRONE UND BASILIKUM

RISOTTO AL LIMONE E BASILICO

Vorbereiten: *15 Min.*
Garzeit: *25 Min.*
Für 4 Personen

— 1 l Gemüsebrühe
— 2 EL Olivenöl, und etwas Olivenöl zum Beträufeln
— ½ Zwiebel, fein gehackt
— 1 Schalotte, fein gehackt
— 320 g Risotto-Reis
— 200 ml trockener Weißwein
— ½ TL abgeriebene Zitronenschale
— 25 g Butter
— Saft von 1 Zitrone, durch ein Sieb gestrichen
— 6 frische Basilikumblätter, gehackt
— Salz und Pfeffer

Die Gemüsebrühe in einem Topf zum Kochen bringen. Inzwischen das Öl in einem großen Topf erhitzen und darin Zwiebel und Schalotte bei schwacher Hitze unter gelegentlichem Rühren etwa 5 Minuten weich und glasig dünsten. Den Reis zufügen und unter Rühren 1 Minute erhitzen, bis alle Körner von Öl überzogen sind. Den Wein zugießen und kochen, bis der Alkohol verdampft ist, dann mit Salz würzen. 1 Kelle heiße Brühe zufügen und unter ständigem Rühren köcheln, bis der Reis die Flüssigkeit ganz aufgenommen hat. Weiter kellenweise Brühe zufügen und vom Reis aufsaugen lassen. Nach etwa 20 Minuten ist die Brühe verbraucht und der Reis gar. Etwa 5 Minuten vor Ende der Garzeit die Zitronenschale einrühren. Wenn der Reis gar ist, den Risotto vom Herd nehmen, die Butter zufügen, mit Zitronensaft und Öl beträufeln, mit Pfeffer würzen und Basilikum einrühren. 1 Minute stehen lassen, dann in eine vorgewärmte Schüssel umfüllen und servieren.

OMELETT MIT WÜRZIGEN KRÄUTERN

KRÄUTERFLADEN

ERBAZZONE

Vorbereiten: *50 Min.*
Garzeit: *25 Min.*
Für 6 Personen

— 1,5 kg Blätter von Zichorien
 oder jungem Löwenzahn
— 2 EL Olivenöl, und etwas
 Olivenöl zum Einstreichen
— 2 Schalotten, in dünne
 Ringe geschnitten
— 2 Knoblauchzehen,
 fein gehackt
— 80 g geriebener Parmesan
— 400 g Brotteig
— Mehl, zum Bestäuben
— Salz und Pfeffer

Wasser in einem Topf zum Kochen bringen. Die Zichorien- oder Löwenzahnblätter hineingeben und 5–6 Minuten blanchieren, dann abgießen und hacken. Das Öl in einer Pfanne erhitzen und die Schalotten darin bei schwacher Hitze unter gelegentlichem Rühren 8 Minuten dünsten, zwischendurch mit Pfeffer würzen. Die gehackten Blätter und den Knoblauch zufügen, mit Salz und noch etwas Pfeffer würzen und unter Rühren 20 Minuten garen. Inzwischen den Backofen auf 200 °C vorheizen. Parmesan auf ein Backblech streuen. Den Brotteig halbieren und auf einer leicht bemehlten Arbeitsfläche zu 2 kreisrunden Fladen formen. Einen auf das vorbereitete Blech legen und mit Pfeffer würzen. Die Kräutermischung darauf verteilen und mit dem zweiten Fladen abdecken. Teigränder zusammendrücken, Oberfläche mehrmals mit einer Gabel einstechen und mit Öl einstreichen. Im Ofen 25 Minuten backen. Herausnehmen, 5 Minuten ruhen lassen und servieren.

KALBSMEDAILLONS MIT BUTTER, SALBEI UND ROSMARIN

NODINI AL BURRO, SALVIA E ROSMARINO

Vorbereiten: *20 Min.*
Garzeit: *40 Min.*
Für 4 Personen

— 300–425 ml Rinderbrühe
— 4 Kalbsmedaillons
— 80 g Butter
— Nadeln von 2 Zweigen
 Rosmarin, fein gehackt
— 8 Salbeiblätter
— 100 ml Weißwein
— Salz und Pfeffer

Die Brühe in einem Topf zum Kochen bringen. Inzwischen die Kalbsmedaillons mit einem Fleischhammer oder Rollholz etwas flach klopfen. In eine Pfanne mit höherem Rand legen und Butterflöckchen daraufsetzen. Mit Rosmarin und Salbei bestreuen und bei mittlerer Hitze 4 Minuten braten, bis die Unterseiten leicht gebräunt sind. Wenden und weitere 4 Minuten braten. Mit Salz und Pfeffer würzen, den Wein zugießen und kochen, bis der Alkohol verdampft ist. Dann die Hitze reduzieren, 2 Kellen heiße Brühe über die Medaillons geben und abgedeckt 30 Minuten schmoren, bis die Medaillons gar sind und die Brühe nussbraun und eingedickt ist. Falls nötig, zwischendurch noch Brühe nachfüllen. Medaillons aus der Pfanne nehmen und servieren.

KRÄUTERFLADEN

KRÄUTERROULADE MIT MILDER PAPRIKA

Vorbereiten: *50 Min.*
plus *2 Std.* Kühlen
Garzeit: *30 Min.*
Für 6 Personen

— 500 g gemischte Kräuter
— Butter, zum Einfetten
— 3 große Basilikumblätter
— 3–4 Eier, getrennt
— 2 EL Milch
— 25 g geriebener Parmesan
— 1 TL Zitronensaft
— Salz

Für die Füllung:
— 2 große rote Paprika,
    halbiert und entkernt
— 100 g Frischkäse
— Salz und Pfeffer

Den Backofen auf 190 °C vorheizen. Ein rechteckiges Backblech mit Backpapier auslegen und dieses mit Butter einfetten. In einem Topf Wasser mit etwas Salz zum Kochen bringen. Die Kräuter zugeben, 15 Minuten garen, dann abgießen und gründlich ausdrücken. In einen Mixer geben, die Basilikumblätter zugeben und grob zerkleinern. Eigelb, Milch und Parmesan zufügen und untermixen. In eine Schüssel umfüllen. In einer fettfreien Schüssel das Eiweiß mit dem Zitronensaft steif schlagen und unter die Kräutermasse heben. Die Masse auf das vorbereitete Backblech streichen und etwa 15 Minuten backen. Aus dem Ofen nehmen, auf ein Geschirrtuch legen und zusammen mit diesem aufrollen. Abkühlen lassen.

Inzwischen die Ofentemperatur auf 200 °C erhöhen. Die Paprikastücke mit der Haut nach oben auf ein Backblech legen und 10–15 Minuten rösten, bis die Haut schwarz wird und Blasen bildet. Aus dem Ofen nehmen, in einen Gefrierbeutel umfüllen, fest verschließen und etwas abkühlen lassen. Dann die Paprikastücke aus dem Beutel nehmen, die Haut abziehen und das Fleisch grob würfeln. Mit dem Frischkäse in einem Mixer glatt pürieren. Den Teig vorsichtig entrollen, mit der Paprikacreme bestreichen und ohne das Tuch wieder aufrollen. In Alufolie wickeln und mindestens 2 Stunden in den Kühlschrank stellen.

Zum Servieren die Roulade aus dem Kühlschrank nehmen, aus der Folie wickeln und in 1 cm dicke Scheiben schneiden.

SCHOKO-MINZ-EISCREME

GELATO ALLA MENTA

Vorbereiten: 25 Min.
plus 3–4 Std. Gefrieren
Für 4 Personen

— 100 g Minzeblätter, sehr
  fein gehackt, und einige
  Minzeblätter zum Garnieren
— 80 g feiner Zucker
— 65 g Zartbitterschokolade,
  in Stücke gebrochen
— 2 Eigelb
— 200 g Crème double,
  und etwas mehr Crème
  double, aufgeschlagen,
  zum Garnieren

Minzeblätter und Zucker in einem Mixer möglichst fein zerkleinern. Die Schokolade in einer Schüssel über einem heißen Wasserbad unter gelegentlichem Rühren schmelzen. Der Schüsselboden darf das Wasser dabei nicht berühren. Die geschmolzene Schokolade etwas abkühlen lassen. Eigelb sorgfältig unterrühren. Crème double steif schlagen und unter die Zucker-Minze-Mischung rühren. Dann die Mischung unter die geschmolzene Schokolade heben. Eine Gefrierbox mit kaltem Wasser ausspülen. Die Masse einfüllen und 3–4 Minuten gefrieren, bis die Masse fest ist. Auf eine Servierplatte stürzen, mit der aufgeschlagenen Crème double und Minzeblättern garnieren und servieren.

BASILIKUM-SORBET

SORBETTO AL BASILICO

Vorbereiten: 10 Min.
plus 45 Min. Gefrieren
Für 4 Personen

— 16 Basilikumblätter, und
  einige Basilikumblätter
  zum Garnieren
— 500 ml trockener Sekt
— 50 g Puderzucker
— Saft von 1 Zitrone, durch
  ein Sieb gestrichen
— 4 Eiweiß

Basilikumblätter, Sekt, Puderzucker und Zitronensaft in einem Mixer bei hoher Geschwindigkeit etwa 1 Minute fein zerkleinern. In eine Schüssel umfüllen. Das Eiweiß in einer fettfreien Schüssel zu Eischnee schlagen und vorsichtig unter die Sektmischung heben. In eine Gefrierbox umfüllen und etwa 45 Minuten einfrieren, bis die Masse körnig ist. In 4 Dessertgläser füllen, mit einigen ganzen Basilikumblättern garnieren und servieren.

CANAPÉS MIT RAUKE

Vorbereiten: *10 Min.*
Garzeit: *12–15 Min.*
Für 4 Personen

— Olivenöl, zum Einstreichen
   und Beträufeln
— 1 Bund Rauke, küchenfertig
   geputzt
— Rotweinessig, zum Beträufeln
— 4 Scheiben Bauernbrot oder
   selbst gebackenes Brot
— 2 EL Milch, zum Beträufeln
— 4 Sardellenfilets
— 4 Scheiben Mozzarella,
   ersatzweise Fontina-Käse
   oder ein anderer gut
   schmelzbarer Käse
— Salz und Pfeffer

Den Backofen auf 180 °C vorheizen. Ein Backblech mit Öl einstreichen. Die Rauke in Stücke zupfen, in eine Schüssel geben, mit Öl und Essig nach Geschmack beträufeln und mit Salz und Pfeffer würzen. Die Brotscheiben auf das vorbereitete Backblech legen, mit etwas Milch und Öl beträufeln und 10 Minuten goldbraun backen. Aus dem Ofen nehmen. In die Mitte jeder Brotscheibe 1 Sardellen-filet legen und mit 1 Käsescheibe bedecken. Wieder in den Ofen schieben und einige Minuten backen, bis der Käse schmilzt und braun wird. Auf eine Servierplatte legen, mit der Rauke anrichten und sofort servieren.

SAHNIGER RISOTTO MIT RAUKE

Vorbereiten: *20 Min.*
Garzeit: *30 Min.*
Für 4 Personen

— 1,5 l Gemüsebrühe
— 40 g Butter
— 1 Zwiebel, fein gehackt
— 350 g Risotto-Reis
— 5 EL trockener Weißwein
— 25 g geriebener Parmesan,
   und Parmesan zum Servieren
— 175 g flüssige Schlagsahne
— 1 kleines Bund Rauke,
   gehackt
— Salz und Pfeffer

Die Brühe in einem Topf zum Kochen bringen. Inzwischen die Butter in einem anderen Topf schmelzen und darin die Zwiebel bei schwacher Hitze unter gelegentlichem Rühren etwa 5 Minuten glasig dünsten. Den Reis zufügen und unter ständigem Rühren erhitzen, bis alle Körner von Butter überzogen sind. Den Wein zugießen und kochen, bis der Alkohol verdampft ist. 1 Kelle heiße Brühe zufügen und unter ständigem Rühren kochen, bis der Reis sie ganz aufgenommen hat. Weiter kellenweise Brühe zugeben und jeweils rühren, bis sie aufgenommen ist. Nach etwa 20 Minuten ist die Brühe verbraucht und der Reis gar. Kurz vor Ende der Garzeit Parmesan und Sahne einrühren, mit Rauke bestreuen und mit Salz und Pfeffer würzen. In eine vorgewärmte Schüssel umfüllen und servieren. Parmesan zum Bestreuen separat dazu reichen.

RAVIOLI MIT RAUKE, ROBIOLA, RICOTTA UND MASCARPONE

RAVIOLI DI RUCOLA, ROBIOLA, RICOTTA, MASCARPONE

Vorbereiten: *1 Std. 10 Min.*
plus 2 Std. Ruhen
Garzeit: *50 Min.*
Für 6 Personen

Für den Pastateig:
— 175 g Mehl, und etwas
   Mehl zum Bestäuben
— 80 g feiner Grieß
— 2 Eier
— Salz

Für die Füllung:
— 80 g Rauke
— 20 g Butter
— 2 EL feine Schalottenwürfel
— ½ Knoblauchzehe
— 80 g Ricotta (italienischer
   Frischkäse)
— 80 g Robiola-Käse
— 2½ EL Mascarpone
— 1 EL frische Semmelbrösel
— 1–2 EL Gemüsebrühe,
   nach Belieben
— Salz und Pfeffer

Für die Creme:
— 5 EL Milch
— 20 g Butter
— 1 Prise frisch geriebene
   Muskatnuss
— 35 g Mehl, gesiebt
— 40 g geriebener Parmesan
— 1 TL frische Semmelbrösel,
   nach Bedarf
— Salz und Pfeffer

Für die Sauce:
— 2 EL Olivenöl
— 100 g Rauke,
   in Streifen geschnitten
— 1 Knoblauchzehe,
   sehr fein gehackt
— 25 g Butter
— 150 g Tomaten, geschält,
   entkernt und gewürfelt
— Salz und Pfeffer

Für den Pastateig Mehl und Grieß mit 1 Prise Salz sieben und auf die Arbeitsfläche häufen. Eine Vertiefung in die Mitte drücken. Die Eier in die Vertiefung schlagen und mit den trockenen Zutaten mischen. Gründlich durchkneten, dann zu einer Kugel formen und abgedeckt etwa 2 Stunden ruhen lassen. Inzwischen die Füllung zubereiten. Die Rauke nur mit dem Wasser, das vom Waschen an den Blättern haftet, in einen kleinen Topf geben und bei schwacher Hitze unter Rühren 5 Minuten erhitzen, bis sie zusammenfällt. Abgießen, gut ausdrücken und hacken. Die Butter in einem flachen Topf zerlassen und darin Schalotte und Knoblauch bei schwacher Hitze unter Rühren 5 Minuten anbraten. Den Knoblauch herausnehmen, sobald er goldbraun ist. Rauke und Ricotta einrühren, die Pfanne von Herd nehmen und abkühlen lassen. Robiola, Mascarpone und Semmelbrösel einrühren und etwas Brühe zufügen, falls die Masse zu fest ist. Mit Salz und Pfeffer würzen und gut vermischen.

Für die Creme die Milch in einen Topf gießen. Butter und Muskatnuss zufügen, mit Salz und Pfeffer würzen und bis an den Siedepunkt erhitzen. Sofort das gesiebte Mehl zufügen und kräftig rühren. Unter ständigem Rühren einige Minuten köcheln, bis die Creme eindickt. Dann die abgekühlte Füllung und den Parmesan einrühren. Die Pfanne von Herd nehmen und abkühlen lassen. Falls die Mischung zu flüssig ist, die Semmelbrösel einrühren.

Den Pastateig auf einer leicht bemehlten Arbeitsfläche dünn ausrollen. Kleine Portionen der Füllung in gleichmäßigen Reihen auf eine Teighälfte setzen, die andere Hälfte darüberlegen und den Teig um die Füllungskleckse herum fest zusammendrücken. Mit einem Raviolischneider Ravioli ausschneiden und in kochendem Wasser mit etwas Salz al dente garen, bis sie an die Oberfläche steigen. Abgießen. Für die Sauce das Öl in einem flachen Topf erhitzen. Rauke und Knoblauch darin unter Rühren 1 Minute andünsten. Butter und Ravioli zufügen und vorsichtig mischen. Die Tomaten zugeben und einige Sekunden erwärmen. In eine Schüssel umfüllen und sofort servieren.

RAUKE-TARTE MIT TALEGGIO

RAUKE-TARTE MIT TALEGGIO

FOTO AUF SEITE 170

TORTA ALLA RUCOLA E TALEGGIO

Vorbereiten: *15 Min.*
Garzeit: *1 Std.*
plus *1 Std.* Ruhen
Für 6 Personen

— 200 g Mehl, und etwas
  Mehl zum Bestäuben
— 1 EL Mohnsamen
— 1 EL gehackter Majoran
— 100 g kalte Butterflöckchen,
  und etwas Butter zum
  Einfetten

Für die Füllung:
— 200 g Rauke
— 300 g Frischkäse
— 200 g Taleggio-Käse, gewürfelt
— 2 EL Semmelbrösel
— 2 Eier
— Salz und Pfeffer

Das Mehl mit 1 Prise Salz sieben und auf die Arbeitsfläche häufen. Mohn und Majoran daraufstreuen, die Butterflöckchen zugeben und mit den Fingern zu einer krümeligen Masse vermischen. Mit etwas kaltem Wasser zu einem weichen Teig verkneten, dann zur Kugel formen, in Frischhaltefolie wickeln und 1 Stunde ruhen lassen.

Den Backofen auf 180 °C vorheizen. Eine Tarte- oder Quicheform (20 cm) mit Butter einfetten. Die Rauke einige Minuten in gesalzenem Wasser blanchieren, dann abgießen und gründlich ausdrücken. Mit beiden Käsesorten, Semmelbröseln und Eiern in einen Mixer geben und bei niedriger Geschwindigkeit zerkleinern. Mit Salz und Pfeffer würzen. Den Teig auf einer bemehlten Arbeitsfläche ausrollen und in die vorbereitete Form legen. Die Ränder abschneiden, die Teigreste aufbewahren. Die Rauke-Käse-Masse auf den Teig geben. Die Teigreste in Streifen schneiden, die Enden mit Wasser einstreichen und als Gitter auf die Füllung legen. Im Ofen etwa 40 Minuten backen.

RAUKE MIT KALBFLEISCH

RUCOLA E VITELLO

Vorbereiten: *15 Min.*
Für 4 Personen

— 100 g Rauke
— 300 g kalter Kalbsbraten, in
  dünne Scheiben geschnitten
— 100 g würziger Schnittkäse, in
  dünne Scheiben geschnitten
— 3 EL Olivenöl
— Saft von 1 Zitrone, durch
  ein Sieb gestrichen
— Salz und Pfeffer

Die Hälfte der Rauke in kleine Stücke zupfen und als Salatbett auf eine Servierplatte legen. Den Kalbsbraten in 1 cm breite Streifen schneiden und darauf verteilen. Mit den Käsescheiben bedecken und die restlichen ganzen Raukeblätter ringsherum anrichten. Öl und Zitronensaft in einer Schüssel verrühren und mit Salz und Pfeffer würzen. Das Dressing auf den Salat träufeln und vor dem Servieren einige Minuten durchziehen lassen.

SAUTIERTE GRÜNE BOHNEN

FAGIOLINI IN PADELLA

Vorbereiten: *15 Min.*
Garzeit: *20 Min.*
Für 4 Personen

— 600 g grüne Bohnen,
  küchenfertig geputzt
— 4 EL Olivenöl
— 1 Knoblauchzehe
— 1 EL fein gehackte Petersilie
— Salz und Pfeffer

In einem Topf Wasser mit etwas Salz zum Kochen bringen. Die Bohnen darin 10 Minuten garen. Inzwischen das Öl mit der Knoblauchzehe bei schwacher Hitze erhitzen. Den Knoblauch herausnehmen, sobald er hellbraun wird. Die Bohnen abgießen und mit 1 Prise Salz in das Öl geben. Auf mittlere bis starke Hitze umschalten und die Bohnen unter gelegentlichem Rühren etwa 5 Minuten garen. Vom Herd nehmen, mit Pfeffer würzen und mit Petersilie bestreuen. Sofort servieren.

GRÜNE BOHNEN MIT GERÄUCHERTEM PROVOLONE

FAGIOLINI ALLA PROVOLA AFFUMICATA

Vorbereiten: *25 Min.*
Garzeit: *10 Min.*
Für 4 Personen

— 600 g grüne Bohnen,
  küchenfertig geputzt
— Butter, zum Einfetten
— 3 EL Olivenöl
— 40 g Pancetta, durchwachsener
  Speck oder Schinken, in
  schmale Streifen geschnitten
— 2 Eier, leicht verquirlt
— 40 g geriebener Parmesan
— 100 g geräucherter
  Provolone-Käse oder
  Mozzarella, in dünne
  Scheiben geschnitten
— Salz und Pfeffer

In einem Topf Wasser mit etwas Salz zum Kochen bringen. Die Bohnen darin etwa 10 Minuten garen, dann abgießen. Den Backofen auf 190 °C vorheizen. Eine Auflaufform mit Butter einfetten. Das Öl mit den Speckstreifen in einer Pfanne erhitzen, die Bohnen zufügen und unter Rühren einige Minuten erhitzen. Vom Herd nehmen und etwas abkühlen lassen. Die warmen Bohnen in die vorbereitete Form legen. Eier und geriebenen Käse verrühren, mit Salz und Pfeffer würzen und über die Bohnen geben. Mit den Käsescheiben bedecken und etwa 10 Minuten im Ofen überbacken, bis der Käsebelag beginnt, braun zu werden. Aus dem Ofen nehmen, etwa 10 Minuten stehen lassen, dann servieren.

GRÜNE BOHNEN MIT SARDELLENCREME

FAGIOLINI ALLA CREMA DI ACCIUGHE

Vorbereiten: *25 Min.*
Garzeit: *20 Min.*
Für 6 Personen

— 800 g grüne Bohnen,
  küchenfertig geputzt
— 2 EL Olivenöl
— 4 Sardellenfilets (aus
  dem Glas), abgetropft
  und gehackt
— 2 Eigelb
— 2 EL Crème double,
  aufgeschlagen
— 65 g Robiola-Käse, klein
  geschnitten
— Salz und Pfeffer

In einem Topf Wasser mit etwas Salz zum Kochen bringen.
Die Bohnen darin in 8–10 Minuten bissfest garen. Das Öl
in einer Pfanne erhitzen. Die Sardellen darin bei schwacher
Hitze erhitzen und mit einer Gabel zu einer groben Paste
zerdrücken. Die Bohnen zugeben und unter häufigem
Rühren 5–8 Minuten gut durchwärmen. Vom Herd nehmen.
Eigelb und aufgeschlagene Crème double in einem Topf
bei schwacher Hitze erwärmen und verrühren. Den Robiola-
Käse einrühren und glatt verrühren. Vom Herd nehmen,
mit etwas Salz und Pfeffer würzen. Die heiße Sauce auf
6 Portionsteller füllen und die Bohnen darauf anrichten.
Sofort servieren.

GRÜNE BOHNEN MIT PESTO

FAGIOLINI AL PESTO

Vorbereiten: *10 Min.*
Garzeit: *10 Min.*
Für 4 Personen

— 600 g grüne Bohnen,
  küchenfertig geputzt
— 2 gekochte Kartoffeln,
  fein gewürfelt
— Olivenöl, zum Beträufeln
— 2 EL Pesto (siehe Seite 159)
— Salz und Pfeffer

Die Bohnen in leicht gesalzenem Wasser in 8 Minuten
weich garen, dann abgießen. Bohnen und Kartoffelwürfel
in eine Salatschüssel geben, mit Salz und Pfeffer würzen,
mit Öl beträufeln und mischen. Den Pesto zufügen, noch
einmal gut vermischen und sofort servieren.

GRÜNE BOHNEN MIT KNOBLAUCH

Vorbereiten: *15 Min.*
Garzeit: *20 Min.*
Für 6 Personen

— 800 g grüne Bohnen,
   küchenfertig geputzt
— 4 EL Olivenöl
— 2 Knoblauchzehen
— Salz und Pfeffer

In einem Topf Wasser mit etwas Salz zum Kochen bringen und die Bohnen darin 5 Minuten garen, dann abgießen. Das Öl in einem Topf erhitzen und den Knoblauch darin bei schwacher Hitze unter häufigem Rühren einige Minuten anbräunen. Die Bohnen zugeben und abgedeckt bei schwacher Hitze unter gelegentlichem Rühren 15 Minuten garen. Mit Salz und Pfeffer würzen. Vom Herd nehmen. Den Knoblauch herausnehmen und entsorgen. Die Bohnen in eine vorgewärmte Schüssel umfüllen und sofort servieren.

FRISÉESALAT MIT GRÜNEN BOHNEN UND JOHANNISBEEREN

FOTO AUF SEITE 175

Vorbereiten: *20 Min.*
Garzeit: *10 Min.*
Für 4 Personen

— 200 g grüne Bohnen,
   küchenfertig geputzt
— 100 g rote Johannisbeeren
— 5 EL Olivenöl
— 5–6 kleine Minzeblätter,
   gehackt
— 1 Kopf Friséesalat, in
   Streifen geschnitten
— Salz und Pfeffer

In einem Topf Wasser mit etwas Salz zum Kochen bringen. Die Bohnen darin in etwa 10 Minuten bissfest garen, dann abgießen und abkühlen lassen. 2 Esslöffel Johannisbeeren in einer Schüssel zerdrücken und den Saft in eine andere Schüssel gießen. Öl, Minze, Salz und Pfeffer zufügen und alles mit einer Gabel gut verrühren. Die Bohnen in mundgerechte Stücke schneiden und in eine Salatschüssel geben. Den Friséesalat zugeben, mit dem Dressing übergießen und mischen. Mit den restlichen Beeren garnieren und servieren.

FRISÉESALAT MIT GRÜNEN BOHNEN UND JOHANNISBEEREN

TERRINE MIT GRÜNEN BOHNEN

TERRINE MIT GRÜNEN BOHNEN

FOTO AUF SEITE 176

POLPETTONI DI FAGIOLINI

Vorbereiten: *1 Std.*
Garzeit: *50 Min.*
Für 6 Personen

— 300 g Kartoffeln
— 400 g grüne Bohnen,
  küchenfertig geputzt
— 1 EL Olivenöl, zum
  Einstreichen
— 4–5 EL frische Semmelbrösel
— 1 Brötchen
— 4 EL Milch
— 1 TL Majoran
— 2–3 Eier, leicht verquirlt
— 50 g geriebener Parmesan
— Salz und Pfeffer

Die ungeschälten Kartoffeln in einem Topf mit Wasser bedecken, 1 Prise Salz zufügen und das Wasser zum Kochen bringen. Die Hitze reduzieren und leicht kochend garen. Abgießen, schälen und in einer Schüssel stampfen, dann das Püree glatt rühren. In einem Topf Wasser mit etwas Salz zum Kochen bringen. Die Bohnen darin in 10–15 Minuten bissfest garen, abgießen und abkühlen lassen. Dann in kurze Stücke schneiden. Den Backofen auf 180 °C vorheizen. Eine Kastenform mit Öl einstreichen und mit Semmelbröseln ausstreuen. Inzwischen das Innere des Brötchens in eine Schüssel geben, mit der Milch übergießen und 10 Minuten einweichen lassen. Abgießen und ausdrücken. Eingeweichtes Brötchen, Bohnen, Majoran, Eier, Parmesan und Öl zur Kartoffelmasse geben, mit Salz und Pfeffer würzen und gut verrühren. Die Masse in die vorbereitete Form füllen und im Ofen 50 Minuten backen. Herausnehmen, einige Minuten stehen lassen, auf eine Servierplatte stürzen und servieren.

GRÜNE BOHNEN UND KARTOFFELN

FAGIOLINI E PATATE

Vorbereiten: *30 Min.*
Garzeit: *40 Min.*
Für 4 Personen

— 400 g grüne Bohnen,
  küchenfertig geputzt
— 3 EL Olivenöl
— 1 Knoblauchzehe
— 1 Zwiebel, fein gehackt
— 2–3 Kartoffeln, in dünne
  Scheiben geschnitten
— 1 EL gehackte Petersilie
— Salz und Pfeffer

In einem Topf Wasser mit etwas Salz zum Kochen bringen. Die Bohnen darin 8–10 Minuten garen, dann abgießen und halbieren. Das Öl in einem Topf erhitzen und den Knoblauch darin bei schwacher Hitze unter häufigem Rühren einige Minuten hellbraun anbraten, dann aus dem Öl nehmen. Die Zwiebel im Öl etwa 5 Minuten weich dünsten. Die Kartoffeln zugeben und unter gelegentlichem Rühren 30 Minuten garen. Dann die Bohnen zugeben und unter Rühren 10 Minuten erwärmen. Mit Salz und Pfeffer würzen. Vom Herd nehmen, in eine Servierschüssel umfüllen, mit Petersilie bestreuen und sofort servieren.

TARTE MIT GRÜNEN BOHNEN

TORTA DI FAGIOLINI

Vorbereiten: *35 Min.*
Garzeit: *40 Min.*
Für 4 Personen

— Butter, zum Einfetten
— 4–5 EL frische Semmelbrösel
— 500 g grüne Bohnen,
  küchenfertig geputzt
— 1 EL Olivenöl
— 1 Schalotte, fein gehackt
— ½ Rezept Béchamelsauce
  (siehe Seite 51)
— 100 g frisch geriebener
  Fontina-Käse
— 3 Eier
— 1 Petersilienstängel,
  fein gehackt
— 50 g geriebener Parmesan
— Salz und Pfeffer

Den Backofen auf 180 °C vorheizen. Eine Auflaufform mit Butter einfetten, mit Semmelbröseln ausstreuen und überschüssige Brösel ausschütten. In einem Topf Wasser mit etwas Salz zum Kochen bringen. Die Bohnen darin 8–10 Minuten garen, dann abgießen und in kurze Stücke schneiden. Das Öl in einem Topf erhitzen und die Schalotte darin bei schwacher Hitze unter gelegentlichem Rühren 5 Minuten weich dünsten. Die Bohnen zugeben, umrühren und mit Salz und Pfeffer würzen. Die Béchamelsauce in einem kleinen Topf bei sehr schwacher Hitze erwärmen. Vom Herd nehmen und den geriebenen Fontina einrühren. Danach die Eier einzeln einrühren, Petersilie, Parmesan zufügen und nochmals gut verrühren. Die Masse in die vorbereitete Form füllen, mit Alufolie abdecken und im Ofen 30 Minuten backen. Die Folie abnehmen und weitere 10 Minuten backen.

GELBE UND GRÜNE BOHNEN

FOTO AUF SEITE 179

FAGIOLINI VERDI E GIALLI

Vorbereiten: *10 Min.*
Garzeit: *35 Min.*
Für 4 Personen

— 25 g Butter
— 2 EL Olivenöl
— 1 Zwiebel, in Scheiben
  geschnitten
— 2 Tomaten, geschält,
  entkernt und grob gehackt
— 400 g grüne Bohnen,
  küchenfertig geputzt
— 400 g gelbe Bohnen,
  küchenfertig geputzt
— 1 Knoblauchzehe, zerdrückt
— 1 Petersilienstängel, gehackt
— 200 ml trockener Weißwein
— Salz und Pfeffer

Die Butter mit dem Öl in einem großen Topf schmelzen. Die Zwiebel darin bei schwacher Hitze unter gelegentlichem Rühren etwa 5 Minuten weich dünsten. Tomaten, Bohnen, Knoblauch und gehackte Petersilie zugeben und vermischen. Den Wein zugießen, mit Salz und Pfeffer würzen und abgedeckt 30 Minuten garen. Heiß oder kalt servieren.

GRÜNE BOHNEN MIT PARMESAN

Vorbereiten: *5 Min.*
Garzeit: *30 Min.*
Für 4 Personen

— Butter, zum Einfetten
— 800 g grüne Bohnen,
 küchenfertig geputzt
— 3 Eier
— 5 EL Milch
— 100 g geriebener Parmesan
— Salz und Pfeffer

Den Backofen auf 180 °C vorheizen. Eine Auflaufform mit Butter einfetten. Die Bohnen in leicht gesalzenem Wasser 15 Minuten garen, dann abgießen und in die vorbereitete Form legen. Die Eier mit Milch und Parmesan verquirlen, mit Salz und Pfeffer würzen. Über die Bohnen gießen und backen, bis die Eiermischung gestockt ist. Sofort servieren.

GRÜNE BOHNEN MIT TOMATEN

FAGIOLINI AL POMODORO

Vorbereiten: *10 Min.*
Garzeit: *35 Min.*
Für 4 Personen

— 600 g grüne Bohnen,
 küchenfertig geputzt
— 2 EL Olivenöl
— 1 Zwiebel, gehackt
— 1 Knoblauchzehe, geschält
— 5 Tomaten, geschält,
 entkernt und gehackt
— 6 grüne Oliven, entsteint
 und geviertelt
— 6 frische Basilikumblätter,
 gehackt
— Salz und Pfeffer

Die Bohnen in leicht gesalzenem, kochendem Wasser 10 Minuten garen. Inzwischen das Öl in einem anderen Topf erhitzen. Zwiebel und Knoblauch darin bei schwacher Hitze unter gelegentlichem Rühren 5 Minuten anbraten. Die Bohnen abgießen, dazugeben und umrühren. Die Tomaten zufügen, mit Salz und Pfeffer würzen, dann die Knoblauchzehe entfernen. Bei schwacher Hitze etwa 10 Minuten köcheln. Oliven und Basilikum unterrühren und weitere 5 Minuten garen. Warm servieren.

MARINIERTE AUBERGINEN

Vorbereiten: *45 Min.*
plus *6 Std.* Marinieren
Garzeit: *25 Min.*
Für 4 Personen

— 600 g Auberginen, in dünne
  Scheiben geschnitten
— 175 ml Olivenöl
— 1 Chili, entkernt und fein
  gehackt
— 3 Knoblauchzehen, fein
  gehackt
— 1 EL Kapern (in Salzlake),
  abgespült, abgetropft und
  gehackt
— 10 Minzeblätter, gehackt
— Salz und Pfeffer

Die Auberginenscheiben in ein Sieb legen, mit Salz bestreuen und 30 Minuten abtropfen lassen. Eine beschichtete Pfanne mit schwerem Boden erhitzen. Die Auberginen abspülen, trocken tupfen und mit etwas Öl einstreichen. Dann in der Pfanne portionsweise von beiden Seiten goldbraun braten. Chili, Knoblauch, Kapern und Minze in einer Schüssel gut verrühren und mit Salz und Pfeffer würzen. In eine Servierschüssel 1 Lage Auberginenscheiben legen und mit 1 Esslöffel Chilidressing beträufeln. Die restlichen Scheiben ebenso einschichten. Auberginen mit dem übrigen Öl beträufeln und an einem kühlen Platz mindestens 6 Stunden marinieren.

GROSSMUTTERS AUBERGINEN

Vorbereiten: *15 Min.*
plus *30 Min.* Abtropfen
Garzeit: *25 Min.*
Für 4 Personen

— 4 Auberginen, halbiert
— 2 EL Olivenöl
— 2 Zwiebeln, in dünne Ringe
  geschnitten
— 2 Knoblauchzehen, geschält
— 5 Tomaten, geschält, entkernt
  und gewürfelt
— 1 Petersilienstängel, gehackt
— 1 EL Kapern, abgespült,
  abgetropft und gehackt
— 1 EL schwarze Oliven,
  entsteint und in Scheiben
  geschnitten
— 1 EL Weißweinessig
— 1 TL Zucker
— Salz und Pfeffer

Die Samen aus den Auberginen schaben, das restliche Fleisch würfeln. In ein Sieb legen, mit Salz bestreuen und 30 Minuten abtropfen lassen. Dann abspülen und mit Küchenpapier abtrocknen. Das Öl in einer Pfanne erhitzen und darin Zwiebeln und Knoblauch bei schwacher Hitze 1–2 Minuten anbraten. Den Knoblauch herausnehmen, wenn er hellbraun wird, und entsorgen. Die Auberginen in die Pfanne geben und im Öl wenden. Die Tomaten einrühren und mit Salz und Pfeffer würzen. Unter Rühren 10 Minuten garen. Petersilie, Kapern, Oliven, Essig und Zucker zugeben und noch einige Minuten weitergaren. Abschmecken. Wenn das Gemüse zu süßlich ist, noch etwas mehr Essig zugeben. Ist es zu sauer, 1 Prise Zucker einrühren. 2 Minuten garen, die Pfanne vom Herd nehmen und die Auberginen in einer vorgewärmten Servierschüssel anrichten.

AUBERGINENKLÖSSCHEN

FOTO AUF SEITE 182

POLPETTE DI MELANZANE

Vorbereiten: *40 Min.*
Garzeit: *30 Min.*
Für 4 Personen

— 400 g Auberginen,
   küchenfertig geputzt
— 6 Basilikumblätter, gehackt
— 1 Knoblauchzehe, gehackt
— 200 g Vollkorn-Weißbrot
   vom Vortag, gewürfelt
— 50 g frisch geriebener
   Pecorino-Käse
— 2 Eier, leicht verquirlt
— Mehl, zum Bestäuben
— 100 ml Olivenöl
— Salz und Pfeffer
— frische Tomatensauce,
   zum Servieren

In einem Topf Wasser mit etwas Salz zum Kochen bringen. Die Auberginen darin sehr weich kochen, dann abgießen und hacken. In einer Schüssel mit Basilikum, Knoblauch, Brotwürfeln, geriebenem Käse und Eiern vermengen und mit Salz und Pfeffer würzen. Alles zu einem weichen Teig verrühren. Mit bemehlten Händen kleine Portionen Teig zu ovalen Klößchen formen und etwas flach drücken. Mit Mehl bestäuben. Das Öl in einer Pfanne erhitzen und die Klößchen darin portionsweise bei mittlerer Hitze goldbraun frittieren, zwischendurch gelegentlich wenden. Klößchen mit einem Schaumlöffel herausnehmen und auf Küchenpapier abtropfen lassen. Heiß oder kalt mit frischer Tomatensauce servieren.

RISOTTO ALLA PROVOLA E MELANZANE

Vorbereiten: *30 Min.*
Garzeit: *35 Min.*
Für 4 Personen

— 100 ml Olivenöl
— 1 Aubergine, küchenfertig
   geputzt und gewürfelt
— 1 Zwiebel, in hauchdünne
   Ringe geschnitten
— 200 ml trockener Weißwein
— 300 g Risotto-Reis
— 1 l Gemüsebrühe
— 200 g geräucherter
   Provolone-Käse, gewürfelt
— 25 g Butter
— Salz

Die Brühe in einem Topf zum Kochen bringen. 5 Esslöffel Öl in einer Pfanne erhitzen und die Auberginen darin bei mittlerer Hitze unter häufigem Rühren etwa 10 Minuten hellbraun anbraten. Mit einem Schaumlöffel herausnehmen und auf Küchenpapier abtropfen lassen. Inzwischen das restliche Öl in einem großen Topf erhitzen. Die Zwiebel darin bei schwacher Hitze unter gelegentlichem Rühren 5 Minuten weich dünsten. Den Wein zugießen und kochen, bis der Alkohol verdampft ist. Den Reis zugeben und unter Rühren 1–2 Minuten glasig dünsten. Mit Salz würzen. 1 Kelle heiße Brühe zufügen und unter ständigem Rühren kochen lassen, bis der Reis sie aufgenommen hat. Weiter kellenweise Brühe zugeben und unter ständigem Rühren aufsaugen lassen. Nach etwa 20 Minuten ist die Brühe verbraucht und der Reis gar. Etwa 5 Minuten vor Ende der Garzeit Käse und Aubergine zufügen. Wenn der Reis weich ist, Topf vom Herd nehmen und die Butter einrühren. In eine vorgewärmte Schüssel umfüllen und servieren.

AUBERGINEN-PARMIGIANA

FOTO AUF SEITE 185

PARMIGIANA DI MELANZANE

Vorbereiten: *40 Min.*
Garzeit: *30 Min.*
Für 4 Personen

— 4 Auberginen, längs in
  Scheiben geschnitten
— Mehl, zum Bestäuben
— 5–6 EL Olivenöl, und
  etwas Olivenöl zum
  Beträufeln
— 500 g Tomaten, geschält,
  entkernt und gehackt
— 1 Zweig Basilikum
— 100 g geriebener
  Parmesan
— 250 g Mozzarella, in
  Scheiben geschnitten
— 2 Eier, leicht verquirlt
— Salz

Die Auberginenscheiben salzen und mit Mehl bestäuben.
2 Esslöffel Öl in einer großen Pfanne erhitzen. Dann die
Scheiben darin portionsweise von jeder Seite 5 Minuten
goldbraun braten. Herausnehmen und auf Küchenpapier
abtropfen lassen. Falls nötig, mehr Öl in die Pfanne geben.
Inzwischen die Tomaten in einen Schmortopf geben, die
Basilikumblätter abpflücken, in Stücke zupfen und zufügen
und bei schwacher Hitze unter gelegentlichem Rühren
15–20 Minuten einkochen. Inzwischen den Backofen auf
180 °C vorheizen. Etwas Tomatensauce auf dem Boden einer
ofenfesten Form verteilen und darauf 1 Schicht Auberginen
legen. Mit Parmesan bestreuen, die Mozzarellascheiben
darauflegen und mit verquirltem Ei bestreichen. Weitere
Schichten ebenso einlegen, mit Tomatensauce enden.
Mit Öl beträufeln und 30 Minuten backen.

GESCHMORTE AUBERGINEN IN TOMATENSAUCE

MELANZANE BRASATE AL POMODORO

Vorbereiten: *45 Min.*
Garzeit: *20 Min.*
Für 4 Personen

— 500 g Tomaten, geschält,
  entkernt und gewürfelt
— 1 Zwiebel, in dünne Ringe
  geschnitten
— 7 Sardellenfilets (aus dem
  Glas), abgetropft und gehackt
— 1 EL gehackte Petersilie
— 6–7 schwarze Oliven, entsteint
  und grob gehackt
— 3 EL Olivenöl, und etwas
  Olivenöl zum Beträufeln
— 1 Prise Zucker
— 2 Auberginen, quer in 5 mm
  dicke Scheiben geschnitten
— 1 Knoblauchzehe, gehackt
— Salz und Pfeffer

Den Backofen auf 180 °C vorheizen. Tomaten, Zwiebel,
Sardellen, Petersilie und Oliven in einem Topf verrühren.
Das Öl zufügen, leicht mit Salz und Pfeffer würzen, dann
den Zucker einrühren. Sauce abgedeckt bei schwacher
Hitze unter gelegentlichem Rühren 10 Minuten einkochen.
Inzwischen eine Grillpfanne bei mittlerer Hitze vorheizen.
Die Auberginenscheiben darin portionsweise von jeder
Seite 1 Minute anbraten. Etwas Öl in eine Auflaufform
träufeln und die Auberginenscheiben dachziegelartig
überlappend hineinlegen. Den Knoblauch darüberstreuen,
mit der Tomatensauce übergießen, mit Öl beträufeln und
im Backofen 20 Minuten backen. Herausnehmen, etwas
abkühlen lassen und lauwarm servieren.

AUBERGINEN-PARMIGIANA

AUBERGINENCREME MIT JOGHURT

AUBERGINENCREME MIT JOGHURT

CREMA DI MELANZANE ALLO YOGURT

Vorbereiten: *15 Min.*
Garzeit: *20–25 Min.*
Für 6 Personen

— 1 kg Auberginen
— 1 kleine Zwiebel, gehackt
— 4–5 Minzeblätter, gehackt
— 120 ml Olivenöl
— 1 EL Weißweinessig
— 150 g griechischer Joghurt
— 4 EL Mayonnaise
— Salz und Pfeffer
— Oliven und Cornichons, zum
   Garnieren (nach Belieben)

Den Backofen auf 180 °C vorheizen. Die Auberginen mehrmals mit einer Gabel einstechen, auf ein Backblech legen und 20–25 Minuten backen. Aus dem Ofen nehmen und abkühlen lassen, dann häuten. Das Fleisch in einen Mixer geben. Zwiebel und Minze und etwas Salz und Pfeffer zufügen. Glatt pürieren und dabei nach und nach in einem dünnen Strahl das Öl zugießen. Dann den Essig zugießen und einrühren. Das Püree in eine Schüssel geben, Joghurt und Mayonnaise einrühren. In eine Servierschüssel umfüllen, nach Belieben mit Oliven und Cornichons garnieren und sofort servieren.

FRITTIERTE AUBERGINEN

FIORE DI MELANZANE FRITTE

Vorbereiten: *15 Min.*
Garzeit: *15 Min.*
Für 4 Personen

— 3 Auberginen, geschält und
   längs in Scheiben geschnitten
— 250 ml Milch
— 3 EL Mehl, zum Bestäuben
— 200 ml Olivenöl
— 1 kleines Bund Petersilie
— Salz

Die Auberginenscheiben in Milch tauchen und dünn mit Mehl bestäuben. Das Öl in einer Pfanne erhitzen und darin die Auberginenscheiben portionsweise bei mittlerer Hitze 5–8 Minuten goldbraun braten. Zwischendurch gelegentlich wenden. Herausnehmen und auf Küchenpapier abtropfen lassen. Die Scheiben blütenförmig auf einer vorgewärmten Servierplatte anrichten und mit Salz würzen. Die Petersilienstängel in dem Öl einige Minuten frittieren, mit einem Schaumlöffel herausnehmen und zum Garnieren verwenden. Sofort servieren.

PIZZA MIT AUBERGINEN

PIZZA ALLE MELANZANE

Vorbereiten: 20 Min.
plus 30 Min. Abtropfen
Garzeit: 30 Min.
Für 4 Personen

— 2 Auberginen, in dünne
  Scheiben geschnitten
— Olivenöl, zum Einstreichen
  und Beträufeln
— 500 g Pizzateig
— Mehl, zum Bestäuben
— 200 g Tomaten (aus der Dose),
  abgetropft und gehackt
— 150 g Mozzarella, in Streifen
  geschnitten
— 4–5 Basilikumblätter, gehackt
— Salz und Pfeffer

Die Auberginenscheiben in ein Sieb legen, jede Lage mit Salz bestreuen und etwa 30 Minuten abtropfen lassen. Dann abspülen und mit Küchenpapier trocken tupfen. Den Backofen auf 220 °C vorheizen und ein Backblech mit Öl einstreichen. Den Teig auf einer leicht bemehlten Arbeitsfläche dünn ausrollen und auf das vorbereitete Backblech legen. Mit den Auberginen belegen, die Tomaten und die Mozzarellastreifen darauf verteilen. Mit Salz und Pfeffer würzen, mit Öl beträufeln und mit Basilikum bestreuen. 30 Minuten backen und heiß servieren.

LASAGNE MIT AUBERGINEN UND RICOTTA

LASAGNE CON MELANZANE E RICOTTA

Vorbereiten: 15 Min.
plus 1 Std. Abtropfen
Garzeit: 40 Min.
Für 4 Personen

— 250 g Lasagneplatten
— 1 große Aubergine, in
  Scheiben geschnitten
— Butter, zum Einfetten
— 50 g Pinienkerne, gehackt
— 150 g Ricotta (italienischer
  Frischkäse), zerbröselt
— 120 g Tomatenmark
— 12 Basilikumblätter
— Olivenöl, zum Beträufeln
— 50 g geriebener Parmesan
— Salz

Die Auberginenscheiben in ein Sieb legen, mit Salz bestreuen und etwa 1 Stunde abtropfen lassen. Abspülen, trocken tupfen und unter dem vorgeheizten Grill garen. Den Backofen auf 180° C vorheizen. Eine Auflaufform mit Butter einfetten. Eine Schicht Lasagneplatten hineinlegen. Jeweils die Hälfte der Auberginen, der Pinienkerne und des Ricotta sowie 4 Esslöffel Tomatenmark und 6 Basilikumblätter darauf verteilen. Mit Öl beträufeln. Dieselben Zutaten nochmals einschichten, mit Parmesan bestreuen und etwa 40 Minuten backen. Sofort servieren.

CARPACCIO VON ZUCCHINI UND ROTER BETE

CARPACCIO DI ZUCCHINE E BARBABIETOLE

Vorbereiten: *15 Min.*
plus *30 Min.* Kühlen
Garzeit: *5 Min.*
Für 4 Personen

— 150 g Pinienkerne
— 100 ml Olivenöl
— 1 TL Dijon-Senf
— Saft von 1 Zitrone, durch
  ein Sieb gestrichen
— 4 kleine, junge Zucchini,
  längs in Streifen geschnitten
— 4 gegarte Rote Beten, in
  Scheiben geschnitten
— 200 g geräucherter
  Scamorza-Käse oder
  Mozzarella, in dünne
  Scheiben geschnitten
— Salz und Pfeffer

Die Pinienkerne ohne Fett in einer beschichteten Pfanne bei starker Hitze unter Rühren einige Minuten rösten. Die Pfanne von Herd nehmen. Öl, Senf und Zitronensaft in einer Schüssel verrühren, mit Salz und Pfeffer würzen. Die Zucchinistreifen als Gitter auf eine Servierplatte oder auf 4 Portionsteller legen und mit den Pinienkernen bestreuen. Mit der Hälfte des Dressings beträufeln und etwa 30 Minuten in den Kühlschrank stellen. Rote Beten und Käse auf den Zucchini anrichten, mit dem restlichen Dressing beträufeln und servieren.

ZUCCHINI-FRITTATA MIT ZIEGENKÄSE UND SCHWARZEN OLIVEN

FRITTATA DI ZUCCHINE AL CAPRINO E OLIVE NERE

Vorbereiten: *25 Min.*
Garzeit: *15 Min.*
Für 4 Personen

— 2 EL Olivenöl
— 400 g Zucchini, in dünne
  Scheiben geschnitten
— 1 Zweig Thymian
— 5 Eier
— 1 Prise Currypulver
— 80 g geriebener Parmesan
— 2 EL gehackte Petersilie,
  Schnittlauch und Kerbel
— 50 g schwarze Oliven,
  entsteint und halbiert
— 1 Ziegenkäse, ohne Rinde,
  zerbröselt
— 300 ml Milch (bei Bedarf)
— Salz und Pfeffer

Das Öl in einer Pfanne erhitzen und darin Zucchini und Thymian bei mittlerer Hitze unter gelegentlichem Rühren andünsten, bis die von den Zucchini abgegebene Flüssigkeit verdampft ist. Mit Salz und Pfeffer würzen, vom Herd nehmen und beiseitestellen. Eier und Currypulver in einer Schüssel verquirlen, mit Salz und Pfeffer würzen. Parmesan, Kräuter, Oliven und Ziegenkäse einrühren. Wenn die Mischung zu dick ist, etwas Milch einrühren. Die Pfanne mit den Zucchini wieder auf den Herd stellen und die Eiermischung zugießen. Etwa 5 Minuten garen, bis die Eier gerade gestockt sind. Zwischendurch die Pfanne rütteln. Die Frittata auf eine gewärmte Platte gleiten lassen und sofort servieren. Alternativ die Frittata in eine eingeölte, Auflaufform gleiten lassen und unter dem vorgeheizten Backofengrill etwa 2 Minuten überbacken, bis sie eine braune Kruste hat. Aus dem Grill nehmen und servieren.

ZUCCHINISUPPE

MINESTRA DI ZUCCHINE

Vorbereiten: *10 Min.*
Garzeit: *30 Min.*
Für 4 Personen

— 3 EL Olivenöl
— 6 Zucchini, gewürfelt
— 3 Eier
— 40 g geriebener Parmesan
— 1 Bund Basilikum, gehackt
— Salz und Pfeffer

Das Öl in einer Pfanne erhitzen. Die Zucchini darin bei schwacher Hitze unter gelegentlichem Rühren 5 Minuten hell anbräunen. Mit kochendem Wasser bedecken und mit Salz und Pfeffer würzen. Abgedeckt 25 Minuten köcheln, bis die Zucchini weich sind. Eier, Käse und Basilikum in einer Schüssel verrühren und mit Salz und Pfeffer würzen. Die Pfanne vom Herd nehmen und die Eiermischung hineingießen. Umrühren, wieder auf den Herd stellen und einige Minuten köcheln, dann in eine vorgewärmte Terrine füllen und sofort servieren.

ZUCCHINI MIT BOHNEN UND GARNELEN

FOTO AUF SEITE 191

FANTASIA DI ZUCCHINE, FAGIOLI E SCAMPI

Vorbereiten: *10 Min.*
Garzeit: *5 Min.*
Für 4 Personen

— 300 g Zucchini
— 300 g Cannellini-Bohnen
  (aus der Dose), abgetropft
  und abgespült
— 200 g Garnelenfleisch,
  gegart
— 4–6 EL Olivenöl
— 1 EL Zitronensaft
— 1 EL Weißweinessig
— Salz und frisch gemahlener
  weißer Pfeffer

In einem Topf Wasser mit etwas Salz zum Kochen bringen und die Zucchini darin etwa 5 Minuten blanchieren. Abgießen und in sehr dünne Scheiben schneiden und in eine Salatschüssel geben. Bohnen und Garnelen zufügen. Großzügig mit Olivenöl beträufeln, mit Salz und Pfeffer würzen und mischen. Zitronensaft und Essig in einer kleinen Schüssel verrühren und über den Salat träufeln. Nochmals vermischen und servieren.

ZUCCHINI MIT BOHNEN UND GARNELEN

ZUCCHINI-TARTE

TORTA DI ZUCCHINE

Vorbereiten: 30 Min.
Garzeit: 35 Min.
Für 4 Personen

— 1 EL Olivenöl, und etwas
  Olivenöl zum Einstreichen
— 4–5 EL frische Semmelbrösel
— 1 Zwiebel, in dünne
  Ringe geschnitten
— 2 Zucchini, in dünne
  Scheiben geschnitten
— 1 EL gehackte Petersilie
— 6 Eier
— 25 g geriebener Parmesan
— 2 EL Milch
— Salz und Pfeffer

Den Backofen auf 180 °C vorheizen. Eine Auflaufform mit hohem Rand mit Öl einstreichen und den Boden mit Semmelbröseln bestreuen. Das Öl in einer Pfanne erhitzen und die Zwiebel darin bei schwacher Hitze unter Rühren 5 Minuten weich dünsten. Mit Salz würzen. Zucchini und Petersilie zufügen und unter gelegentlichem Rühren etwa 10 Minuten dünsten. Die Pfanne vom Herd nehmen. Die Eier in einer Schüssel verquirlen, Parmesan und Milch einrühren. Mit Salz und Pfeffer würzen. Die Mischung über die Zucchini gießen, gut verrühren und in die vorbereitete Form füllen. Etwa 20 Minuten backen, bis die Eiermasse fest und goldbraun ist. Sofort servieren.

FRITTIERTE ZUCCHINIBLÜTEN

FIORI DI ZUCCHINE FRITTI

Vorbereiten: 10 Min.
plus 1 Std. Ruhen
Garzeit: 1 Std. 10 Min.
Für 4 Personen

— 100 g Mehl
— 2 EL Olivenöl
— 5 EL trockener Weißwein
— 1 Ei, getrennt
— Pflanzenöl, zum Frittieren
— 12 Zucchiniblüten,
  küchenfertig geputzt
— Salz und Pfeffer

Mehl, Öl, Wein und Eigelb in einer Schüssel mit etwas Salz und Pfeffer verrühren. 150–200 ml warmes Wasser zufügen und alles zu einem glatten, flüssigen Teig verrühren. Etwa 1 Stunde ruhen lassen. Dann das Eiweiß in einer fettfreien Schüssel steif schlagen und vorsichtig unter den Teig heben. Das Öl zum Frittieren in einer großen Pfanne erhitzen. Die Blüten erst in den Teig tauchen, etwas abtropfen lassen und dann in dem heißen Öl goldbraun frittieren. Mit einem Schaumlöffel herausnehmen und auf Küchenpapier abtropfen lassen. Mit Salz bestreuen und sofort servieren.

GEFÜLLTE ZUCCHINI

ZUCCHINE RIPIENE

Vorbereiten: *1 Std.*
Garzeit: *30 Min.*
Für 4 Personen

— 6–7 Zucchini, längs halbiert
— 150 g Zwiebeln, gewürfelt
— 1 EL Olivenöl
— 100 g magerer Prosciutto
  cotto (Kochschinken),
  fein gehackt
— 2 Tomaten, geschält
  und gewürfelt
— 200 g kleine Champignon-
  köpfe, gewürfelt
— 1 Ei, leicht verquirlt
— 3 EL frische Semmelbrösel
— 50 g geriebener Parmesan
— Salz und Pfeffer

In einem Topf Wasser mit etwas Salz zum Kochen bringen. Die Zucchini darin in 10 Minuten bissfest garen. Abgießen, mit einem Löffel aushöhlen und mit der Schnittfläche nach unten auf ein Geschirrtuch setzen. Inzwischen in einem beschichteten Topf gesalzenes Wasser zum Kochen bringen. Die Zwiebeln zufügen und kochen, bis das Wasser verdampft ist. Das Öl einrühren, den Schinken zufügen und einige Minuten erhitzen. Die Tomatenwürfel zugeben und unter gelegentlichem Rühren bei schwacher Hitze köcheln, bis die Flüssigkeit weitgehend verdampft ist. Den Backofen auf 180 °C vorheizen. Eine Auflaufform mit Butter einfetten. Gleichzeitig eine gusseiserne Pfanne erhitzen. Die Pilze hineingeben und abgedeckt bei mittlerer bis starker Hitze garen, bis die ausgetretene Flüssigkeit verdampft ist. Die Pilze zur Schinkenmischung geben, unterrühren und einige Minuten kochen. Vom Herd nehmen. Ei, Semmelbrösel und Parmesan einrühren. Mit Salz und Pfeffer würzen. Die Zucchini mit der Mischung füllen, in die vorbereitete Form setzen und im Ofen 30 Minuten überbacken. Sofort servieren.

ZUCCHINIFLAN MIT RICOTTA UND ZUCCHINIBLÜTEN

GRAN FLAN DI RICOTTA, ZUCCHINE E FIORI DI ZUCCHINA

Vorbereiten: *20 Min.*
Garzeit: *15 Min.*
Für 6 Personen

— Butter, zum Einfetten
— 2 Eier
— 350 g Ricotta (italienischer
  Frischkäse)
— 40 g Mehl
— 300 g Zucchini, gewürfelt
— 6 Zucchiniblüten,
  Staubgefäße entfernt
— Salz

Den Backofen auf 200 °C vorheizen. Eine rechteckige Backform (20 cm) mit Backpapier auslegen und mit Butter einfetten. Die Eier in einer Schüssel mit 1 Prise Salz verquirlen. Den Ricotta zufügen und die Mischung cremig rühren. Das Mehl daraufsieben und unterrühren, dann die Zucchini zufügen. Die Blüten in Streifen schneiden und vorsichtig unter die Ricottamischung ziehen. Die Masse in die vorbereitete Form füllen und im Backofen etwa 15 Minuten backen, bis sie fest und goldbraun ist. Herausnehmen und servieren.

LINGUINE MIT ZUCCHINI-MANDEL-MINZE-PESTO

LINGUINE MIT ZUCCHINI-MANDEL-MINZE-PESTO

FOTO AUF SEITE 194

LINGUINE AL PESTO DI ZUCCHINE, MANDORLE E MENTA

Vorbereiten: *40 Min.*
Garzeit: *40 Min.*
Für 6 Personen

— 3 EL Olivenöl
— 40 g Mandelblättchen
— 500 g Zucchini
— 18 Minzeblätter
— ½ Knoblauchzehe, geschält
— 2 EL gehackte Petersilie
— 50 g blanchierte Mandeln, gehackt
— 100 g geriebener Parmesan
— 150 ml Olivenöl, und etwas Olivenöl zum Beträufeln
— 500 g Linguine (schmale, flache Bandnudeln)
— Salz und Pfeffer

Das Öl in einer kleinen Pfanne erhitzen und die Mandelblättchen darin unter häufigem Rühren einige Minuten anbräunen. Vom Herd nehmen. Die Zucchini längs halbieren, die Samen und etwas Fleisch herausschaben. In einem Topf gesalzenes Wasser zum Kochen bringen und darin die Zucchini in 8–10 Minuten bissfest garen. Mit einem Schaumlöffel herausnehmen und abkühlen lassen, das Kochwasser aufbewahren. Zucchini, Minzeblätter, Knoblauch, Petersilie, gehackte Mandeln und Parmesan in einem Mixer glatt pürieren. Nach und nach das Öl zugießen. Mit Salz und Pfeffer würzen. Das Kochwasser in einem großen Topf zum Kochen bringen. Die Linguine zufügen und wieder zum Kochen bringen. Die Pasta in 8–10 Minuten al dente garen, abgießen und in eine vorgewärmte Servierschüssel umfüllen. Den Zucchini-Pesto daraufgeben, mit Öl beträufeln, mit Pfeffer würzen und vorsichtig mischen. Mit den Mandelblättchen garnieren und sofort servieren.

KNUSPRIGE ZUCCHINI NACH RÖMISCHER ART

FILETTI DI ZUCCHINE FRITTI ALLA ROMANA

Vorbereiten: *20 Min.*
Garzeit: *5–10 Min.*
Für 6 Personen

— 1 kg kleine Zucchini
— Mehl, zum Bestäuben
— 120 ml Olivenöl
— Salz

Für dieses Rezept werden die Zucchini auf besondere Weise zerkleinert. Zuerst beide Enden abschneiden und die Zucchini längs in dünne Scheiben schneiden. Dann die Scheiben längs in etwa 3 mm breite Streifen schneiden. In eine Schüssel geben, mit Salz bestreuen und 15 Minuten stehen lassen. Abgießen und mit einem Geschirrtuch trocken tupfen. Die Streifen in Mehl wenden, überschüssiges Mehl abschütteln. Das Öl in einer großen Pfanne erhitzen und die Zucchinistreifen darin portionsweise hell goldbraun frittieren. Mit einem Schaumlöffel herausnehmen und auf Küchenpapier abtropfen lassen. Auf einer vorgewärmten Servierplatte locker aufhäufen und heiß servieren.

ZUCCHINI MIT KARTOFFELN UND TOMATEN AUS DEM OFEN

FOTO AUF SEITE 197

ZUCCHINE, PATATE E POMODORI AL FORNO

Vorbereiten: *20 Min.*
Garzeit: *1 Std.*
Für 4 Personen

— 450 g Kartoffeln, geschält
  und grob gewürfelt
— 1 Zwiebel, gehackt
— 1 Knoblauchzehe, geschält
— Olivenöl, zum Beträufeln
— 1 Handvoll Rosmarinnadeln,
  grob gehackt
— 650 g Zucchini, gewürfelt
— 300 g Tomaten, grob gehackt
— Salz und Pfeffer

Den Backofen auf 190 °C vorheizen. Kartoffeln, Zwiebeln und Knoblauchzehe in eine Auflaufform legen, mit Salz und Pfeffer würzen. Mit Öl beträufeln, mit Rosmarin bestreuen und im Backofen etwa 40 Minuten garen, dann herausnehmen, aber den Ofen nicht ausschalten. Die Knoblauchzehe entfernen. Zucchini und Tomaten in die Form geben, mit etwas Salz würzen und umrühren. Wieder in den Ofen schieben und weitere 30 Minuten garen, bis das Gemüse weich ist. Herausnehmen und servieren.

MINI-ZUCCHINIFLAN MIT TOMATENSAUCE

MINI FLAN DI ZUCCHINE CON SALSA AL POMODORO

Vorbereiten: *30 Min.*
Garzeit: *40 Min.*
Für 4 Personen

— 3 Zucchini, sehr fein gehackt
— Olivenöl, zum Einstreichen
— 50 g geriebener Parmesan
— 5 EL Milch
— 4 EL Crème double
— 1 Ei, verquirlt
— 6 Basilikumblätter,
  fein gehackt
— Salz und Pfeffer

Für die Tomatensauce:
— 2 feste, reife Tomaten, geschält,
  entkernt und geviertelt
— 1 EL Rotweinessig
— 5 EL Olivenöl
— Salz

Die Zucchini mit ½ TL Salz bestreuen und 30 Minuten abtropfen lassen. 4 Ramequin-Förmchen mit Öl einstreichen. Die Zucchini auf ein sauberes Geschirrtuch geben und gründlich ausdrücken. Zucchini, Parmesan, Milch, Crème double, Ei und Basilikum in einer Schüssel verrühren und mit Salz und Pfeffer würzen. Die Masse in die vorbereiteten Förmchen füllen und in einen Bräter stellen. Bis zur halben Höhe der Förmchen heißes Wasser zugießen und im Ofen 40 Minuten backen. Aus dem Ofen nehmen, aber die Förmchen im heißen Wasser stehen lassen, um den Flan warm zu halten.

Für die Sauce Tomaten, Essig und 1 Prise Salz in einem Mixer etwa 30 Sekunden glatt pürieren. Langsam das Öl zugießen, bis eine cremige Sauce entsteht. 6 Portionsteller bereitstellen, auf jeden 2–3 Esslöffel Sauce geben und darauf einen Zucchiniflan stürzen.

ZUCCHINI MIT KARTOFFELN UND TOMATEN AUS DEM OFEN

ZUCCHINI MIT TOMATEN, OREGANO UND BASILIKUM

PIZZAIOLA DI ZUCCHINE

Vorbereiten: *30 Min.*
plus *3 Std.* Trocknen
Garzeit: *45 Min.*
Für 6 Personen

— 1,5 kg Zucchini, in dünne
  Scheiben geschnitten
— Mehl, zum Bestäuben
— 4 EL Olivenöl
— 600 g Tomaten, geschält,
  entkernt und gehackt
— Blätter von 1 Zweig
  Oregano, gehackt
— Blätter von 1 Zweig
  Basilikum, gehackt
— Salz und Pfeffer

Die Zucchinischeiben auf einem Geschirrtuch ausbreiten und mindestens 3 Stunden trocknen lassen. Mit Mehl bestäuben und überschüssiges Mehl abschütteln. Das Öl in einer großen Pfanne erhitzen. Die Zucchini portionsweise darin von jeder Seite etwa 5 Minuten goldbraun braten. Mit einem Schaumlöffel herausnehmen und auf Küchenpapier abtropfen lassen. Die Zucchini in eine saubere Pfanne legen. Tomaten, Oregano und Basilikum zufügen und bei mittlerer Hitze 5–10 Minuten garen. Zwischendurch die Pfanne kurz rütteln. Mit Salz und Pfeffer würzen, vom Herd nehmen und in einer Schüssel anrichten. Heiß oder kalt servieren.

GEFÜLLTE ZUCCHINIBLÜTEN MIT MOZZARELLA

FIORI DI ZUCCHINE RIPIENI DI MOZZARELLA

Vorbereiten: *20 Min.*
Garzeit: *15 Min.*
Für 4 Personen

— 12 Zucchiniblüten,
  Staubgefäße entfernt
— 65 g Mozzarella, in
  12 Stücke geschnitten
— 6 Sardellenfilets (aus dem
  Glas), abgetropft und halbiert

Für den Teig:
— 50 g Mehl
— 100 ml helles Bier
— Blätter von 1 Zweig
  Majoran, gehackt
— Pflanzenöl, zum Frittieren
— Salz

In jede Zucchiniblüte 1 Stück Mozzarella und 1 halbiertes Sardellenfilet schieben. Die Spitzen der Blütenblätter fest zusammendrehen. Für den Teig das Mehl mit 1 Prise Salz in eine Schüssel sieben. Das Bier unterrühren, dann den Majoran zufügen. Das Öl in einer Fritteuse auf 180–190 °C erhitzen. Zur Probe 1 Würfel Brot vom Vortag frittieren. Wird er binnen 30 Sekunden goldbraun, ist die nötige Hitze erreicht. Die gefüllten Zucchiniblüten rasch in den Teig tauchen und abtropfen lassen, dann portionsweise in dem heißen Öl goldbraun frittieren, zwischendurch vorsichtig umdrehen. Mit einem Schaumlöffel herausnehmen und auf Küchenpapier abtropfen lassen. Heiß servieren.

GURKENSALAT MIT JOGHURTDRESSING

Vorbereiten: *20 Min.*
Für 4 Personen

— 4 kleine Gurken, in dünne
 Scheiben geschnitten
— 1 Eisbergsalat, in Streifen
 geschnitten
— 2 hart gekochte Eier,
 in Spalten geschnitten
— 150 g fettarmer Naturjoghurt
— 1–2 EL Zitronensaft, durch
 ein Sieb gestrichen
— Salz und Pfeffer

Gurken, Salat und Eier in eine Salatschüssel geben.
Den Joghurt in einer kleinen Schüssel mit Zitronensaft
verrühren und über den Salat gießen. Mit Salz und Pfeffer
würzen, vorsichtig mischen und servieren.

GURKENSALAT MIT SENFDRESSING

Vorbereiten: *15 Min.*
plus *30 Min.* Abtropfen
Für 4 Personen

— 3 Gurken, geschält und in
 dünne Scheiben geschnitten
— 1–2 EL gehackter Kerbel
— Saft von 1 Zitrone, durch
 ein Sieb gestrichen
— 1 TL Dijon-Senf
— 2–3 EL Olivenöl
— Salz und Pfeffer

Die Gurkenscheiben in ein feines Sieb legen, mit Salz
bestreuen und etwa 30 Minuten abtropfen lassen. Abspülen,
mit einem Geschirrtuch trocken tupfen und in eine Salatschüssel geben. Mit dem Kerbel bestreuen. Zitronensaft,
Senf und Öl in einer Schüssel verrühren und mit Salz
und Pfeffer würzen. Das Dressing über die Gurken gießen,
vorsichtig mischen und sofort servieren.

KALTE GURKENCREMESUPPE

KALTE GURKENCREMESUPPE

FOTO AUF SEITE 200

CREMA FREDDA DI CETRIOLI

Vorbereiten: *15 Min.*
plus 2 *Std.* Kühlen
Garzeit: *25 Min.*
Für 4 Personen

— 500 ml Gemüsebrühe
— 3 EL Olivenöl
— 1 Zwiebel, gehackt
— 250 g Gurke, gehackt
— 250 g Kartoffel, gewürfelt
— 25 g Salat, gehackt
— 6 frische Minzeblätter,
   und einige Minzeblätter
   zum Garnieren
— 50 g Crème double
— Salz und Pfeffer

Die Brühe in einem Topf zum Kochen bringen. Das Öl in einem anderen Topf erhitzen und die Zwiebel darin bei schwacher Hitze unter gelegentlichem Rühren 5 Minuten weich dünsten. Gurke, Kartoffeln, Salat und Minze zufügen und weitere 5 Minuten dünsten. Mit Salz und Pfeffer würzen, die heiße Brühe zugießen und etwa 15 Minuten kochen. In einen Mixer umfüllen und pürieren. Wieder in den Topf geben und erhitzen. Die Crème double einrühren und 5 Minuten durchwärmen. Vom Herd nehmen, auf Zimmertemperatur abkühlen lassen, dann für einige Stunden in den Kühlschrank stellen. Zum Servieren in eine Terrine umfüllen und mit Minze garniert servieren.

REISSALAT MIT GURKEN UND TRAUBEN

RISO FREDDO CON CETRIOLI E UVA ALL'OLIO AROMATICO

Vorbereiten: *25 Min.*
Garzeit: *15 Min.*
Für 4 Personen

— 300 g Langkornreis
— 25 g Sultaninen
— 6 EL Olivenöl, und etwas
   Olivenöl zum Beträufeln
— 2 EL Balsamico-Essig
— 3 EL fein gehackte Petersilie
— 2 EL fein gehacktes Basilikum
— 250 g Gemüsefenchel, in
   dünne Scheiben geschnitten
— 1 kleine Zwiebel, in
   dünne Ringe geschnitten
— 250 g Gurke, in dünne
   Scheiben geschnitten
— 100 g kernlose blaue
   Weintrauben, halbiert
— 50 g Walnusskerne, gehackt
— Salz und Pfeffer

Wasser mit etwas Salz in einem großen Topf zum Kochen bringen. Den Reis darin etwa 15 Minuten garen. Inzwischen die Sultaninen in eine hitzebeständige Schüssel geben, mit heißem Wasser bedecken und etwa 5 Minuten einweichen. Den Reis abgießen und unter fließendem, kaltem Wasser abschrecken. In eine Salatschüssel geben, mit Öl beträufeln und kühl stellen. Die Sultaninen abgießen. Öl, Essig, Petersilie und Basilikum in einer Schüssel verrühren und mit Salz und Pfeffer würzen. Fenchel, Zwiebel, Gurke, Weintrauben, Walnusskerne und Sultaninen zum Reis geben und gründlich vermengen. Den Salat mit dem Dressing übergießen, nochmals mischen und servieren.

GURKENSALAT

FOTO AUF SEITE 203

CETRIOLI IN INSALATA

Vorbereiten: *15 Min.*
plus *1 Std.* Abtropfen
und Marinieren
Für 4 Personen

— 2 Gurken
— Blätter von 2 Zweigen
  Thymian, gehackt
— ¾ TL Zucker
— Olivenöl, zum Beträufeln
— Salz und frisch gemahlener
  weißer Pfeffer

Die Gurken schälen, in dünne Scheiben schneiden und
in ein Sieb legen. Jede Schicht mit etwas Salz bestreuen und
30 Minuten abtropfen lassen. Die Gurkenscheiben abspülen
und mit Küchenpapier trocken tupfen. In eine Salatschüssel
legen, mit Thymian, Zucker und 1 Prise Salz bestreuen und
30 Minuten durchziehen lassen. Den Salat durchrühren,
mit Öl beträufeln und abschmecken. Bei Bedarf mit etwas
Salz oder weißem Pfeffer nachwürzen. Sofort servieren.

GEFÜLLTE COCKTAILTOMATEN MIT SAFRANREIS

POMODORINI RIPIENI DI RISO PILAF ALLO ZAFFERANO

Vorbereiten: *15 Min.*
Garzeit: *25 Min.*
Für 4 Personen

— 250 ml Gemüsebrühe
— 1 Msp. Safran
— 25 g Butter
— ½ Zwiebel, fein gehackt
— 175 g Risotto-Reis
— 12 Cocktailtomaten
— 1 EL Olivenöl, und etwas
  Olivenöl zum Beträufeln
— 1 Zucchini, gewürfelt
— 2 EL fein gehackt Petersilie,
  zum Garnieren
— Salz und Pfeffer
— Petersilienstängel, zum
  Garnieren
— dünne Zucchinistreifen,
  zum Garnieren (nach
  Belieben)

Den Backofen auf 180 °C vorheizen. 1 Esslöffel Brühe
in eine kleine Schüssel füllen und den Safran zugeben.
Die Butter in einer relativ flachen Auflaufform zerlassen und
die Zwiebel darin bei schwacher Hitze unter gelegentlichem
Rühren 5 Minuten weich und glasig dünsten. Den Reis
und 1 Prise Salz einrühren und unter ständigem Rühren
erhitzen, bis alle Körner von Butter überzogen sind. Die
restliche Brühe zugießen und unter Rühren zum Kochen
bringen, dann die Safranmischung einrühren. Die Form
abdecken, in den Ofen schieben und 18–20 Minuten garen,
ohne den Deckel abzunehmen oder umzurühren. Den
Reis aus dem Ofen nehmen und abkühlen lassen.

Inzwischen die Tomaten aushöhlen. Etwas Salz in das
Innere streuen und die Tomaten mit der Öffnung nach
unten auf Küchenpapier abtropfen lassen. Das Öl in einer
Pfanne erhitzen und die Zucchini darin bei schwacher
Hitze unter Rühren etwa 10 Minuten hellbraun anbraten.
Mit etwas Salz würzen und vom Herd nehmen. Reis,
Zucchini und Petersilie in einer Schüssel mischen, mit
etwas Öl beträufeln und mit Salz und Pfeffer würzen.
Die Mischung in die Tomaten füllen, aber nicht zu fest
hineindrücken. Die gefüllten Tomaten auf einer Servierplatte
anrichten, mit den Petersilienstängeln und nach Belieben
mit Zucchinistreifen garnieren und servieren.

GEFÜLLTE TOMATEN, MEDITERRANE ART

GEFÜLLTE TOMATEN, MEDITERRANE ART

FOTO AUF SEITE 204

POMODORI FARCITI ALLA MEDITERRANEA

Vorbereiten: *30 Min.*
plus *1 Std.* Abtropfen
Garzeit: *20 Min.*
Für 6 Personen

— 6 Tomaten
— 2 EL Olivenöl
— ½ rote Zwiebel, fein gehackt
— 1 rote Paprika, entkernt und
   in 5 mm große Würfel
   geschnitten
— 1 gelbe Paprika, entkernt
   und in 5 mm große Würfel
   geschnitten
— 1 Aubergine, in 5 mm große
   Würfel geschnitten
— 1 Zucchini, in 5 mm große
   Würfel geschnitten
— 1 Prise Zucker
— 2 EL Apfelessig
— Salz und Pfeffer

Für den Pesto:
— Blätter von 5 Zweigen
   Basilikum
— 150 ml Olivenöl
— 65 g geriebener Parmesan
— 1 Knoblauchzehe, geschält

Von den Tomaten einen Deckel abschneiden. Das Innere mit einem Teelöffel aushöhlen. Etwas Salz in die Tomaten streuen. Die Tomaten mit der Öffnung nach unten auf Küchenpapier stellen und 1 Stunde abtropfen lassen. Inzwischen das Öl in einem Topf erhitzen und die Zwiebel darin bei schwacher Hitze unter gelegentlichem Rühren 5 Minuten weich dünsten. Die rote und die gelbe Paprika zugeben und 2 Minuten mitdünsten. Die Aubergine und die Zucchini zugeben und weitere 5 Minuten mitdünsten. Mit Salz, Pfeffer und Zucker würzen. Auf starke Hitze umschalten, das Gemüse mit dem Essig beträufeln und weitere 5 Minuten köcheln, bis die ausgetretene Flüssigkeit vollständig verdampft ist. Vom Herd nehmen und abkühlen lassen. Dann die Tomaten mit der Gemüsemischung füllen. Die Zutaten für den Pesto in einen Mixer geben und fein zerkleinern. Zwischendurch die Masse von der Becherwand schaben. Die Tomaten auf einer Platte anrichten und auf jede 1 Esslöffel Pesto geben. Bis zum Servieren kühl stellen.

TOMATEN MIT PIKANTER KÄSEFÜLLUNG

POMODORI ALLA CRESCENZA

Vorbereiten: *20 Min.*
plus *1 Std.* Kühlen
Für 4 Personen

— 12 runde Cocktailtomaten
— 200 g geriebener Crescenza-
   oder Taleggio-Käse
— 3 Cornichons (aus dem Glas),
   abgetropft und gehackt
— Olivenöl, zum Beträufeln
— Salz und Pfeffer

Von den Tomaten einen Deckel abschneiden und das Innere mit einem Teelöffel aushöhlen. Käse und Cornichons in einer Schüssel vermengen. Mit Salz und Pfeffer würzen und mit Öl beträufeln. Die Tomaten mit der Mischung füllen, auf einer Platte anrichten und vor dem Servieren 1 Stunde in den Kühlschrank stellen.

BRUSCHETTA MIT TOMATE

FOTO AUF SEITE 207

BRUSCHETTA AL POMODORO

Vorbereiten: *10 Min.*
Für 4 Personen

— 8 Scheiben Bauernbrot
— 4 Knoblauchzehen, geschält
— 6–8 reife Roma-Tomaten,
   gewürfelt
— natives Olivenöl extra,
   zum Beträufeln
— Salz und Pfeffer

Das Brot von beiden Seiten unter dem Grill rösten. Das heiße Brot mit dem Knoblauch einreiben und nochmals kurz unter den Grill legen. Dann mit den Tomatenwürfeln belegen, mit Salz und Pfeffer würzen und mit Olivenöl beträufeln.

TOMATENFLAN MIT MOZZARELLA UND BASILIKUM

TORTA AL POMODORO, MOZZARELLA E BASILICO

Vorbereiten: *30 Min.*
plus *20 Min.* Ruhen
Garzeit: *50 Min.*
Für 6–8 Personen

Für den Teig:
— 250 g Mehl, und etwas
   Mehl zum Bestäuben
— 130 g Butter, gewürfelt
— 1 EL Rosmarinnadeln,
   fein gehackt
— Salz

Für den Belag:
— 4 Tomaten, geschält,
   entkernt und geviertelt
— 200 g Mozzarella, in
   kleine Würfel geschnitten
— 8 Sardellenfilets (aus
   dem Glas), abgetropft
   und längs halbiert
— 6 schwarze Oliven,
   entsteint und halbiert
— 2 EL geriebener Parmesan
— 1 Petersilienstängel, fein
   gehackt
— 1 Zweig Basilikum,
   fein gehackt
— Olivenöl, zum Beträufeln

Für den Teig das Mehl in eine Schüssel sieben und die Butter mit 2 Messern unterarbeiten. Rosmarin und 1 Prise Salz zugeben. Die Mischung mit den Fingern zu einer krümeligen Masse vermengen. 4–5 Esslöffel eiskaltes Wasser zugeben und alles verkneten. Zu einer Kugel formen, in Frischhaltefolie wickeln und 20 Minuten ruhen lassen.

Den Backofen auf 190 °C vorheizen. Eine Flan-Form (23 cm) mit Backpapier auslegen. Den Teig auf einer leicht bemehlten Arbeitsfläche ausrollen und die vorbereitete Form damit auslegen. Alufolie auf den Teig legen, Backerbsen darauf verteilen und den Teig 15 Minuten blindbacken. Folie und Erbsen entfernen und den Teig weitere 10 Minuten backen.

Tomaten und Mozzarella auf den Teigboden legen. Die Sardellen als Gitter darauf anordnen, dazwischen die Oliven legen. Mit Parmesan, Petersilie und Basilikum bestreuen, mit Olivenöl beträufeln und die Form auf ein Backblech stellen. Anschließend im Ofen 30–40 Minuten backen, bis die Oberseite goldbraun ist. Herausnehmen und sofort servieren.

BRUSCHETTA MIT TOMATE

TOSKANISCHE TOMATENSUPPE

TOMATEN-TATAR MIT BASILIKUM

TARTARE DI POMODORI AL BASILICO

Vorbereiten: *15 Min.*
plus *30 Min.* Abtropfen
Für 4 Personen

— 16 Cocktailtomaten, halbiert
  und entkernt
— 300 g fester, weißer, junger
  Schnittkäse, gewürfelt
— 16 schwarze Oliven, entsteint
— 1 kleines Bund Basilikum,
  Blätter in kleine Stücke
  gezupft
— Olivenöl, zum Beträufeln
— Salz

Die Tomaten klein würfeln und in ein Sieb legen. Mit Salz bestreuen und 30 Minuten abtropfen lassen. Die Tomaten in eine Salatschüssel geben. Käse, Oliven und Basilikum zufügen. Mit Öl beträufeln, mit 1 Prise Salz würzen und bis zum Servieren kühl stellen.

TOSKANISCHE TOMATENSUPPE

PAPPA COL POMODORO

FOTO AUF SEITE 208

Vorbereiten: *30 Min.*
Garzeit: *1 Std. 15 Min.*
Für 4 Personen

— 300 g reife Tomaten, geschält,
  entkernt und gehackt
— 1 Selleriestange, fein gehackt
— 1 Knoblauchzehe, fein gehackt
— 1 EL Olivenöl
— 2 Scheiben Bauernbrot vom
  Vortag, in kleine Würfel
  geschnitten
— 4 Basilikumblätter, in kleine
  Stücke gezupft
— 50 g geriebener Parmesan
— Salz und Pfeffer

Tomaten, Sellerie, Knoblauch und Öl mit etwas Salz und Pfeffer in einen großen Topf geben. 1,2 l Wasser zugeben und zum Kochen bringen. Die Hitze reduzieren und etwa 1 Stunde köcheln. Den Herd abschalten und die Suppe darauf stehen lassen. Etwa 30 Minuten vor dem Servieren die Suppe langsam erwärmen, die Brotwürfel zufügen und schwach köcheln. In Suppentassen füllen, mit Basilikum und Käse bestreuen und sofort servieren.

INSALATA CAPRESE MIT BÜFFEL-MOZZARELLA

WÜRZIGE TOMATEN-GRANITA

GRANITA PICCANTE DI POMODORO

Vorbereiten: *15 Min.*
plus *30 Min.* Gefrieren
Garzeit: *3 Min.*
Für 4 Personen

— 50 g Zucker
— 500 ml Tomatensaft
— Saft von ½ Zitrone, gesiebt
— 1 Spritzer Tabasco (nach
  Belieben)
— Salz und Pfeffer
— frische Minzeblätter,
  zum Garnieren
— dünne Zitronenscheiben,
  zum Garnieren

200 ml Wasser in einen kleinen Topf geben, den Zucker einrühren und unter Rühren kochen, bis der Zucker sich aufgelöst ist. Weitere 2–3 Minuten zu Sirup einkochen, dabei nicht rühren. Vom Herd nehmen und in eine große Schüssel geben. Tomaten- und Zitronensaft zugeben, mit Salz und Pfeffer und nach Belieben mit Tabasco würzen. Gründlich verrühren und die Mischung in eine Eismaschine gießen. Gemäß Herstellerbeschreibung 30 Minuten gefrieren. In 4 Gläser füllen, mit Minzeblättern und Zitronenscheiben garnieren und sofort servieren.

INSALATA CAPRESE MIT BÜFFEL-MOZZARELLA

FOTO AUF SEITE 210

CAPRESE DI MOZZARELLA DI BUFALA

Vorbereiten: *10 Min.*
Für 4 Personen

— 300 g Büffel-Mozzarella
— 3–4 Tomaten, geschält und
  in Scheiben geschnitten
— Basilikumblätter
— Olivenöl, zum Beträufeln
— Salz

Den Mozzarella abtropfen lassen und in dünne Scheiben schneiden. Abwechselnd mit den Tomatenscheiben in konzentrischen Kreisen auf einer Platte anrichten. Mit Basilikumblättern bestreuen, mit Öl beträufeln und mit etwas Salz würzen. Bis zum Servieren kühl stellen.

SPAGHETTI AMATRICIANA

SPAGHETTI ALL'AMATRICIANA

Vorbereiten: *10 Min.*
Garzeit: *50 Min.*
Für 4 Personen

— Olivenöl, zum Einstreichen
— 100 g Pancetta oder
  durchwachsener Speck,
  fein gewürfelt
— 1 Zwiebel, in dünne
  Ringe geschnitten
— 500 g Tomaten, geschält,
  entkernt und gewürfelt
— 1 Chili, entkernt und
  gehackt
— 350 g Spaghetti
— Salz und Pfeffer

Eine hitzebeständige Form mit Öl einstreichen und den Speck darin bei schwacher Hitze auslassen. Die Zwiebel zufügen und unter gelegentlichem Rühren 10 Minuten im Speckfett hell anbräunen. Tomaten und Chili zufügen, mit Salz und Pfeffer würzen und abgedeckt 40 Minuten garen. Falls nötig, etwas warmes Wasser zugeben. Die Spaghetti in einem großen Topf mit leicht gesalzenem, kochendem Wasser al dente garen. Abgießen und in einer vorgewärmten Servierschüssel mit der Sauce mischen.

SALAT AUS MARINIERTEN TOMATEN

FOTO AUF SEITE 213

INSALATA DI POMODORINI MARINATI

Vorbereiten: *15 Min.*
plus 2 *Std.* Kühlen
Für 4 Personen

— 200 g Cocktailtomaten,
  halbiert
— 1 Staudensellerie-Herz, in
  dünne Scheiben geschnitten
— 5–6 EL Olivenöl
— 1 Sardellenfilet (aus dem Glas),
  abgetropft und fein gehackt
— 1 TL Zitronensaft
— 1 dünner Streifen
  Zitronenschale
— Blätter von 1 Zweig
  Oregano, fein gehackt,
  oder 1 TL getrockneter
  Oregano
— 1 Knoblauchzehe, in dünne
  Scheiben geschnitten
— Salz und Pfeffer

Tomaten und Sellerie in eine große Schüssel geben. Das Öl in eine zweite Schüssel gießen. Sardellenfilet, Zitronensaft, Zitronenschale, Oregano und Knoblauch zufügen und mit Salz und Pfeffer würzen. Das Dressing gründlich mit einer Gabel verrühren und über den Salat gießen. Mischen, mit Frischhaltefolie abdecken und mindestens 2 Stunden im Kühlschrank durchziehen lassen. Der Salat schmeckt hervorragend zu Thunfisch-Carpaccio.

SALAT AUS MARINIERTEN TOMATEN

RISOTTO MIT TOMATE UND BASILIKUM

Vorbereiten: *15 Min.*
Garzeit: *30 Min.*
Für 4 Personen

— 1,2 l Gemüsebrühe
— 2 EL Olivenöl
— 1 Zwiebel, fein gehackt
— 320 g Risotto-Reis
— 500 g reife Tomaten, geschält,
  entkernt und gewürfelt
— 4–5 Basilikumblätter, in Stücke
  gezupft, und einige Basilikumblätter zum Garnieren
— 40 g Butter
— 150 g Mozzarella, gewürfelt
— 40 g geriebener Parmesan
— Salz und Pfeffer

Die Brühe in einem Topf zum Kochen bringen. Inzwischen das Öl in einem großen Topf erhitzen. Die Zwiebel darin bei schwacher Hitze unter gelegentlichem Rühren 5 Minuten weich dünsten. Den Reis zufügen und unter ständigem Rühren etwa 2 Minuten erhitzen, bis alle Körner von Öl überzogen sind. Die Tomaten einrühren. 1 Kelle heiße Brühe zufügen und unter ständigem Rühren kochen lassen, bis der Reis sie aufgenommen hat. Weiter kellenweise heiße Brühe zugeben und unter ständigem Rühren vom Reis aufsaugen lassen. Nach etwa 20 Minuten ist die Brühe verbraucht und der Reis gar. Kurz vor Ende der Garzeit das Basilikum zufügen und mit Salz und Pfeffer würzen. Vom Herd nehmen, dann Butter, Mozzarella und Parmesan einrühren. Risotto in eine vorgewärmte Servierschüssel umfüllen, mit Basilikumblättern garnieren. Sofort servieren.

GEBACKENE TOMATEN MIT BALSAMICO

FOTO AUF SEITE 215

Vorbereiten: *15 Min.*
Garzeit: *1 Std. 15 Min.*
Für 4 Personen

— 4 EL Olivenöl, und etwas
  Olivenöl zum Einstreichen
— 1 TL Balsamico-Essig
— 8 Tomaten, halbiert
— Blätter von 1 Zweig Thymian
— Salz und Pfeffer

Den Backofen auf 180 °C vorheizen. Eine Auflaufform mit Öl einstreichen. Öl und Essig in einer Schüssel verrühren und mit Salz und Pfeffer würzen. Die Tomaten in einer Schicht in die vorbereitete Form legen. Mit der Essig-Öl-Mischung einstreichen und mit dem Thymian bestreuen. Im Ofen 15 Minuten backen, dann die Hitze auf 110 °C reduzieren und mindestens 1 Stunde weiterbacken. Aus dem Ofen nehmen und in eine Schüssel umfüllen. Heiß oder kalt servieren.

GEBACKENE TOMATEN MIT BALSAMICO

GRATINIERTE TOMATEN

POMODORI GRATINATI

Vorbereiten: *45 Min.*
Garzeit: *30 Min.*
Für 4 Personen

— 4 runde Tomaten, halbiert
  und vorsichtig ausgehöhlt
— 125 g Crème double
— 3 Roma-Tomaten,
  fein gewürfelt
— Butter, zum Einfetten
— 2 Brötchen, halbiert
— 1 kleines Bund Schnittlauch,
  fein gehackt
— Salz und Pfeffer

Die Tomatenhälften mit der Schnittfläche nach unten auf Küchenpapier abtropfen lassen. Inzwischen die Crème double mit den gewürfelten Roma-Tomaten in einem kleinen Topf bei mittlerer bis schwacher Hitze unter gelegentlichem Rühren dick einkochen. Vom Herd nehmen und abkühlen lassen. Den Backofen auf 180 °C vorheizen. Eine Auflaufform mit Butter einfetten. Das weiche Innere der Brötchen in eine Schüssel legen und mit 3–4 Esslöffel Wasser 5 Minuten einweichen. Gründlich ausdrücken und die Brötchenmasse in einer Schüssel mit Schnittlauch, Salz und Pfeffer vermengen, dann unter die abgekühlte Tomatencreme rühren. Die Tomatenhälften mit der Mischung füllen und in die vorbereitete Form setzen. Im Ofen 30 Minuten backen. Herausnehmen und servieren.

GEBRATENE TOMATEN

POMODORI IN TEGAME

Vorbereiten: *10 Min.*
Garzeit: *20 Min.*
Für 4 Personen

— 400 g Tomaten
— 2–3 EL Olivenöl
— 1 große Frühlingszwiebel,
  gehackt
— 50 g sehr feine frische
  Semmelbrösel
— 1–2 EL Balsamico-Essig
— Salz

Die Tomaten in Spalten schneiden, entkernen und auf Küchenpapier abtropfen lassen. Das Öl in einer Pfanne erhitzen und die Frühlingszwiebel darin bei schwacher Hitze unter gelegentlichem Rühren 3 Minuten andünsten. Die Tomaten in den Semmelbröseln wenden und in die Pfanne legen. Mit Salz würzen und unter gelegentlichem Rühren 15 Minuten braten. Die Pfanne von Herd nehmen. Die Tomaten mit Balsamico-Essig beträufeln und gut durchmischen. Heiß oder warm servieren.

GEBRATENE GRÜNE TOMATEN

POMODORI VERDI FRITTI

Vorbereiten: *20 Min.*
plus *15 Min.* Ruhen
Garzeit: *25 Min.*
Für 4 Personen

Für den Teig:
— 1 Eigelb
— 100 g Mehl

— 4 unreife Tomaten
  (mehr grün als rot), in
  etwa 5 mm dicke Scheiben
  geschnitten
— 2 EL fein gehackte Petersilie
— 6 EL Olivenöl
— Salz

Für den Teig 200 ml Eiswasser unter ständigem Rühren
in dünnem Strahl zum Eigelb gießen. Langsam Mehl
unterrühren, bis ein leicht körniger Teig entsteht (evtl. wird
nicht alles Mehl benötigt). Die Schüssel mit Frischhaltefolie
abdecken und den Teig etwa 15 Minuten stehen lassen.
Die Tomaten entkernen, dann die Scheiben abspülen
und mit Küchenpapier trocken tupfen. Mit etwas Salz
und gehackter Petersilie bestreuen. Das Öl in einer Pfanne
erhitzen. Die Tomatenscheiben in den Teig tauchen
und portionsweise in dem heißen Öl goldbraun braten.
Zwischendurch einmal wenden. Mit einem Schaumlöffel
herausnehmen und auf Küchenpapier abtropfen lassen. Auf
einer vorgewärmten Platte anrichten und sofort servieren.

ORECCHIETTE MIT TOMATEN UND RICOTTA

ORECCHIETTE CON POMODORO E RICOTTA

Vorbereiten: *5 Min.*
Garzeit: *40 Min.*
Für 4 Personen

— 4 EL Olivenöl
— 4–5 reife Tomaten
— 6 frische Basilikumblätter
— 360 g Orecchiette (apulische
  Pasta-Art in Öhrchenform)
— 50 g fester Ricotta
  (italienischer Frischkäse),
  gerieben
— Salz

Das Öl in einem kleinen Topf erhitzen. Die Tomaten
und 1 Prise Salz zufügen und etwa 30 Minuten köcheln.
Die Tomaten mit einer Gabel zerdrücken, das Basilikum
einrühren und den Topf abdecken. Den Herd abschalten.
Die Orecchiette in einem großen Topf mit leicht gesalzenem,
kochendem Wasser in 10 Minuten al dente garen. Gut
abtropfen lassen und in eine Servierschüssel füllen. Mit der
Tomatensauce übergießen und mit dem Ricotta bestreuen.

RUSTIKALER TOMATENAUFLAUF

RUSTIKALER TOMATENAUFLAUF

FOTO AUF SEITE 218

TORTINO RUSTICO DI POMODORI

Vorbereiten: *10 Min.*
Garzeit: *40 Min.*
Für 6 Personen

— Butter, zum Einfetten
— 3 EL Olivenöl
— 3 Frühlingszwiebeln,
   fein gehackt
— 12 dünne Scheiben Weizen-
   Vollkornbrot, ohne Rinde
— 500 g Tomaten, in
   Scheiben geschnitten
— 1 Prise getrockneter Oregano
— 1 Ei
— 150 ml Milch
— 50 g Pecorino-Käse, in sehr
   dünne Scheiben geschnitten
— Salz und Pfeffer

Den Backofen auf 180 °C vorheizen. Eine rechteckige Form mit Butter einfetten. Das Öl in einem Topf erhitzen und die Frühlingszwiebeln darin bei schwacher Hitze unter gelegentlichem Rühren 5 Minuten andünsten. Mit etwas Salz würzen und vom Herd nehmen. Den Boden der vorbereiteten Form mit der Hälfte des Brotes auslegen und die Frühlingszwiebeln darauf verteilen. Mit den Tomaten- scheiben belegen, mit Oregano bestreuen und mit dem restlichen Brot abdecken. Ei und Milch in einer kleinen Schüssel verrühren und mit Salz und Pfeffer würzen. Die Mischung über das Brot gießen, mit den Käsescheiben bedecken und etwa 30 Minuten backen, bis der Käse geschmolzen und goldbraun ist. Etwas abkühlen lassen, dann auf eine Platte stürzen und servieren.

TOMATEN MIT PROVOLONE

POMODORI AL PROVOLONE

Vorbereiten: *15 Min.*
Garzeit: *20–25 Min.*
Für 4 Personen

— 4 EL Semmelbrösel
— 4 große Tomaten
— 1 große Frühlingszwiebel,
   nur der weiße Teil fein gehackt
— 1 Petersilienstängel, fein
   gehackt
— 3 EL Olivenöl
— 100 g Provolone-Käse,
   gerieben
— Salz und Pfeffer

Den Grill oder den Backofen auf 180 °C vorheizen. Die Semmelbrösel in einer Schüssel mit 4 Esslöffeln Wasser verrühren und quellen lassen. Von den Tomaten einen Deckel abschneiden und das Innere mit einem Teelöffel herausschaben. Das Tomatenfleisch aus dem Inneren in eine Schüssel geben. Frühlingszwiebel, Petersilie, Öl und geriebenen Käse zufügen. Die Semmelbrösel abgießen, ausdrücken und zufügen. Alles vermengen und mit Salz und Pfeffer würzen. Die Tomaten mit der Mischung füllen, in eine Auflaufform setzen, mit Alufolie abdecken und auf dem Grill oder im Ofen 20–25 Minuten garen. Sofort servieren.

PAPRIKAPÄCKCHEN

INVOLTINI DI PEPERONI

Vorbereiten: *1 Std.*
plus *30 Min.* Abtropfen
Garzeit: *30 Min.*
Für 4 Personen

— 6 rote und gelbe Paprika,
  halbiert und entkernt
— 600 g Auberginen, gewürfelt
— 4 EL Olivenöl, und etwas
  Olivenöl zum Einstreichen
  und Beträufeln
— 50 g schwarze Oliven,
  entsteint und grob gehackt
— 25 g Kapern, abgespült,
  abgetropft und grob gehackt
— 1 Knoblauchzehe, gehackt
  (nach Belieben)
— ½ EL fein gehackte Petersilie
— ½ EL fein gehacktes Basilikum
— 2 EL Semmelbrösel
— Salz und Pfeffer

Den Backofen auf 190 °C vorheizen. Ein Backblech mit
Alufolie auslegen. Die Paprika darauflegen und 20 Minuten
backen. Inzwischen die Auberginen in ein Sieb legen, jede
Lage mit Salz bestreuen und 30 Minuten abtropfen lassen.
Die Paprika aus dem Ofen nehmen, abkühlen lassen und
häuten. Die Auberginen abgießen, abspülen und mit
Küchenpapier trocken tupfen. Das Öl in einer großen
Pfanne erhitzen und darin die Auberginen bei mittlerer
bis schwacher Hitze unter häufigem Rühren 8–10 Minuten
goldbraun braten. Mit einem Schaumlöffel herausnehmen
und auf Küchenpapier abtropfen lassen. Den Backofen auf
180 °C heizen und eine Auflaufform mit Öl einstreichen.
Auberginen, Oliven, Kapern, Knoblauch (falls vewendet)
sowie Kräuter und Semmelbrösel in einer Schüssel mischen
und mit Salz und Pfeffer würzen. Die Paprikahälften auf
einer Arbeitsfläche auslegen, mit der Auberginenmischung
bestreichen und aufrollen. In die vorbereitete Form legen,
mit Öl beträufeln und 30 Minuten backen. Aus dem Ofen
nehmen und vor dem Servieren abkühlen lassen.

MAKKARONI MIT PAPRIKA

MACCHERONI AI PEPERONI

Vorbereiten: *20 Min.*
Garzeit: *30 Min.*
Für 4 Personen

— 2 EL Olivenöl
— 1 Knoblauchzehe, geschält
— 4 Sardellenfilets (aus
  dem Glas), abgetropft
— 2 gelbe Paprika, entkernt
  und in Streifen geschnitten
— 350 g Makkaroni (röhren-
  förmige Nudeln, auch
  Bucatini oder Perciatelli)
— Salz und Pfeffer
— gehackter Oregano, zum
  Garnieren (nach Belieben)

Das Öl in einer Pfanne erhitzen und die Knoblauchzehe
darin bei schwacher Hitze unter häufigem Rühren einige
Minuten hellbraun anbraten, dann mit einem Schaumlöffel
herausnehmen. Die Sardellen in das heiße Öl geben und mit
einem Kochlöffel zerdrücken. Die Paprikastreifen zufügen,
mit Salz und Pfeffer würzen und unter gelegentlichem
Rühren 12–15 Minuten schmoren, bis sie weich, aber nicht
matschig sind. Die Makkaroni in reichlich kochendem
Salzwasser al dente garen. Abgießen, in die Pfanne geben,
gründlich mischen und noch einige Minuten durchwärmen,
damit sich die Aromen entfalten. Mit Oregano bestreuen
und servieren.

SOMMERLICH GEFÜLLTE PAPRIKA

PEPERONI RIPIENI D'ESTATE

Vorbereiten: 20 Min.
plus 30 Min. Abtropfen
Garzeit: 1 Std.
Für 6 Personen

— 1 Aubergine, gewürfelt
— 2 gesalzene Sardellen, ohne
   Köpfe, ausgenommen und
   filetiert, 10 Min. gewässert
   und abgetropft
— 2 EL Olivenöl, und etwas
   Olivenöl zum Einstreichen
— 150 g Gruyère-Käse, gewürfelt
— 50 g Oliven, entsteint und in
   dünne Scheiben geschnitten
— 40 g Petersilie, gehackt
— 6 Basilikumblätter, gehackt
— 3 Tomaten, geschält, entkernt
   und gehackt
— 2 Kartoffeln, gewürfelt
— 1 EL Kapern, abgespült
   und abgetropft
— 1 Prise getrockneter Oregano
— 6 grüne Paprika
— Salz und Pfeffer

Die Auberginenwürfel in einem Sieb mit Salz bestreuen und 30 Minuten abtropfen lassen. Inzwischen die Sardellenfilets hacken und beiseitestellen. Den Backofen auf 180 °C vorheizen. Eine Auflaufform mit Öl einstreichen. Käse, Oliven, Petersilie, Basilikum, Tomaten und Kartoffeln in eine große Schüssel geben. Die Aubergine abspülen, mit einem sauberen Geschirrtuch abtrocknen und mit den Sardellen, Kapern und dem Oregano in die Schüssel geben. Mit Salz und Pfeffer würzen und gründlich mischen. Die Stielansätze der Paprika entfernen. Deckel abschneiden und beiseitelegen. Kerne und faserige Häute aus dem Inneren mit einem scharfen Messer entfernen. Die Paprika mit der Gemüsemischung füllen, jede mit 1 Teelöffel Olivenöl beträufeln. Die Deckel aufsetzen und bei Bedarf mit Zahnstochern fixieren. Die Paprika in die vorbereitete Form setzen und im Ofen 1 Stunde garen. Heiß oder kalt servieren.

SÜSSSAURE PAPRIKA

AGRODOLCE DI PEPERONI

Vorbereiten: 10 Min.
Garzeit: 20 Min.
Für 4 Personen

— 2 rote Paprika
— 2 gelbe Paprika
— 3 EL Olivenöl
— 200 ml Weißweinessig
— 2 EL Zucker
— Salz

Die Paprika entkernen und in breite Streifen schneiden. Das Öl in einem Topf erhitzen und die Paprika darin bei schwacher Hitze etwa 15 Minuten anbraten. Mit Salz würzen. Aus dem Topf nehmen und beiseitestellen. Essig und Zucker in dem Topf geben und bei stärkerer Hitze köcheln, bis der Essig fast vollständig verdampft und der Zucker aufgelöst ist. Die Paprika wieder in den Topf geben und 2 Minuten mitkochen. In eine Schüssel umfüllen und abkühlen lassen. Zimmerwarm servieren.

TOSKANISCHE GEMÜSESUPPE

ACQUACOTTA

Vorbereiten: *35 Min.*
Garzeit: *30 Min.*
Für 4 Personen

— 700 g reife Tomaten, gehäutet
— 2 EL Olivenöl
— 1 große Zwiebel, fein gehackt
— 500 g rote Paprika, entkernt
   und in schmale Streifen
   geschnitten
— 1 Selleriestange, gewürfelt
— 1,5 l Gemüsebrühe
— 6 Eier
— 50 g geriebener Parmesan
— 4 dicke Scheiben
   Weizen-Vollkornbrot
— Salz und Pfeffer

Die Tomaten durch ein Sieb in eine Schüssel streichen.
Das Öl in einer großen Pfanne oder einer tiefen Auflaufform
erhitzen. Die Zwiebel darin bei schwacher Hitze unter
gelegentlichem Rühren 5 Minuten weich dünsten. Paprika
und Sellerie zufügen und etwa 5 Minuten mitdünsten.
Das Tomatenpüree zufügen, mit Salz und Pfeffer würzen
und alles unter Rühren 20 Minuten einkochen lassen.
Die Gemüsebrühe zugießen und unter Rühren zum Kochen
bringen. Die Eier in einer Suppenterrine verquirlen. Die
heiße Suppe unter kräftigem Rühren zugießen und mit dem
geriebenen Käse bestreuen. In 4 Suppentassen je 1 Scheibe
Brot legen und die Suppe darübergeben. Heiß servieren.

GEBACKENE PAPRIKA MIT BASILIKUM UND SCHNITTLAUCH

FOTO AUF SEITE 223

JULIENNE DI PEPERONI AL FORNO CON BASILICO ED ERBA CIPOLLINA

Vorbereiten: *15 Min.*
plus *15 Min.* Abkühlen
Garzeit: *15 Min.*
Für 4 Personen

— 4 rote Paprika, entkernt
   und geviertelt
— Olivenöl, zum Einstreichen
   und Olivenöl zum Beträufeln
— 1 kleines Bund Schnittlauch,
   fein gehackt
— Blätter von 1 Stängel
   Basilikum, gehackt
— 1 getrocknete Chili,
   zerbröselt
— Salz

Den Backofen auf 190 °C vorheizen. Ein Backblech mit
Alufolie auslegen. Die Innenseiten der Paprikaviertel
mit Salz bestreuen, die Außenseiten mit Öl einstreichen.
Auf das vorbereitete Backblech legen und im Ofen etwa
15 Minuten backen. Aus dem Ofen nehmen und abkühlen
lassen. Die Paprika häuten, das Fleisch in schmale Streifen
schneiden. In eine Schüssel geben, Schnittlauch und
Basilikum zufügen und alles mit Öl beträufeln. Mit Salz
und zerbröselter Chili würzen.

GEBACKENE PAPRIKA MIT BASILIKUM UND SCHNITTLAUCH

GEFÜLLTE PAPRIKA, FRITTIERT

PEPERONI RIPIENI FRITTI

Vorbereiten: *30 Min.*
Garzeit: *20 Min.*
Für 4 Personen

— 4 rote oder gelbe Paprika,
  halbiert und entkernt
— 350 g Rinderhack
— 1 Zwiebel, fein gehackt
— 1 Knoblauchzehe, fein
  gehackt
— 1 Chili, entkernt und
  fein gehackt
— 3 EL Sojasauce
— 25 g Mehl
— 2 Eier
— Pflanzenöl, zum Frittieren
— Salz

In einem Topf Wasser mit etwas Salz zum Kochen bringen.
Die Paprika darin 5 Minuten blanchieren, dann abgießen
und abkühlen lassen. Inzwischen das Hackfleisch in einer
Schüssel mit Zwiebel, Knoblauch, Chili und Sojasauce
verkneten. Mit Salz würzen und die Paprikahälften mit der
Masse füllen. Das Mehl in einen tiefen Teller geben. Die Eier
mit 1 Prise Salz verquirlen und in einen anderen tiefen Teller
geben. Die Paprika in Mehl wenden, dann in dem verquirlten
Ei. Das Öl in einer Fritteuse auf 180–190 °C erhitzen, bis ein
Brotwürfel vom Vortag darin in 30 Sekunden goldbraun
wird. Die Paprika portionsweise in das heiße Fett setzen
und goldbraun frittieren, zwischendurch einmal wenden.
Mit einem Schaumlöffel herausnehmen, auf Küchenpapier
abtropfen lassen, dann auf eine Platte legen und warm
halten, während die restlichen Paprika frittiert werden.

PAPRIKA, MIT KNOBLAUCH GEBRATEN

PEPERONI VERDI IN TEGAME

Vorbereiten: *15 Min.*
Garzeit: *30 Min.*
Für 4 Personen

— 500 g grüne Spitzpaprika
— 3 EL Olivenöl
— 1 Knoblauchzehe, geschält
— Salz

Stielansätze, Kerne und faserige Innenhäute der Paprika
entfernen, ansonsten die Schoten ganz lassen. Wasser
in einem Topf zum Kochen bringen. Die Paprika darin
etwa 5 Minuten kochen, dann kopfüber auf Küchenpapier
abtropfen lassen. Das Öl in einem Topf erhitzen. Den
Knoblauch darin bei schwacher Hitze unter häufigem
Rühren einige Minuten anbräunen, dann herausnehmen.
Die Paprika in die Pfanne geben, mit etwas Salz bestreuen
und bei mittlerer Hitze abgedeckt 30 Minuten garen.
Sie dürfen nicht zu trocken werden oder am Topfboden
festkleben, am Ende der Garzeit sollte jedoch nur noch
wenig Flüssigkeit im Topf sein. In einer vorgewärmten
Schüssel anrichten und sofort servieren.

PAPRIKA-AUBERGINEN-GEMÜSE MIT OLIVEN, SARDELLEN UND KAPERN

MISTO DI PEPERONI, MELANZANE, OLIVE, ACCIUGHE E CAPPERI

Vorbereiten: *1 Std.*
plus *15 Min.* Abkühlen
Garzeit: *40 Min.*
Für 4 Personen

— 4 Paprika
— 100 ml Olivenöl, und etwas Olivenöl zum Einstreichen
— 2 Auberginen, gewürfelt
— 1 Knoblauchzehe, geschält
— 2 EL frische Semmelbrösel
— 50 g schwarze Oliven, entsteint
— 1 EL Kapern, abgespült und abgetropft
— 1 Tomate, gehäutet und entkernt
— Blätter von 1 Zweig Oregano, fein gehackt
— 1 Petersilienstängel
— 2 Sardellenfilets (aus dem Glas), abgetropft und fein gehackt
— Salz

Den Backofen auf 180 °C vorheizen. Die Paprika auf ein Backblech legen und 20 Minuten backen, zwischendurch einmal wenden. Mit einer Küchenzange aus dem Ofen nehmen, in einen Gefrierbeutel stecken und verschließen. Wenn die Paprika abgekühlt sind, die Häute abziehen. Stielansätze, Kerne und faserige Innenhäute entfernen, ansonsten die Schoten ganz lassen.

In einer großen Pfanne 4 Esslöffel Öl erhitzen und die Auberginen darin bei mittlerer bis schwacher Hitze unter häufigem Rühren 5–8 Minuten hellbraun anbraten. Mit einem Schaumlöffel herausnehmen, auf Küchenpapier abtropfen lassen und beseitestellen.

Den Backofen auf 160 °C heizen. Eine Auflaufform mit Öl einstreichen. Das restliche Öl in einer anderen Pfanne erhitzen, die Knoblauchzehe zufügen und hellbraun braten, dann herausnehmen. Die Semmelbrösel in das aromatisierte Öl streuen. Oliven, Kapern, Tomate, Oregano und Petersilie zufügen. Mit etwas Salz würzen und bei schwacher Hitze unter gelegentlichem Rühren etwa 10 Minuten köcheln. Sardellen und Auberginen zugeben und unterrühren. Die Pfanne von Herd nehmen. Die Paprika vorsichtig mit der Masse füllen, aufrecht in die vorbereitete Form stellen und im Ofen 40 Minuten garen. Sofort servieren.

PAPRIKA-AUFLAUF IN SCHICHTEN

PEPERONI IN TORTIERA

Vorbereiten: *1 Std. 15 Min.*
plus *15 Min.* Abkühlen
Garzeit: *20 Min.*
Für 6–8 Personen

— 2 kg gemischte rote und
   gelbe Paprika
— Olivenöl, zum Einstreichen
   und etwas Olivenöl zum
   Beträufeln
— 6 EL frische Semmelbrösel
— 1 EL fein gehackte Petersilie
— 1 EL fein gehackte Kapern
— 1 Knoblauchzehe
   (nach Belieben)
— Salz und Pfeffer

Den Backofen auf 180 °C vorheizen. Die Paprika in Folie wickeln und im Ofen 1 Stunde garen. Herausnehmen, in der Folie abkühlen lassen, dann auspacken und häuten. Halbieren, die Stielansätze, Kerne und faserigen Innenhäute entfernen und das Fleisch in schmale Streifen schneiden. Den Backofen auf 190 °C heizen. Eine Auflaufform mit Öl einstreichen. Semmelbrösel, Petersilie, Kapern und Öl in einer Schüssel mischen, mit Salz und Pfeffer würzen und alles mit etwas Wasser zu einer weichen Masse verrühren. Abwechselnd Paprika und Bröselmasse in die vorbereitete Form füllen. Die Knoblauchzehe (falls verwendet) in die Mitte der letzten Schicht stecken. Mit Öl beträufeln und etwa 20 Minuten backen. Aus dem Ofen nehmen und abkühlen lassen. Dieses vegetarische Gericht schmeckt köstlich zu gegrilltem Fleisch.

PAPRIKAPFANNE MIT SEMMELBRÖSELN UND KAPERN

FOTO AUF SEITE 227

PEPERONI AMMOLLICATI

Vorbereiten: *30 Min.*
Garzeit: *30 Min.*
Für 4 Personen

— 3 EL Olivenöl
— 6 gemischte grüne und
   gelbe Paprika, entkernt und
   grob gewürfelt
— 2 EL grobe, frische
   Semmelbrösel
— 65 g frisch geriebener
   Pecorino-Käse
— 2 EL Kapern in Öl, abgetropft
— 1 TL fein gehackter Oregano
— Salz

Das Öl in einem Topf erhitzen. Die Paprika darin bei mittlerer bis schwacher Hitze unter gelegentlichem Rühren 15 Minuten dünsten, aber nicht zu weich werden lassen. Mit etwas Salz würzen und umrühren. Semmelbrösel, geriebenen Käse, Kapern und Oregano darüberstreuen. Weitere 10 Minuten köcheln, dabei gelegentlich umrühren und bei Bedarf mit etwas heißem Wasser bestreuen. Vom Herd nehmen, in eine vorgewärmte Schüssel umfüllen und sofort servieren.

FENCHEL-RISOTTO MIT ROSA PFEFFER

FENCHEL-RISOTTO MIT ROSA PFEFFER

FOTO AUF SEITE 228

RISOTTO AI FINOCCHI E PEPE ROSA

Vorbereiten: *15 Min.*
Garzeit: *35 Min.*
Für 4 Personen

— 1 l Gemüsebrühe
— 50 g Butter
— 2 EL Olivenöl
— 1 Zwiebel, fein gehackt
— 400 g Gemüsefenchel, in
  dünne Scheiben geschnitten
— 1 Prise frisch geriebene
  Muskatnuss
— 300 g Risotto-Reis
— 40 g geriebener
  Gruyère-Käse
— ½ TL rosa Pfefferkörner,
  leicht zerdrückt
— Salz

Die Brühe in einem Topf zum Kochen bringen. Inzwischen die Hälfte der Butter mit dem Öl in einem großen Topf schmelzen. Die Zwiebel darin bei schwacher Hitze unter gelegentlichem Rühren 5 Minuten weich und glasig dünsten. Fenchel und Muskatnuss zufügen, umrühren und mit 1 Prise Salz würzen. Unter Rühren 10 Minuten dünsten, bis der Fenchel gar ist. Den Reis einrühren und 1–2 Minuten erhitzen, bis alle Körner von Öl überzogen sind. 1 Kelle heiße Brühe zufügen und unter ständigem Rühren kochen, bis der Reis sie aufgenommen hat. Weiter heiße Brühe kellenweise zugeben und unter ständigem Rühren vom Reis aufsaugen lassen. Nach etwa 20 Minuten ist die Brühe verbraucht und der Reis gar. Den Topf vom Herd nehmen, den geriebenen Käse und die restliche Butter einrühren. In eine vorgewärmte Servierschüssel umfüllen, mit dem rosa Pfeffer bestreuen und sofort servieren.

GEFÜLLTER FENCHEL

FINOCCHI RIPIENI

Vorbereiten: *20 Min.*
Für 4 Personen

— 200 g milder Gorgonzola-Käse,
  zerbröselt
— 100 g Crescenza- oder
  Taleggio-Käse
— 4 Fenchelknollen
— 25 g blanchierte Mandeln,
  fein gehackt
— frisch gemahlener weißer
  Pfeffer

Beide Käsesorten in einer Schüssel cremig verrühren. Von den Fenchelknollen die harten, äußeren Blätter entfernen und die Strünke herausschneiden. Die Knollen von oben nach unten halbieren und die gewölbten Blätter trennen. In jedes Blatt etwas von der Käsemischung füllen. Die Fenchelblätter auf einer Servierplatte anrichten, mit Mandeln und weißem Pfeffer bestreuen. Bis zum Servieren kühl stellen, aber nicht in den Kühlschrank, da sonst das Aroma des Käses leidet.

BUCATINI MIT WILDEM FENCHEL

BUCATINI AL FINOCCHIETTO SELVATICO

Vorbereiten: *15 Min.*
Garzeit: *20 Min.*
Für 4 Personen

— 50 g Rosinen
— 100 g wilder Fenchel,
  küchenfertig geputzt
— 2 EL Olivenöl
— 1 Zwiebel, in sehr dünne
  Ringe geschnitten
— 25 g Pinienkerne
— einige Safranfäden
— 350 g Bucatini (hohle
  Langnudeln, auch Makkaroni)
— Salz

Die Rosinen in einer Schüssel mit warmem Wasser übergießen und einweichen lassen. Den Fenchel in kochendem Wasser 3–4 Sekunden blanchieren, dann abgießen und hacken. Das Öl in einem Topf erhitzen und die Zwiebel darin bei schwacher Hitze unter gelegentlichem Rühren 5 Minuten glasig dünsten. Den Fenchel zugeben und unter Rühren 10 Minuten mitdünsten. Die Rosinen abgießen und ausdrücken, dann mit den Pinienkernen und dem Safran in den Topf geben. Die Bucatini in kochendem Salzwasser al dente garen. Abgießen, in eine vorgewärmte Schüssel füllen, mit der Sauce übergießen und sofort servieren.

GESCHMORTER FENCHEL MIT PORREE

FINOCCHI E PORRI STUFATI

Vorbereiten: *20 Min.*
Garzeit: *50 Min.*
Für 6 Personen

— 6 Fenchelknollen
— 65 g Butter
— 1 EL Olivenöl
— 3 dünne Porreestangen,
  in Scheiben geschnitten
— Salz und Pfeffer

Vom Fenchel die harten, äußeren Blätter und die Strünke entfernen. Die Knollen in dünne Scheiben schneiden. Die Butter mit dem Öl in einem Topf schmelzen und den Porree darin bei schwacher Hitze unter gelegentlichem Rühren 5 Minuten weich dünsten. Den Fenchel zufügen und unter ständigem Rühren 2 Minuten mitdünsten. 100 ml heißes Wasser zufügen und abgedeckt bei schwacher Hitze 45 Minuten köcheln. Zwischendurch umrühren. Falls nötig, etwas heißes Wasser zugeben. Mit Salz und Pfeffer würzen, dann vom Herd nehmen. Das Gemüse mit dem Kochsud in einer vorgewärmten Schüssel anrichten. Heiß servieren – am besten zu gebackenen Seezungenfilets.

FENCHEL MIT MOZZARELLA

FINOCCHI ALLA MOZZARELLA

Vorbereiten: *10 Min.*
Garzeit: *20 Min.*
Für 4 Personen

— 1 kg Fenchelknollen,
  küchenfertig geputzt
— 25 g Butter
— 200 g Mozzarella, in Scheiben
  geschnitten
— 1 Petersilienstängel, gehackt
— 4 Eier
— 200 g Crème double
— 40 g geriebener Parmesan
— Salz und Pfeffer

Den Fenchel in kochendem Salzwasser 30 Minuten garen. Abgießen, trocken tupfen und etwas abkühlen lassen. Noch warm in dünne Spalten schneiden. Den Backofen auf 160 °C vorheizen. Die Butter in einer Auflaufform schmelzen und den Fenchel darin unter ständigem Rühren hellbraun anbraten. Vom Herd nehmen, mit Mozzarella belegen und mit Petersilie bestreuen. Eier, Crème double und Parmesan in einer Schüssel verrühren, mit Salz und Pfeffer würzen und über den Fenchel gießen. Backen, bis die Eiermasse fest ist. Sofort servieren.

FENCHEL MIT PIKANTER SAUCE

FINOCCHI SALSATI

Vorbereiten: *25 Min.*
Garzeit: *35 Min.*
Für 4 Personen

— 4 Fenchelknollen
— 500 ml Gemüsebrühe
— 4 EL Mayonnaise
— 1 TL Tomatenketchup
— 3 Tropfen Tabasco
— 4 EL Orangensaft, durch
  ein Sieb gestrichen
— 2 EL Zitronensaft, durch
  ein Sieb gestrichen

Die harten, äußeren Blätter der Fenchelknollen entfernen. Die Knollen halbieren und in einen großen Topf legen. Die Brühe zugießen und bei starker Hitze zum Kochen bringen. Die Hitze reduzieren und 30 Minuten köcheln. Den Fenchel auf ein feines Sieb gießen und die Flüssigkeit, den er beim Kochen aufgenommen hat, abtropfen lassen. Mayonnaise, Ketchup und Tabasco in einer Schüssel verrühren. Langsam Orangen- und Zitronensaft zugießen und einrühren. Den Fenchel auf einer Platte anrichten, mit dem Zitrusdressing übergießen und sofort servieren.

FENCHEL MIT ROSA GRAPEFRUIT

FOTO AUF SEITE 233

FINOCCHI E POMPELMI ROSA

Vorbereiten: *15 Min.*
Für 4 Personen

— 4 zarte Fenchelknollen
— 2 rosa Grapefruits
— 200 g Staudensellerie,
   blanchiert und in feine
   Streifen geschnitten
— 5 EL Olivenöl
— Saft von ½ Zitrone, durch ein
   Sieb gestrichen
— Blätter von 1 Zweig Minze,
   fein gehackt
— Salz und Pfeffer

Von den Fenchelknollen die harten, äußeren Blätter entfernen und die Strünke herausschneiden. Die Knollen in dünne Scheiben schneiden. Die Grapefruits schälen, dabei die weiße Haut vollständig entfernen. Die Filets zwischen den Trennhäuten herauslösen und in eine große Salatschüssel geben. Sellerie und Fenchel zufügen. Das Öl in einer Schüssel mit dem Zitronensaft und der Minze verrühren und mit Salz und Pfeffer würzen. Das Dressing über den Salat gießen, mischen und servieren.

FENCHELSALAT MIT ARTISCHOCKEN

INSALATA DI FINOCCHI E CARCIOFI

Vorbereiten: *30 Min.*
Für 4 Personen

— 120 ml Olivenöl
— Saft von 1 Orange, durch
   ein Sieb gestrichen
— 3 Fenchelknollen
— Saft von 1 Zitrone, durch
   ein Sieb gestrichen
— 2 Artischocken
— 1 EL sehr kleine Kapern,
   abgespült und abgetropft
— Salz und Pfeffer

Öl und Orangensaft in einer Schüssel verrühren und mit Salz und Pfeffer würzen. Von den Fenchelknollen die harten, äußeren Blätter entfernen und die Strünke herausschneiden. Die Knollen in sehr dünne Scheiben hobeln oder schneiden. Eine Schüssel zur Hälfte mit Wasser füllen und den Zitronensaft einrühren. Stiele, harte Blätter und das „Heu" der Artischocken entfernen. Die Artischocken in kleine Stücke schneiden und sofort in das Zitronenwasser einlegen, damit sie sich nicht verfärben. Die Artischocken gut abtropfen lassen und in eine Salatschüssel geben. Den Fenchel und die Kapern zufügen. Mit dem Orangendressing beträufeln.

FENCHEL MIT ROSA GRAPEFRUIT

FENCHELPÄCKCHEN MIT KARTOFFELN

FINOCCHI E PATATE AL CARTOCCIO

Vorbereiten: *35 Min.*
Garzeit: *20 Min.*
Für 4 Personen

— 2 Fenchelknollen
— 2 Kartoffeln, in sehr dünne
   Scheiben geschnitten
— 100 g schwarze Oliven,
   entsteint
— Olivenöl, zum Beträufeln
— Salz

Den Backofen auf 180 °C vorheizen. Eine Auflaufform mit Alufolie auslegen und am Rand überstehen lassen. Von den Fenchelknollen die harten, äußeren Blätter entfernen und die Strünke herausschneiden. Die Knollen in sehr dünne Scheiben hobeln oder schneiden. Wasser in einem Topf zum Kochen bringen. Die Kartoffeln darin 3 Minuten vorkochen, dann abgießen. Den Fenchel auf dem Boden der vorbereiteten Form verteilen, mit der Hälfte der Kartoffelscheiben bedecken und mit den Oliven bestreuen. Die restlichen Kartoffelscheiben daraufgeben, mit Öl beträufeln und mit 1 Prise Salz würzen. Die Alufolie locker über das Gemüse falten, aber genug Platz lassen, damit die Luft zirkulieren kann. Etwa 20 Minuten backen, dann die Form aus dem Ofen nehmen und die Folie vorsichtig öffnen (Achtung: der entweichende Dampf ist heiß!). Etwa 5 Minuten abkühlen lassen, dann servieren.

FENCHELPASTETE

TORTINO DI FINOCCHI

Vorbereiten: *45 Min.*
Garzeit: *30 Min.*
Für 6 Personen

— 7 kleine Fenchelknollen,
   küchenfertig geputzt
— 3 Eier
— 50 g Butter, und etwas Butter
   zum Einfetten
— 5 Scheiben Weizen-Vollkornbrot, ohne Rinde
— 6 EL Milch
— 200 g Taleggio-Käse, in
   Scheiben geschnitten
— 50 g geriebener Parmesan
— Salz

Den Fenchel in kochendem Salzwasser 30 Minuten garen. Inzwischen die Eier hart kochen, unter kaltem Wasser abschrecken, schälen und in dicke Scheiben schneiden. Den Fenchel abgießen, mit Küchenpapier trocken tupfen und quer in Scheiben schneiden. Den Backofen auf 180 °C vorheizen. Eine hohe Auflaufform mit Butter einfetten. Die Brotscheiben mit Milch beträufeln und eine Schicht davon auf den Boden der vorbereiteten Form legen. Darauf eine Schicht Fenchel geben, dann hart gekochte Eier und Käsescheiben. Weitere Schichten einfüllen, bis alle Zutaten verbraucht sind. Mit dem Parmesan bestreuen. Im Ofen goldbraun backen, herausnehmen und warm servieren.

GERÖSTETE MAISKOLBEN

PANNOCCHIE ARROSTO

Vorbereiten: *15 Min.*
Garzeit: *20 Min.*
Für 4 Personen

— 4 Maiskolben, ohne
   Hüllblätter und Fäden
— 40 g Butter, zerlassen
— Salz

Den Backofen auf 200 °C vorheizen oder den Holzkohlegrill anzünden. Die Maiskolben direkt auf ein Gitter oder den Grillrost legen und etwa 20 Minuten garen, bis die Kolben gleichmäßig gebräunt sind. Dabei häufig wenden. Aus dem Ofen oder vom Grill nehmen, mit zerlassener Butter bestreichen und mit Salz bestreuen. Sofort servieren.

RADICCHIOSALAT MIT MAIS

INSALATA DI MAIS E RADICCHIO

Vorbereiten: *15 Min.*
Für 4 Personen

— 200 g frische Maiskörner
— 100 g junger Blattspinat,
   gehackt
— 3 Köpfe Radicchio, gehackt
— 100 g geräucherter Schinken,
   gewürfelt
— Saft von 1 Zitrone, durch
   ein Sieb gestrichen
— 100 ml Olivenöl
— Salz

Die Maiskörner in einem Topf mit kochendem Salzwasser 5–10 Minuten garen und gut abtropfen lassen. Spinat und Radicchio in einer Salatschüssel mit dem Schinken und den Maiskörnern mischen. In einer kleinen Schüssel 1 Prise Salz im Zitronensaft auflösen, dann das Olivenöl unterrühren. Dressing über den Salat gießen und mischen.

MAISSALAT MIT GARNELEN

MAISSALAT MIT GARNELEN

FOTO AUF SEITE 236

INSALATA DI GAMBERETTI E MAIS

Vorbereiten: *15 Min.*
Garzeit: *10–15 Min.*
Für 4 Personen

— 300 g frische Maiskörner
— 300 g rohe Garnelen, geschält,
   Darmfaden entfernt
— Olivenöl
— Saft von 1 Zitrone,
   durch ein Sieb gestrichen
   (nach Belieben)
— Salz

Die Maiskörner unter Zugabe von 1 Teelöffel Salz in einem Topf mit kochendem Wasser 5–10 Minuten garen. Gut abtropfen lassen und in eine Salatschüssel geben. Die Garnelen in einem zweiten Topf mit kochendem Salzwasser 5–6 Minuten garen, gut abtropfen lassen und zum Mais geben. Mischen, mit Öl und Zitronensaft (falls verwendet) beträufeln und mit Salz würzen. Auf Zimmertemperatur abkühlen lassen und servieren.

MAIS-BOHNEN-SALAT

INSALATA DI MAIS E FAGIOLI

Vorbereiten: *10 Min.*
plus *1 Std.* Kühlen
Für 4 Personen

— 400 g frische Maiskörner
— 1 gelbe Paprika, entkernt
   und in schmale Streifen
   geschnitten
— 1 grüne Paprika, entkernt
   und in schmale Streifen
   geschnitten
— 1 scharfe Chili, entkernt
   und in schmale Streifen
   geschnitten
— 2 Zwiebeln, in dünne
   Ringe geschnitten
— 100 g weiße Bohnen
   (aus der Dose), abgetropft
— 1 EL gehackte Petersilie

Für das Dressing:
— 3 EL Rotweinessig
— 4 EL Olivenöl
— Salz und Pfeffer

Die Maiskörner unter Zugabe von 1 Teelöffel Salz in einem Topf mit kochendem Wasser 5–10 Minuten garen und gut abtropfen lassen. Für das Dressing Essig und Öl in einer kleinen Schüssel verrühren und mit Salz und Pfeffer würzen. Paprika, Chili und Zwiebeln in eine Salatschüssel geben, mit dem Dressing beträufeln und etwa 1 Stunde in den Kühlschrank stellen. Mais, Bohnen und Petersilie zufügen, mischen und servieren.

FRITTIERTE MAISBÄLLCHEN

POLPETTINE DI MAIS

Vorbereiten: *40 Min.*
Garzeit: *10 Min.*
Für 6 Personen

— 4 Maiskolben, ohne
    Hüllblätter und Fäden
— 2 Eier, verquirlt
— 1 Selleriestange, gehackt
— 1 Zwiebel, gehackt
— 1 Knoblauchzehe, gehackt
— 2 EL Mehl
— ¾ TL gemahlener Koriander
— 120 ml Olivenöl
— Salz

Wasser in einem großen Topf zum Kochen bringen und die Maiskolben darin etwa 15 Minuten kochen, bis die Körner gar sind. Abgießen und Kolben etwas abkühlen lassen. Die Körner ablösen und in eine Schüssel geben. Eier, Sellerie, Zwiebel und Knoblauch untermischen, dann Mehl, Koriander und 1 Prise Salz unterrühren. Kleine Portionen von der Masse abnehmen und zu Kugeln formen. Das Öl in einer Pfanne erhitzen und die Bällchen darin portionsweise von jeder Seite 1–2 Minuten goldbraun frittieren. Mit einem Schaumlöffel herausnehmen, auf Küchenpapier abtropfen lassen und mit Salz würzen. Sofort servieren.

PASTA MIT MAIS, PANCETTA UND JUNGEM SPINAT

FOTO AUF SEITE 239

RUOTE AL MAIS, PANCETTA E SPINACI NOVELLI

Vorbereiten: *10 Min.*
Garzeit: *15 Min.*
Für 4 Personen

— 250 g frische Maiskörner
— 300 g Ruote (Pasta in
    Form von Rädern)
— 2 EL Olivenöl, und etwas
    Olivenöl zum Beträufeln
— 150 g junger Blattspinat
— 3 dünne Scheiben Pancetta
    oder durchwachsener Speck,
    gewürfelt
— Salz und Pfeffer

Die Maiskörner unter Zugabe von 1 Teelöffel Salz in einem Topf mit kochendem Wasser 5–10 Minuten garen und gut abtropfen lassen. Wasser mit etwas Salz in einem großen Topf zum Kochen bringen. Die Nudeln zugeben, wieder zum Kochen bringen und 8–10 Minuten al dente garen. Abgießen und unter kaltem Wasser abschrecken. In eine Salatschüssel geben, mit etwas Öl beträufeln, dann Mais und Spinat untermischen. An einen kühlen Platz stellen. Das Öl in einer kleinen Pfanne erhitzen und darin den Speck auf starker Hitze unter häufigem Rühren anbraten. Die Pfanne vom Herd nehmen. Die Speckwürfel zum Salat geben, untermischen und sofort servieren.

239 PASTA MIT MAIS, PANCETTA UND JUNGEM SPINAT

KOPFSALAT

STAUDENSELLERIE

ESSKASTANIEN

PILZE

TRÜFFELN

KÜRBIS

ROTE BETEN

KAROTTEN

KARTOFFELN

SCHWARZWURZELN

RÜBEN

HERBST

Die herzhaften Gemüsesorten, die der Herbst bietet, sind vielleicht weniger üppig als die Frühlings- und Sommerernte, aber ebenso wertvoll als Zutaten in der Gemüseküche. Wenn das Laub sich verfärbt und die Temperaturen langsam fallen, wird in Italiens Küchen weiterhin mit dem frischesten Angebot der Saison gekocht, denn gerade im Herbst reifen einige der beliebtesten Gemüsesorten.

Im September haben die meisten Wurzelgemüse Saison, denen erst die kälteren Temperaturen ihr angenehmes Aroma verleihen. Den Garten dominieren jetzt Karotten, Kartoffeln, Rote Beten und Steckrüben. Manches Wurzelgemüse lässt sich roh verwenden, wie Rote Bete mit Orange (siehe Seite 317) oder Karotten mit Äpfeln und Sultaninen (siehe Seite 325). Stärkehaltige süße und herzhafte Gemüsesorten wie Kartoffel oder Steckrübe hingegen werden meist gegart zu gebratenem Fleisch gereicht oder im Ofen gebacken. Als Hauptgericht mit Salat oder als Beilage zu Fleisch serviert man Kartoffelgratin mit Speck und Thymian (siehe Seite 335), Gebackene Steckrüben mit Porree und Kürbis (siehe Seite 348) oder Ofenkarotten mit Taleggio-Kruste (siehe Seite 320).

Im Herbst haben auch Pilze Hochsaison. Als Spitzensorten unter den Speisepilzen brillieren Portobello-Champignon und Steinpilz. Rezepte wie Pilz-Pilaw-Timbalen (siehe Seite 296), Pilzflan (siehe Seite 292) oder Champignons Florentiner Art (siehe Seite 299) lassen sich problemlos mit anderen Pilzsorten als in der Zutatenliste angegeben zubereiten.

Der Herbst bietet noch weitere ungewöhnliche und schmackhafte Ernteprodukte. Die Schwarzwurzel, *scorzonera*, zählt besonders in Italien zu den beliebten Wurzelgemüsen. Man serviert sie als Frikassée (siehe Seite 344) oder mit Sardellen (siehe Seite 342).

Esskastanien, auch Maroni genannt, sind im Grunde kein Gemüse, haben aber in diesem Kapitel ihren Platz erhalten, da sie im Herbst in so gut wie keiner italienischen Küche fehlen. Essbare Kastanien werden noch heute in den alten Dörfern des Alpenhochlands kultiviert und tauchen in zahlreichen Rezepten der traditionellen *cucina povera*, der „Armeleuteküche", auf, die das Beste aus dem limitierten Angebot an Zutaten in den unterschiedlichen Regionen Italiens herausholte. Den nussigen Geschmack und den festen Biss der Esskastanie unterstreicht der Rosenkohl als idealer Begleiter. Überraschend ist, dass auch Salat auf der herbstlichen Tafel einen zentralen Platz einnimmt. Wie Wurzelgemüse gedeiht er in kühlerem Klima sehr gut.

Auch ein anderes Gemüse hat Erntezeit: der Kürbis. Alle Arten von Winterkürbissen bedecken mit schnell wachsenden Ranken große Flächen. In der italienischen Küche ist der Kürbis besonders beliebt. Er wird in köstlichen herzhaften Gerichten wie Kürbis-Gnocchi mit Orangenbutter (siehe Seite 308) oder Kürbis mit wildem Fenchel (siehe Seite 312) verwendet.

Am besten schmeckt Wurzelgemüse, wenn man es erst nach der ersten kühlen Periode erntet. Da es sich im Garten selbst in kalten winterlichen Gebieten noch monatelang hält, kann man es den ganzen Herbst und Winter über nach Bedarf ernten. Falls sich aber Mäuse und anderes Ungeziefer gütlich tun an der unterirdischen Nahrungsquelle, sollte man sämtliche Wurzeln ernten und in einem kühlen, dunklen Keller oder Schuppen lagern. Leichter lassen sich die Wurzeln aus dem Boden ziehen, wenn man sie kurz nach dem Regen erntet.

KOPFSALAT
LATTUGA

Verwendet werden in der italienischen Küche zumeist Kopfsalate mit lockeren Blättern, hellem Herz und mildem Geschmack sowie der herzhaftere Romana-Salat mit länglichem, knackigem Blatt und fester Mittelrippe. Romana, der klassische Salat für Caesar Salad (siehe Seite 275), gilt als Lieblingssorte der Italiener.

Kopfsalat ist die Basis zahlreicher Salatrezepte. Gern werden dabei die Blätter verschiedener Salatsorten kombiniert. Sogar gegart wird grüner Salat verwendet, zum Beispiel in Gratins, und Omeletts oder in der Salat-Minze-Suppe (siehe Seite 270).

Die Blätter sollten unbeschädigt, fest und knackig sein – ohne Schneckenschleim oder Insektenfraß. Im Gemüsefach des Kühlschranks hält sich Salat einige Tage lang. Vor der Zubereitung werden schadhafte Blätter entfernt, die restlichen Blätter in kaltem Wasser gewaschen und mit der Salatschleuder oder einem Küchentuch getrocknet.

SÄEN UND ERNTEN Samen im Frühjahr oder Herbst für die Winterernte in gut drainierten, mit Kompost angereicherten Hochbeeten aussäen, mit 2,5 cm Abstand und mit etwa 45 cm Reihenabstand. Sobald 4 Blätter ausgeformt sind, werden Pflücksalate auf 10 cm vereinzelt, breitere Sorten auf 25 cm. Die ausgedünnten Salatpflanzen verwendet man am besten in Salatgerichten. Bei Pflücksalaten und Romana-Salat erntet man stets nur die benötigte Anzahl an Blättern oder schneidet die ganzen Köpfe über dem Boden ab. Runde Sorten sind dann erntereif, wenn sich die Mitte fest anfühlt.

REZEPTE MIT KOPFSALAT AUF DEN SEITEN 270–277

STAUDENSELLERIE
SEDANO

Italienische Köche bevorzugen gebleichten Staudensellerie für Suppen und Saucen, ungebleichte, grüne Stangen für Salate und zum Schmoren. Aromatisch passt Sellerie hervorragend zu Käse und Nüssen und dient als Zutat für Salate, Suppen, Gratins und Risottos. Man kann ihn mit Käse gefüllt als Canapé-Schiffchen servieren oder aushöhlen, panieren oder frittieren. In Brühe gegart und mit Parmesan bestreut, schmeckt Sellerie köstlich zu Geflügel, Schweinefleisch und Fisch.

Die Selleriestangen sollten gerade und knackig sein und frische Blätter haben. Ware mit fehlenden, beschädigten oder welken Stangen ist nicht zu empfehlen. Ungewaschener Sellerie hat meist den besseren Geschmack und hält im Gemüsefach des Kühlschranks mehrere Tage. Vor der Zubereitung die Rosette abschneiden und die einzelnen Stangen gründlich waschen. Harte Schalenfäden von unten nach oben abziehen. Je nach Rezept in Scheiben oder Würfel schneiden.

PFLANZEN UND ERNTEN Im Frühjahr gepflanzt, brauchen die Stauden den ganzen Sommer über, um essbare Stangen zu produzieren. Gekaufte Setzlinge mit jeweils 30 cm Abstand in Reihen mit rund 45 cm Abstand in gut drainierte, mit Kompost angereicherte Erde auspflanzen. Ein kühles, feuchtes Sommerklima ist dazu ideal. Einmal im Monat düngen und mit Stroh mulchen, um die Erde feucht und unkrautfrei zu halten. Achtung: Wassermangel lässt die Stangen aufplatzen. Mit 25 cm Länge sind die Stangen erntereif. Einen milderen Geschmack erzielt man durch Bleichen der Stangen während der letzten Wachstumswochen. Dazu einen Plastikzylinder über die Stangen stülpen oder diese in braunes Packpapier hüllen.

REZEPTE MIT SELLERIE AUF DEN SEITEN 278–281

ESSKASTANIEN
CASTAGNE

Diese attraktive, glänzende Nuss kommt in der italienischen Küche sehr vielseitig in herzhaften und süßen Gerichten zum Einsatz. Die Nüsse, auch Maroni genannt, dienen häufig als Füllungen und Beilagen und schmecken perfekt zu Fleisch, insbesondere Geflügel und Wildgeflügel, Kaninchen, Schwein und Wildschwein. Aus Kastanienmehl bereitet man traditionell Gnocchi, Brot sowie zahlreiche rustikale Desserts, zum Beispiel Kastanienpudding (siehe Seite 288), zu.

Die ganzen Nüsse sollten dunkelbraun, unbeschädigt und schimmelfrei sein. Nüsse in der Schale halten sich nicht länger als 1 Woche. Getrocknete, geschälte Kastanien müssen vor der Verwendung über Nacht eingeweicht werden. Um frische Nüsse zu schälen und zu häuten, ritzt man sie ein und röstet sie 5–8 Minuten im vorgeheizten Backofen bei 180 °C. Alternativ dazu kann man die Nüsse auch 5 Minuten in Wasser kochen, nach dem Abgießen mit einem Messerchen schälen und die feinen Häute mit einem Küchentuch abreiben. Die geschälten Nüsse können geschmort, gegrillt, in Butter oder Milch gekocht oder mit Gemüse – vor allem Rosenkohl – gegart werden.

SAMMELN Esskastanien- oder Edelkastanienbäume werden bis zu 12 m hoch, weswegen sie im Garten nicht verbreitet sind. Im Herbst kann man Esskastastanien in milden Klimaregionen wild sammeln. Die Blätter der Esskastanie sind lang, schmal und gezackt. Der Fruchtbecher der Esskastanie ist über und über mit kleinen Stacheln besetzt. Beim Sammeln sind deshalb Handschuhe zu empfehlen.

REZEPTE MIT ESSKASTANIEN AUF DEN SEITEN 282–288

PILZE

Im Herbst findet man in Wald und Wiesen aromatische Steinpilze und Maronen, zarte Pfifferlinge, große Parasolpilze, ganze Büschel von Hallimasch oder Champignons. Pilze sollte man jedoch nur dann sammeln, wenn man essbare Arten wirklich sicher bestimmen kann. Vielerorts setzen Köche hauptsächlich Zuchtpilze ein, die zwar nicht so intensiv wie wild wachsende Pilze schmecken, aber das kräftig-erdige Pilzaroma besitzen.

Pilze sind vielseitig in der Küche einsetzbar. Sie verleihen Salaten Substanz und Gerichten wie Tagliatelle mit Pilzen (siehe Seite 290) oder einem traditionellen Pilzrisotto (siehe Seite 295) ein unvergleichliches Aroma. Auch in Saucen, Gratins, Quiches, Omeletts, Pasteten und Flans schmecken Pilze wunderbar. Eine der einfachsten und köstlichsten Zubereitungen ist *trifolati* – Pilze, gegart in Öl, mit Petersilie und Zitronensaft.

Pilze sollten sich fest anfühlen, ohne Schleim oder Insektenfraß sein und erdig duften. Zuchtpilze werden nicht gewaschen, sondern lediglich mit Küchenpapier abgerieben. Von selbst gesammelten Waldpilzen die Verunreinigungen sanft abbürsten, dann die Pilze kurz mit Wasser abbrausen und trocken tupfen.

ZÜCHTEN Für die Eigenzucht von weißen Champignons, großen Portobello-Champignons und Austernpilzen gibt es spezielle Pilzzuchtsets in Kisten. Die Pilze schießen bereits in wenigen Wochen aus dem Boden und können 2–3 Mal geerntet werden. Für die Zucht im Freien füllt man ein schattiges Beet mit Stroh, Rindenmulch oder Hackschnitzeln, durchfeuchtet das organische Material gründlich und breitet darauf die Sporen aus. Abdecken, bis die Pilze aus dem Boden schießen, dann die Abdeckung entfernen und mit der Ernte beginnen.

REZEPTE MIT PILZEN AUF DEN SEITEN 289–300

TRÜFFELN

TARTUFI

Trüffeln sind weder Gemüse noch Gartenpflanzen, sondern unterirdisch wachsende Pilze. Wegen ihres unglaublichen Dufts und Geschmacks sind sie hoch geschätzt und werden entsprechend teuer gehandelt. Die wertvollsten Trüffelarten heißen einfach „weiße" und „schwarze" Trüffeln. Letztere sind milder und werden für gewöhnlich verkocht, während man weiße Trüffeln roh verzehrt. Beide Arten wachsen in Italien. Als beste Trüffel weltweit gilt die weiße Trüffel von Alba (*scorzone*), auch Sommertrüffel genannt.

Beide Trüffelarten passen wunderbar zu Eiern – die schwarze Trüffel in einer exklusiven Frittata, die weiße beim Gourmetfrühstück über Spiegeleier gehobelt. Schwarze Trüffeln harmonieren ebenso gut mit Fisch und Geflügel. Weiße Trüffeln, über alle Arten von Gerichten gehobelt, insbesondere über Risotto und Carpaccio, machen aus einer einfachen Mahlzeit ein Festmahl. Ihre einzigartigen Eigenschaften scheinen Trüffeln nie zu verlieren – egal, mit welchen Zutaten man sie kombiniert.

Frische Trüffeln sollten eine schöne, runde Form haben und voll ausgereift sein. Eingewickelt in mehrere Lagen feuchtes und trockenes Küchenpapier, halten sie im Kühlschrank bis zu 1 Woche. Trüffeln säubert man durch sanftes Abbürsten und anschließendes Abreiben mit einem feuchten Tuch.

SUCHEN UND SAMMELN Trüffeln ließen sich bislang weder erfolgreich säen noch pflanzen. Schwarze Trüffeln findet man in der Nähe von Eichen und Haselsträuchern, während weiße Trüffeln unter Pappeln, Weiden, Eichen und Linden wachsen. Professionelle Trüffelsucher arbeiten mit abgerichteten Hunden oder Schweinen, die nach warmem Regen die Pilze, die etwa 15 cm unter dem Boden wachsen, erschnüffeln.

REZEPTE MIT TRÜFFELN AUF DEN SEITEN 301–303

KÜRBIS

Die wohl bekannteste Winterkürbissorte, der Riesenkürbis, besitzt ein süßlich schmeckendes Fruchtfleisch mit dezenter Honignote und passt genauso gut zu süßen wie zu herzhaften Gerichten. Eine beliebte italienische Süßigkeit ist gebackener und mit Zucker bestreuter Kürbis. Kürbis schmeckt außerdem gut in Suppen und Gnocchi, als Zutat für Quiches, Flans oder Rouladen – und nicht zuletzt als Füllung für Pasta.

Ein Kürbis sollte fest und unbeschädigt sein. Manchmal sind Kürbisse so groß, dass sie stückweise verkauft werden. Das Fleisch der Stücke sollte stets fest und nicht zu faserig sein. Kürbisse lassen sich an einem kühlen, dunklen Ort lange lagern. Zum Zubereiten den Kürbis schälen, in Stücke schneiden und Kerne ausschaben. Das Fleisch, je nach Rezept, in Scheiben oder Würfel schneiden, 20–30 Minuten dämpfen oder kochen, in Butter braten oder im vorgeheizten Ofen bei 200 °C etwa 15 Minuten backen, dann weitere 5 Minuten bei 220 °C backen.

SÄEN UND ERNTEN Sämtliche Kürbisarten im Frühjahr nach dem letzten Frost in fruchtbare, mit Kompost angereicherte Erde aussäen. Pro Pflanzloch im Abstand von 60 cm jeweils 2 Kerne in Reihen mit einem Abstand von 1,5 m einlegen. Nach dem Keimen bis auf die kräftigsten Pflanzen vereinzeln. Kletterkürbisse breiten sich im Garten oder an Spalieren oftmals stark aus und sind in der Regel am ertragreichsten. Die Früchte sind erntereif, wenn sie im Herbst eine kräftige Farbe annehmen und die Schale auf Fingerdruck nicht nachgibt. Nach der Ernte sollten Kürbisse an einem feuchten Ort bei etwa 27 °C ausreifen (dadurch wird die Frucht angeregt, natürliche Stoffe gegen Krankheiten und Verletzungen zu entwickeln). Danach lagert man Kürbisse dunkel bei 10 °C. Sie halten dann 3–6 Monate.

REZEPTE MIT KÜRBIS AUF DEN SEITEN 304–314

ROTE BETEN

In Italien ist diese süßlich schmeckende Wurzelknolle mit ihren grünen Blättern, die anderswo oft unterschätzt wird, hoch in Kurs. Ein einfaches Rote-Bete-Gericht Norditaliens ist ein Salat aus der gewürfelten, gerösteten Rübe und Zwiebeln, beträufelt mit Olivenöl und gewürzt mit grobem Salz. Die jungen Blätter der Roten Bete isst man als Salat oder blanchiert und abgetropft mit etwas Olivenöl oder Butter.

Rote Beten gibt es bereits fertig gegart im Handel. Achten Sie beim Kauf des rohen Gemüses auf eine stoppelige und unbeschädigte Haut. Mindestens 5 cm Stielansatz sind ein Qualitätsmerkmal. An einem kühlen Ort bleiben die Rüben mehrere Wochen lang frisch. Vor der Zubereitung die Rüben kalt abspülen und die Blätter bis auf etwa 5 cm über dem Ansatz zurückschneiden. Die Rüben nicht schälen und gut 1,5 Stunden garen oder in Aluminiumfolie wickeln und im vorgeheizten Backofen bei 200 °C etwa 2 Stunden garen. Die Beten sind fertig, wenn die Haut schrumpelig wird und sich abreiben lässt oder wenn man mit dem Messer leicht in die Rübe einstechen kann.

SÄEN UND ERNTEN Vor dem letzten Frost im Frühling auf sandiger, mit Kompost angereicherter Lehmerde in Hochbeeten aussäen oder im Spätsommer für die Herbsternte säen. Die Samen alle 2,5 cm in Reihen mit etwa 30 cm Abstand auslegen. Saatbeet gut feucht halten und Keimlinge bei einer Größe von 7,5 cm auf 10 cm vereinzeln. Bei kleineren Abständen stehen die Pflanzen zu dicht, und nur wenige bilden Rüben aus. Rote Beten am besten mit einem Durchmesser von 5 cm ernten, da die Knollen der meisten Sorten verholzen, wenn sie größer werden. An einem dunklen, luftigen Ort lassen sich die Rüben bei etwa 4 °C bis zu 3 Monate lagern.

REZEPTE MIT ROTE BETE AUF DEN SEITEN 315–318

KAROTTEN
CAROTE

Die Farbpalette bei Karotten reicht von Weiß bis Purpur, am beliebtesten sind jedoch in Italien tradionell die orangefarbenen Sorten. Karotten sind in der Küche unglaublich vielseitig zu verwenden – roh oder gegart. Man kombiniert sie mit Käse, Sahne, Sellerie oder Kräutern, dünstet sie mit anderen Gemüse-sorten oder bereitet aus ihnen Suppen, Salate, Reibeplätzchen, Gemüseschnitzereien oder Kroketten zu.

Bevorzugen Sie gleichmäßig geformte Karotten mit glatter Haut ohne Flecken, wenn möglich mit Grün. Junge Karotten müssen lediglich kalt abgespült werden. Mittelgroße Exemplare sollten gewaschen und abgeschabt werden, große, etwas ältere Karotten schält man nach dem Waschen dünn ab. Roh verzehrt man die Rüben geraspelt oder in Juliennes geschnitten, mit Olivenöl und Zitronensaft beträufelt. Karotten schmecken wunderbar in Brühe oder Wein gedünstet, in leicht gesalzenem Wasser gekocht und in Butter gegart oder geröstet, was ihr charakteristisches, leicht süßes Aroma unterstreicht.

SÄEN UND ERNTEN Für die Sommerernte zeitig im Frühjahr aussäen, für die Herbsternte im Spätsommer. Die Samen auf Hochbeeten ausstreuen und dünn mit Pflanzerde bedecken. Nach dem Keimen auf 2,5–5 cm ausdünnen und 3 Wochen später noch einmal auf 7,5–10 cm vereinzeln. Achtung: Wenn die Pflänzchen zu dicht stehen, bilden sie nur kleine Rüben aus. Sobald die Wurzeln eine tieforange Farbe annehmen, kann mit der Ernte begonnen werden. Je kühler die Temperaturen, umso süßlicher wird das Aroma der Karotten.

REZEPTE MIT KAROTTEN AUF DEN SEITEN 319–326

KARTOFFELN

PATATE

Die Kartoffel gilt in den meisten europäischen Ländern als Grundnahrungsmittel. In der italienischen Küche aber findet man sie vorwiegend als eigenständiges Gericht. Man verarbeitet sie zu Gnocchi, Reibeplätzchen, Küchlein und Gratins, schmort sie oder verwendet sie als Zutat für Kuchen und kalte Salate.

Kartoffeln guter Qualität haben glatte, unverletzte Schalen ohne grüne Stellen oder Keime (Augen). Bei Frühkartoffeln sollte sich die Schale leicht abreiben lassen. Man verarbeitet sie möglichst zügig. Ausgereifte Speisekartoffeln hingegen lassen sich ohne Plastikverpackung oft monatelang lagern.

Neue Kartoffeln nur waschen, dann in leicht gesalzenem Wasser weich garen und in der Schale servieren. Kartoffeln aus der Haupternte unter fließendem Wasser sauber abbürsten, in der Schale kochen und, außer für Pommes frites, erst später schälen, um Vitamine und Mineralstoffe zu erhalten.

PFLANZEN UND ERNTEN Zertifizierte Pflanzkartoffeln (offiziell als schädlingsfrei klassifiziertes Saatgut) im Frühjahr in 10–15 cm tiefe Gräben legen, die einen Abstand von 30 cm haben. Sobald die Blätter erscheinen, die Gräben mit Erde auffüllen. Erde anhäufeln, wenn die Pflanzen etwa 20 cm hoch sind. Nach etwa 2 Wochen das Anhäufeln wiederholen und die Erde gut feucht halten. Nach 8–12 Wochen kann man bereits erste Kartoffeln ernten. Dazu sanft unter die Pflanze graben und einige eiergroße Kartoffeln pro Hügel entnehmen, dann die Erde wieder zusammenschieben. Ausgereifte Kartoffeln ernten, wenn das Laub gelb wird und einzieht. Die Kartoffeln in einem warmen, gut belüfteten Raum 2 Wochen trocknen lassen. Sie halten sich dann bei dunkler Lagerung bei 4 °C bis zu 2 Monate.

REZEPTE MIT KARTOFFELN AUF DEN SEITEN 327–341

SCHWARZWURZELN
SCORZONERA

In Mitteleuropa sind sie als Gemüse beliebt, anderswo aber kaum bekannt. Die Pflanze ähnelt dem Purpur-Bocksbart (Haferwurzel). Ihre unattraktiven schwärzlichen Wurzeln haben ein buttergelbes, köstlich-zartes Fleisch. Schwarzwurzeln schmecken ausgezeichnet in Suppen, in Butter gedünstet, fein geraspelt gebraten oder in Frikassee. Sie harmonieren wunderbar mit Meeresfrüchten und mit Fleisch.

Frische Wurzeln sind fest, glatt mit frischem, unversehrtem Grün. Kühl und dunkel gelagert, kann man sie mehrere Tage aufbewahren. Die Wurzel lässt sich schwer schälen: Man bürstet sie unter kaltem, fließendem Waser ab und schält sie erst nach dem Kochen mit einem Edelstahlmesser oder schneidet sie in Stücke und legt diese sofort in essig- oder zitronensaures Wasser ein, damit sie nicht verfärben. Dann kocht man die Wurzel 30 Minuten in saurem, leicht gesalzenem Wasser bissfest. Sie wird warm mit Sahne-, Zitronen- oder Sardellensauce serviert, kalt mit einer Knoblauch-Vinaigrette angerichtet oder weiterverarbeitet. Alternativ lassen sich stattdessen die Wurzeln des Purpur-Bocksbarts in den Schwarzwurzelrezepten einsetzen.

SÄEN UND ERNTEN Im Frühjahr die Samen mit 1 cm Abstand im Hochbeet in gut drainiertem, lockerem Sandboden auslegen. Die grasähnlichen Samen keimen langsam und sind leicht mit Unkraut zu verwechseln. Auf 7,5 cm Abstand vereinzeln. Die Pflanzen sind schädlings- und dürreresistent. Nach den ersten Frösten ernten, bevor der Boden durchfriert. Die zerbrechlichen Wurzeln vorsichtig ausgraben, Grün entfernen und Erde abbürsten. Schwarzwurzeln sind mehrjährig; wenn man sie im Herbst nicht erntet, schmeckt das junge Grün mit den gelben Blüten im Frühling ausgezeichnet im Salat oder wie Spargel gekocht.

REZEPTE MIT SCHWARZWURZELN AUF DEN SEITEN 342–344

RÜBEN
RAPE

Die tennisballgroße Speiserübe ist in Italien heute nicht mehr
ganz so beliebt wie in früheren Jahrhunderten, doch ihr Kraut
ist nach wie vor ein sehr gern gegessenes Gemüse. Die Rüben
verwendet man für Suppen, röstet sie oder füllt sie. Das Kraut
der Rübe dient als Suppeneinlage und Salatzutat und wird
oft mit Brotwürfeln, Knoblauch und Öl oder mit Parmesan,
Knoblauch oder Tomaten serviert, manchmal auch mit scharfen
Chilis. Schnell und einfach zubereitet, wird Rübenkraut mit
Pasta gekocht, abgegossen und mit Öl und Knoblauch gereicht.

Süßlich und nussig ist das Aroma der kleineren Rüben –
größere Exemplare schmecken in der Regel herzhafter und
sind nicht ganz so zart. Die Rüben sollten fest sein, mit glatter,
unversehrter Haut und frischem Kraut. Junge Rüben lediglich
putzen, ältere Rüben schälen, würfeln und in kochendem
gesalzenem Wasser weich garen.

SÄEN UND ERNTEN Im Frühjahr oder Frühsommer aussäen.
Im Herbst gesäte Samen können bis zum Winter geerntet
werden. Die Samen mit etwa 5 cm Abstand in gut drainierte,
fruchtbare Erde auslegen, in Reihen mit je 30 cm Abstand.
Die Keimlinge auf 10 cm vereinzeln und die ausgedünnten
Jungpflanzen für Salat verwenden. Die Erde gut feucht halten
und mit Stroh mulchen, sobald die Pflanzen stabil sind. Junge
Rüben mit 5 cm Durchmesser ernten und im Salat verarbeiten.
Die Rüben 10 cm groß werden lassen. Nach leichtem Frost
schmecken sie süßer. Bei mildem Winterklima belässt man sie
im Boden. Ansonsten lagert man die geernteten Rüben bei 4 °C
an einem dunklen Ort. So halten sie sich einige Monate lang.

REZEPTE MIT RÜBEN AUF DEN SEITEN 345–351

GEFÜLLTER KOPFSALAT

LATTUGA RIPIENA

Vorbereiten: *20 Min.*
Garzeit: *30 Min.*
Für 4 Personen

— 1 dicke Scheibe Brot,
  ohne Rinde
— 100 ml Milch
— 100 g Hackfleisch
— 100 g Wurstbrät
— 1 EL geriebener Parmesan
— 1 Ei, leicht verquirlt
— 4 kleine runde Salatköpfe
— 50 g fetter Speck, gewürfelt
— 3 EL Olivenöl
— 40 g Butter
— Salz und Pfeffer

Das Brot in eine Schüssel geben, mit der Milch übergießen und etwa 10 Minuten quellen lassen, dann gut ausdrücken. Brot, Hackfleisch, Wurstbrät und geriebenen Käse in einer Schüssel vermischen und mit Salz und Pfeffer würzen. Das Ei untermischen. Die äußeren Blätter der Salatköpfe sowie einen Teil des Inneren entfernen. Die Salatköpfe waschen und etwa 3 Minuten in gesalzenem Wasser blanchieren. Abgießen, die Blätter vorsichtig auseinanderbiegen und mit der Fleischmasse füllen. Blätter wieder in Form drücken und mit Küchengarn zusammenbinden. Den Boden eines Topfs mit dem Speck auslegen. Die gefüllten Salatköpfe daraufsetzen. Das Öl zugießen und Butterflöckchen auf die Salatköpfe setzen. 100 ml Wasser zugießen und abgedeckt bei mittlerer Hitze etwa 30 Minuten garen.

SALAT-MINZE-SUPPE

FOTO AUF SEITE 271

CREMA DI LATTUGA E MENTA

Vorbereiten: *10 Min.*
Garzeit: *20 Min.*
Für 4 Personen

— 25 g Butter
— 1 Zwiebel, in dünne Ringe
  geschnitten
— 1 Kopfsalat, in kleine Stücke
  zerpflückt
— 1 l Gemüsebrühe
— 15 Minzeblätter
— 2 EL Crème double
— Salz und Pfeffer
— Croûtons, zum Servieren

Die Butter in einem Topf zerlassen. Die Zwiebel zugeben und bei schwacher Hitze in rund 5 Minuten glasig braten, dabei gelegentlich umrühren. Die Salatstücke unterheben und einige Minuten garen, dann die Brühe angießen und mit Salz und Pfeffer würzen. Die Hitze leicht erhöhen und die Suppe aufkochen lassen, dann weitere 5 Minuten bei schwacher Hitze köcheln. Die Minze einrühren. Die Suppe in einen Standmixer umfüllen und cremig pürieren. Wieder in den Topf geben, die Sahne unterrühren und alles sanft erhitzen, aber nicht kochen lassen. In vorgewärmte Suppenteller schöpfen und mit Croûtons servieren.

FLEISCHBRÜHE MIT ROMANA-SALAT

STRACCIATELLA ALLA LATTUGA

Vorbereiten: *18 Min.*
Garzeit: *20 Min.*
Für 4 Personen

— 750 ml Rinderbrühe
— 2 Romana-Salate, in
  kleine Stücke zerpflückt
— 3 Eier
— 100 g geriebener Parmesan
— Salz
— 4 dicke Scheiben Weißbrot,
  im Ofen geröstet,
  zum Servieren

Die Brühe in einem Topf aufkochen lassen, dann die
Hitze reduzieren. Romana-Salat einrühren und 10 Minuten
köcheln. Die Eier in einer Schüssel aufschlagen, den Käse
unterrühren und salzen. Die Mischung langsam in die
köchelnde Brühe gießen und dabei gleichmäßig mit einer
Gabel rühren, bis die Eimischung zu feinen Fäden gestockt
ist. Die Brotscheiben auf 4 Suppenschüsseln verteilen,
die Suppe darüberschöpfen und sofort servieren.

LUFTIGES SALAT-OMELETT

FRITTATA SOUFFLÉ DI LATTUGA

Vorbereiten: *15 Min.*
Garzeit: *20 Min.*
Für 4 Personen

— 2 EL Olivenöl
— 1 Schalotte, sehr fein gehackt
— 1 Kopfsalat, in kleine
  Stücke zerpflückt
— 5 Eier, getrennt
— 2 Tropfen Zitronensaft
— Salz und Pfeffer

Den Backofengrill vorheizen. In der Zwischenzeit
1 Esslöffel Öl mit 1 Esslöffel Wasser in einem Topf erhitzen
und die Schalotte darin bei schwacher Hitze 5 Minuten
dünsten, dabei mehrmals umrühren. Leicht salzen und
pfeffern. Den Salat unterheben etwa 1 Minute mitkochen,
dann die Mischung vom Herd nehmen und warm stellen.
Das Eigelb mit 1 Esslöffel Wasser in einer kleinen Schüssel
verschlagen und leicht salzen. Das Eiweiß mit dem Zitronensaft in einer fettfreien Schüssel sehr steif schlagen, dann
vorsichtig unter das Eigelb heben. Die Salatmischung
ebenfalls unterheben. Das restliche Öl in einer Pfanne
erhitzen, die Eimischung zugießen und 1 Minute stocken
lassen. Dann das Omelett wenden und auf der anderen Seite
1 Minute goldbraun backen. Auf eine ofenfeste Servierplatte
gleiten lassen. Platte auf einen Backrost stellen und im
Backofen auf der oberen Schiene etwa 30 Sekunden
bräunen. Herausnehmen und sofort servieren.

SALAT-GNOCCHI

GNOCCHI ALLA LATTUGA

Vorbereiten: *1 Std.*
plus *1 Std.* Ruhen
Garzeit: *15 Min.*
Für 4 Personen

Für die Gnocchi:
— 1 kg Kartoffeln
— 200 g Weizenmehl Type 405,
    und Mehl zum Bestäuben
— 1 Ei, leicht verschlagen
— Salz

Für die Sauce:
— 2 EL Olivenöl
— 1 Schalotte, fein gehackt
— 100 g Prosciutto cotto
    (Kochschinken), Scheiben
    in feine Streifen geschnitten
— 1 Romana-Salat, in kleine
    Stücke zerpflückt
— 250 g Crème double
— 4 EL geriebener Parmesan
— Salz und Pfeffer

Für die Gnocchi die Kartoffeln schälen, in 2,5 cm große Würfel schneiden und in einen Dämpfeinsatz geben. In einen Topf mit etwa 5 cm kochendem Wasser einhängen und die Kartoffeln mit Deckel in 20 Minuten weich garen. In eine Schüssel umfüllen und zerstampfen. Mehl, Ei und 1 Prise Salz unterarbeiten. Den Teig zu langen Rollen mit 2 cm Durchmesser verarbeiten und in 2,5 cm lange Stücke schneiden. Jedes Teigstück sanft gegen eine Reibe drücken, damit sie die typische Form von Gnocchi bekommen, und auf einem bemehlten Küchentuch 1 Stunde trocknen lassen.

Für die Sauce das Öl in einer Pfanne erhitzen. Die Schalotte zugeben und bei schwacher Hitze unter Rühren in etwa 10 Minuten weich dünsten. Die Schinkenstreifen zugeben und 2 Minuten mitbraten, dann die Salatstücke und die Crème double einrühren. Salzen und pfeffern und die Sauce 10 Minuten köcheln. Einen großen Topf gesalzenes Wasser zum Kochen bringen, die Gnocchi portionsweise einlegen und 5 Minuten kochen, bis sie an die Oberfläche steigen. 1 Minute weiterkochen. Dann die Gnocchi mit einem Schaumlöffel herausheben, in die Sauce geben und einige Minuten köcheln. Das Gericht in eine vorgewärmte Schüssel umfüllen und mit Parmesan bestreuen.

PASTA-GRATIN MIT BLATTSALAT

PASTA GRATINATA ALLA LATTUGA

Vorbereiten: *30 Min.*
Garzeit: *20 Min.*
Für 4 Personen

— 750 g Kopfsalat, in Stücke
    zerpflückt
— Olivenöl, zum Beträufeln
— 300 g Sedani (kurze,
    röhrenförmige Pasta)
— 50 g Butter
— 100 g frisch geriebener
    Gruyère-Käse
— Salz und Pfeffer

Den Backofen auf 180 °C vorheizen. Die Salatstücke in einer Schüssel mit etwas Öl beträufeln, unterheben und beiseitestellen. Einen großen Topf gesalzenes Wasser zum Kochen bringen, die Pasta einlegen und in 10 Minuten sprudelnd al dente kochen. Abgießen, die Hälfte der Butter zugeben und gut untermischen, dann die Pasta in einer ofenfesten Form ausbreiten. Mit den Salatstücken bedecken, den geriebenen Käse darüberstreuen, leicht pfeffern und die restliche Butter in Flöckchen daraufsetzen. 20 Minuten im Ofen goldbraun überbacken. Herausnhemen und sofort in der Form servieren.

JAKOBSMUSCHELN MIT ORANGENSAFT UND SALATHERZEN

JAKOBSMUSCHELN MIT ORANGENSAFT UND SALATHERZEN

FOTO AUF SEITE 274

CAPESANTE ALL'ARANCIA E CUORI DI LATTUGA

Vorbereiten: *30 Min.*
Garzeit: *6 Min.*
Für 4 Personen

— 125 ml Olivenöl
— 8 ausgelöste Jakobsmuscheln
— Saft von 1 Orange, durch ein Sieb gestrichen
— 200 g Salatherzen, in kleine Stücke zerpflückt
— 3 Tomaten, geschält, entkernt und fein gewürfelt
— 1 EL Weißweinessig
— Salz und Pfeffer

2 Esslöffel Öl in einer Pfanne erhitzen. Die Jakobsmuscheln zugeben und portionsweise bei starker Hitze je 2 Minuten pro Seite anbraten, dann herausnehmen. Die angebratenen Muscheln erneut in die Pfanne setzen, leicht salzen und 2 Esslöffel Orangensaft darüberträufeln. Den Saft einkochen lassen, dann die Muscheln vorsichtig wenden, vom Herd nehmen und beiseitestellen. Die Salatherzen und die Tomatenwürfel in eine Salatschüssel geben. Den Essig mit 1 Prise Salz in einer kleinen Schüssel verrühren und das restliche Öl mit 1 Prise Pfeffer und dem übrigen Orangensaft unterschlagen. Das Dressing über dem Salat verteilen, kurz unterheben und die Muscheln darauf anrichten. Nach Geschmack pfeffern und sofort servieren.

CAESAR SALAD

CAESAR SALAD

Vorbereiten: *30 Min.*
Garzeit: *10 Min.*
Für 6–8 Personen

— 125 ml Olivenöl
— 2 Knoblauchzehen, geschält
— 300 g kleine Brotwürfel
— 1 Romana-Salat, in große Stücke zerpflückt
— ½ TL Senfpulver
— 25 g geriebener Parmesan
— Saft von 1 Zitrone, durch ein Sieb gestrichen
— 3 Scheiben durchwachsener Schweinespeck, knusprig gebraten, in kleine Streifen geschnitten
— Salz und Pfeffer

Die Hälfte des Öls mit 1 Knoblauchzehe in einer Pfanne einige Minuten unter ständigem Rühren erhitzen, bis der Knoblauch leicht gebräunt ist, dann aus dem Öl nehmen und entsorgen. Die Brotwürfel in die Pfanne geben und bei mittlerer Hitze goldbraun braten, dabei mehrmals wenden. Die Croûtons mit einem Schaumlöffel herausheben, auf Küchenpapier abtropfen lassen und beiseitestellen. Die übrige Knoblauchzehe leicht zerdrücken und damit eine Salatschüssel ausreiben. Den Salat hineingeben und mit Senfpulver und geriebenem Parmesan bestreuen. Das restliche Öl mit dem Zitronensaft aufschlagen und das Dressing über den Salat gießen. Nach Geschmack salzen und pfeffern und gut unterheben. Speckstreifen und Croûtons auf den Salat streuen und servieren.

SALAT MIT AVOCADO UND PAPRIKA

INSALATA DI LATTUGA, AVOCADO E PEPERONI

Vorbereiten: *15 Min.*
Für 4 Personen

— 1 großes Romana-Salatherz,
— 1 reife Avocado
— Saft von 1 Zitrone, durch
  ein Sieb gestrichen
— 5 EL Olivenöl
— 2 TL scharfer Senf
— 1 kleine rote Paprika,
  entkernt und in Juliennes
  geschnitten
— Salz

Die Salatblätter voneinander trennen. Die Avocado schälen, halbieren und den Kern entfernen. Das Fleisch in dünne Scheiben schneiden und mit Zitronensaft beträufeln, damit es sich nicht verfärbt. Öl, Senf und 1 Prise Salz verrühren. Salat, Paprika und Avocado auf einer Servierplatte anrichten, das Dressing darübergießen und servieren.

SALAT MIT GORGONZOLA-VINAIGRETTE

INSALATA DI LATTUGA CON VINAIGRETTE AL GORGONZOLA

Vorbereiten: *20 Min.*
Für 6 Personen

— 125 g reifer Gorgonzola-Käse,
  zerbröselt
— 2–3 EL Schlagsahne
— 6 EL Olivenöl
— 4 EL Weißweinessig
— 3–4 Romana-Salatherzen
— 1 kleines Bund Schnittlauch,
  in feine Ringe geschnitten
— Salz

Für die Vinaigrette Käse, Sahne, Öl und Essig cremig aufschlagen und nach Geschmack salzen. Die Salatherzen auf einem Servierteller anrichten, die Vinaigrette darübergießen und den Salat mit Schnittlauchröllchen servieren.

SALAT MIT AVOCADO UND PAPRIKA

GEFÜLLTE SELLERIERÖLLCHEN

SEDANI RIPIENI

Vorbereiten: *25 Min.*
Garzeit: *30 Min.*
Für 6 Personen

— 1 großer, Staudensellerie,
   küchenfertig geputzt
— 50 g Prosciutto cotto
   (Kochschinken), in
   kleine Stücke geschnitten
— 50 g Mortadella, in
   kleine Stücke geschnitten
— 100 g Kalbshack
— 100 g Schweinehack
— 50 g geriebener Parmesan
— 2 Eigelb
— 50 g Weizenmehl
— 2 Eier
— Olivenöl, zum Braten
— Salz

Die zartesten Selleriestangen auswählen und die Blätter abschneiden. Gesalzenes Wasser in einem Topf zum Kochen bringen und die Stangen darin 3–4 Minuten blanchieren. Abgießen und zum Trocknen auf ein Küchentuch legen. Schinken, Mortadella, Kalbs- und Schweinehack in einer Schüssel gründlich verkneten. Geriebenen Käse und Eigelb unterkneten und salzen. Die Fleischmischung in die Selleriestangen füllen, die Stangen längs aufrollen und mit Holzspießchen fixieren. Das Mehl in einen flachen Teller geben, die Eier mit 1 Prise Salz in einem zweiten Teller verschlagen. Die Sellerieröllchen zuerst im Mehl wälzen und dann in das Eigelb tauchen. In eine hohe Pfanne 4 cm hoch Öl füllen, erhitzen und die Röllchen darin goldbraun ausbacken. Mit dem Schaumlöffel aus dem Öl heben und auf Küchenpapier abtropfen lassen. Sofort servieren.

SELLERIESUPPE

ZUPPA DI SEDANO

Vorbereiten: *30 Min.*
Garzeit: *1 Std. 10 Min.*
Für 6 Personen

— 2 große grüne Selleriestauden,
   ohne Blätter und Strunk
— 1 EL Schweineschmalz
— 200 ml Olivenöl
— 1 l Gemüsebrühe oder Wasser
— 100 g Caciocavallo- oder
   Provolone-Käse, in Scheiben
   geschnitten
— 75 g Sopressata-Salami,
   gewürfelt
— 75 g Salami, ohne Haut,
   gewürfelt
— 2–3 hart gekochte Eier,
   geschält
— Salz und Pfeffer
— kleine Scheiben knuspriges
   Vollkornweißbrot,
   getoastet, zum Servieren
— frisch geriebener Pecorino-
   Käse, zum Servieren

Die zartesten Selleriestangen auswählen und in dünne Scheiben schneiden. Schmalz und Öl in einem großen Topf erhitzen. Die Selleriestücke zugeben und bei schwacher Hitze 5 Minuten garen, dabei gelegentlich umrühren. Die Brühe oder Wasser angießen, salzen und pfeffern und die Suppe etwa 2 Stunden sanft köcheln. Eine Suppenterrine mit den Käsescheiben auslegen und darauf die Salamiwürfel verteilen. Die Eier vierteln und ebenfalls in der Terrine anrichten. Die Suppe hineingießen und sofort servieren. Toastbroat und geriebenen Käse extra dazu reichen.

SELLERIE-RISOTTO

RISOTTO AL SEDANO

Vorbereiten: *10 Min.*
Garzeit: *28 Min.*
Für 4 Personen

— 1 l Gemüsebrühe
— 2 EL Olivenöl
— 1 Zwiebel, klein gehackt
— 300 g heller Staudensellerie, gewürfelt
— 450 g Risotto-Reis
— 200 ml trockener Weißwein
— 40 g geriebener Parmesan
— Salz und Pfeffer

Die Brühe in einem Topf zum Kochen bringen. In der Zwischenzeit das Öl in einem weiteren Topf erhitzen und die Zwiebel darin 5 Minuten dünsten. Die Selleriewürfel unter ständigem Rühren 2–3 Minuten mitgaren. Den Reis einrieseln lassen und 1–2 Minuten anbraten, bis die Körner glasig und mit Öl überzogen sind. Den Wein angießen und den Alkohol verkochen lassen, dann salzen. 1 Schöpfkelle des heißen Fonds angießen und unter Rühren einkochen lassen. Den restlichen Fond auf die gleiche Weise in etwa 20 Minuten verarbeiten. Den Risotto vom Herd nehmen, den geriebenen Käse darüberstreuen, unterrühren und nach Geschmack salzen und pfeffern. Auf vorgewärmte Teller verteilen und sofort servieren.

SELLERIESALAT MIT FONTINA

INSALATA DI SEDANO E FONTINA

Vorbereiten: *10 Min.*
Für 4 Personen

— 4 Stangen grüner Staudensellerie, in Streifen geschnitten
— 200 g milder Fontina-Käse, in Streifen geschnitten
— 50 g würziger Fontina-Käse, in Streifen geschnitten
— Olivenöl, zum Beträufeln
— Salz und Pfeffer

Den Sellerie und die beiden Käsesorten in eine Salatschüssel geben und vermengen. Das Öl darüberträufeln, salzen und pfeffern. Den Salat gründlich durchmischen und servieren.

GEBACKENER SELLERIE

FOTO AUF SEITE 281

SEDANO ALLA MOLISANA

Vorbereiten: *15 Min.*
Garzeit: *15 Min.*
Für 4 Personen

— 2 EL Olivenöl und etwas
  Olivenöl zum Einstreichen
— 1 Selleriestaude, in dünne
  Scheiben geschnitten
— 8 Frühlingszwiebeln, in
  dünne Ringe geschnitten
— 100 g entsteinte
  schwarze Oliven
— 3 EL Semmelbrösel
— Salz und Pfeffer

Den Backofen auf 200 °C vorheizen. Eine Auflaufform mit Öl einstreichen. Den Sellerie 10 Minuten in gesalzenem Wasser kochen, abgießen und etwas abkühlen lassen. Das Öl und 1 Esslöffel Wasser in einem Topf erhitzen und darin die Frühlingszwiebeln bei schwacher Hitze 5 Minuten weich dünsten. Salzen und pfeffern. Den Sellerie in die Form geben, Frühlingszwiebeln und Oliven darauf verteilen, mit den Semmelbröseln bestreuen und 15 Minuten backen.

SELLERIESALAT MIT WALNÜSSEN

SEDANO ALLE NOCI

Zubereiten: *15 Min.*
Für 4 Personen

— 120 g Staudensellerie
— 1 grüner Apfel, geschält,
  entkernt und gewürfelt
— Saft von 1 Zitrone, durch
  ein Sieb gestrichen
— 120 g fettarmer Tomino-Käse
  oder anderer halbfester Käse,
  gewürfelt
— 1 EL frisch gehackte
  Petersilie
— 50 g Walnusskerne, gehackt
— 5 EL Olivenöl
— Salz und Pfeffer

Den Sellerie längs halbieren und in sehr dünne Streifen schneiden. Sellerie und Apfel in eine Salatschüssel geben und die Hälfte des Zitronensafts unterrühren. Käsewürfel, Petersilie und die Hälfte der Walnusskerne zugeben. Das Öl und den restlichen Zitronensaft verrühren und mit Salz und Pfeffer würzen. Die ünrigen Walnüsse einrühren. Den Salat mit dem Dressing übergießen.

KASTANIENMEHL-GNOCCHI

GNOCCHI DI FARINA DI CASTAGNE

Vorbereiten: *20 Min.*
plus *30 Min.* Ruhen
Garzeit: *10 Min.*
Für 4 Personen

— 500 g Kastanienmehl
— 250 g Weizenmehl Type 405
— 1 Rezept Pesto
  (siehe Seite 159)
— Salz

Die beiden Mehlsorten auf die Arbeitsfläche sieben und aufhäufen. Eine Mulde in das Mehl drücken und diese mit 1 Prise Salz und etwas Wasser füllen. Die Zutaten zu einem glatten, geschmeidigen Teig verkneten. Den Teig zu einer Kugel formen und abgedeckt 30 Minuten ruhen lassen. Dann den Teig in kleinere Portionen teilen und diese in etwa 1-Cent-große Stücke schneiden. Einen großen Topf gesalzenes Wasser zum Kochen bringen, die Gnocchi einlegen und etwa 10 Minuten sieden lassen, bis sie an die Oberfläche steigen. Abgießen und abtropfen lassen. In eine Schüssel füllen, mit dem Pesto vermengen und servieren.

GESCHMORTE OFENKASTANIEN

CASTAGNE LESSE

Vorbereiten: *30 Min.*
Garzeit: *45 Min.*
Für 4 Personen

— 25 g Butter
— 600 g geschälte Esskastanien
— 1,25 l Rinderbrühe
— 1 Lorbeerblatt
— 1 Thymianzweig
— 1 Stange heller Staudensellerie
— Salz und Pfeffer

Den Backofen auf 220 °C vorheizen. Die Butter in einer Auflaufform zerlassen und darin die Kastanien 1 Minute anbraten, dann die Brühe zugießen. Lorbeer, Thymian und Sellerie zugeben und alles kurz aufkochen. Den Deckel aufsetzen und die Kastanien im Ofen 45 Minuten schmoren, dabei die Form mehrmals vorsichtig schütteln. Aus dem Ofen nehmen und mit Salz und Pfeffer abschmecken. Sofort servieren.

KASTANIENSOUFFLÉ

SOUFFLÉ DI CASTAGNE

Vorbereiten: *40 Min.*
Garzeit: *45 Min.*
Für 4 Personen

— 50 g Butter, und etwas
   Butter zum Einfetten
— 600 g Esskastanien, geschält
— 150 ml Fleischbrühe
— 2 Eiweiß
— Salz

Den Backofen auf 200 °C vorheizen. Eine Souffléform mit Butter einfetten. Die Kastanien in einem Topf mit gesalzenem Wasser kurz aufkochen, abgießen und die Haut abreiben. Die Kastanien in einen Topf passieren. Die Brühe und die Butter zugeben. Mit Salz abschmecken und bei schwacher Hitze rühren, bis das Kastanienpüree ziemlich trocken ist. Vom Herd nehmen und abkühlen lassen. Das Eiweiß steif schlagen und unter das Püree heben. In die Form geben und im Ofen etwa 20 Minuten backen. Die Hitze auf 180 °C reduzieren und das Soufflé weitere 5 Minuten backen. Sofort servieren.

SÜSSE KASTANIENPLÄTZCHEN

FRITTELLE DI CASTAGNE

Vorbereiten: *10 Min.*
Garzeit: *10 Min.*
Für 4 Personen

— 500 g Kastanienmehl
— 100 g Pinienkerne
— 1 Prise Backpulver
— Olivenöl, zum Braten
— Puderzucker, zum Bestäuben

Das Mehl in eine große Schüssel sieben und so viel Wasser unterrühren, bis ein relativ flüssiger Teig entsteht. Die Pinienkerne und das Backpulver einrühren. In einer Pfanne reichlich Öl erhitzen und den Teig darin esslöffelweise goldbraun backen, dabei einmal wenden. Die Plätzchen mit einem Pfannenheber herausnehmen und auf Küchenpapier abtropfen lassen. Mit dem Puderzucker bestäuben und heiß servieren.

KASTANIENPÜREE

PURÉ DI CASTAGNE

Vorbereiten: *20 Min.*
Garzeit: *1 Std. 15 Min.*
Für 4 Personen

— 800 g Esskastanien
— 1 Lorbeerblatt
— 250 ml heiße Milch
— 25 g Butter

Die Schalen der Kastanien mit einem spitzen Messer kreuzweise einritzen. Kastanien mit dem Lorbeerblatt in einen Topf geben, mit kochendem Wasser bedecken und 1 Stunde garen. Abgießen und den Lorbeer entfernen und entsorgen. Die Kastanien schälen, sobald sie abgekühlt sind, und in einer Schüssel zerstampfen. Das Püree sanft erhitzen, die heiße Milch und die Butter unterheben und in eine vorgewärmte Servierschüssel umfüllen. Sofort servieren.

GERÖSTETE ESSKASTANIEN MIT ROSENKOHL

FOTO AUF SEITE 285

CASTAGNE ARROSTO CON CAVOLINI DI BRUXELLES

Vorbereiten: *1 Std.*
Garzeit: *30 Min.*
Für 4 Personen

— 500 g Esskastanien
— 50 g Butter, und etwas Butter zum Einfetten
— 1 Schalotte, gehackt
— 500 g Rosenkohl
— Saft von 1 Zitrone
— 1 Prise frisch geriebene Muskatnuss
— 100 g frisch geriebener Fontina-Käse
— Salz und Pfeffer

Die Schalen der Kastanien mit einem spitzen Messer kreuzweise einritzen. Die Kastanien in einem Topf mit Wasser bedecken, aufkochen und 20 Minuten garen. Die Hälfte der Butter in einem Topf zerlassen und die Schalotte darin bei schwacher Hitze unter gelegentlichem Rühren etwa 5 Minuten dünsten. Rosenkohl, Zitronensaft und 120 ml Wasser zugeben. Mit Salz, Pfeffer und Muskatnuss würzen und abgedeckt etwa 10 Minuten köcheln. Inzwischen den Backofen auf 200 °C vorheizen. Eine Auflaufform mit Butter einfetten. Die Kastanien abgießen, unter fließendem kaltem Wasser abschrecken und Schalen und Häutchen entfernen. In die Form einlegen. Den Rosenkohl und etwas Kochsud zufügen. Mit dem geriebenen Käse bestreuen und die restliche Butter in Flöckchen darauf verteilen. Im Ofen 30 Minuten backen.

GERÖSTETE ESSKASTANIEN MIT ROSENKOHL

KASTANIENDESSERT

FOTO AUF SEITE 287

CASTAGNACCIO

Vorbereiten: 15 Min.
Garzeit: 40 Min.
Für 8 Personen

— 3 EL Sonnenblumen- oder
  Olivenöl, und etwas Öl
  zum Einstreichen und
  Beträufeln
— 400 g Kastanienmehl
— 250 ml Milch
— 50 g Zucker
— 20 g Pinienkerne
— Nadeln von 1 Zweig
  frischem Rosmarin
— Salz

Den Backofen auf 180 °C vorheizen. Eine 2 cm tiefe runde Auflaufform mit Öl einstreichen. Das Kastanienmehl in eine Schüssel sieben. Nach und nach Milch und 350 ml kaltes Wasser unter das Mehl rühren, bis ein glatter, dünnflüssiger Teig entstanden ist. Zucker, 1 Prise Salz und Öl verrühren und unter den Teig rühren. Den Teig in die vorbereitete Form gießen. Pinienkerne und Rosmarin darauf verteilen, mit etwas Öl beträufeln und im Ofen etwa 40 Minuten backen. Auskühlen lassen und servieren.

KASTANIENSOUFFLÉ AUS LUCCA

SOUFFLÉ LUCCHESE

Vorbereiten: 20 Min.
Garzeit: 30 Min.
Für 4 Personen

— 100 g Butter, geschmolzen,
  und etwas Butter zum
  Einfetten
— Weizenmehl Type 405,
  zum Bestäuben
— 2 Eier, getrennt
— 75 g Zucker
— 100 g Kastanienmehl, gesiebt
— Puderzucker, gesiebt,
  zum Garnieren
— 250 g Crème double,
  aufgeschlagen

Den Backofen auf 180 °C vorheizen. Eine Auflaufform (8 cm Durchmesser) mit Butter einfetten und mit Mehl bestäuben. Eigelb und Zucker mit einem Schneebesen verrühren, bis die Masse hellgelb und schaumig ist. Die geschmolzene Butter und das Kastanienmehl unterheben. Das Eiweiß in einer fettfreien Schüssel sehr steif schlagen und vorsichtig unter die Eigelbmischung heben. Alles in die vorbereitete Form umfüllen und im Ofen 30 Minuten backen. Das Soufflé herausnehmen und etwas abkühlen lassen, dann auf eine Servierplatte stürzen. Mit Puderzucker bestäuben und lauwarm mit der Crème double servieren.

KASTANIENPUDDING

Vorbereiten: *45 Min.*
plus 3 *Std.* Kühlen
Garzeit: *45 Min.*
Für 6 Personen

— 500 g Esskastanien, geschält
— 500 ml Vollmilch
— 5 Tropfen Vanillearoma
— 1 Prise Salz
— 100 g blanchierte Mandeln,
   und ein paar Mandeln zum
   Garnieren
— 50 g Zucker
— 150 g Schlagsahne
— Salz

Die Kastanien in kochendem Wasser 30 Minuten garen, dann abgießen und die feinen Häute abreiben. In einen Topf geben, Milch, Vanillearoma und Salz verrühren und darübergießen. Kastanien abgedeckt bei mittlerer Hitze etwa 45 Minuten garen, bis sie weich sind. In der Zwischenzeit den Backofen auf 180 °C vorheizen und die Mandeln darin auf Backpapier etwa 5 Minuten rösten, bis sie goldbraun sind und anfangen zu duften. Die Mandeln aus dem Ofen nehmen, abkühlen lassen und klein hacken. Die Kastanien mit dem Kochsud in einem sauberen Topf zerstampfen und die Masse erhitzen. Die Mandeln und den Zucker unterrühren. Vom Herd nehmen und die Sahne einrühren. Die Mischung in eine Puddingform gießen und abkühlen lassen, dann im Kühlschrank 3 Stunden kühlen. Den Pudding vor dem Servieren auf einen Teller stürzen und mit Mandeln garnieren.

KASTANIENCREME

Vorbereiten: *15 Min.*
Garzeit: *1 Std.* plus Kühlen
Für 6 Personen

— 1 kg Esskastanien, geschält
— 200 g Zucker
— 50 g Vanillezucker
— 250 g Crème double
— Salz

Die Kastanien 5 Minuten blanchieren, gut abtropfen lassen und die Häute abreiben. Leicht gesalzenes Wasser in einem Topf zum Kochen bringen und darin die Kastanien etwa 30 Minuten garen. Inzwischen Zucker, Vanillezucker und 250 ml Wasser bei schwacher Hitze verrühren, bis der Zucker aufgelöst ist, dann 10 Minuten köcheln. Den Sirup vom Herd nehmen und die Kastanien hineingeben. Den Topf wieder auf den Herd setzen und die Kastanien darin etwa 10 Minuten köcheln. Die Kastanien mit einem Schaumlöffel herausnehmen und in eine Schüssel passieren. Den Sirup in das Maronenmus einrühren und abkühlen lassen. Die Crème double steif schlagen und unter das abgekühlte Maronenmus ziehen. In Dessertgläser füllen und bis zum Servieren kalt stellen.

PILZSAUCE

Vorbereiten: *10 Min.*
plus *1 Std.* Einweichen
Garzeit: *40 Min.*
Für 4 Personen

— 20 g getrocknete Pilze
— 70 g Butter
— ½ Schalotte, gehackt
— 100 ml trockener Weißwein
— 1 Schuss Marsala
— 200 ml Gemüsebrühe
— Salz

Die Pilze in eine Auflaufform geben, mit heißem Wasser übergießen und etwa 1 Stunde einweichen lassen. Abgießen und die Einweichflüssigkeit auffangen. Die Pilze ausdrücken und klein schneiden. Das Einweichwasser durch ein Sieb in eine Schüssel füllen. Die Butter in einer Pfanne zerlassen und die Schalotte darin bei schwacher Hitze in 5 Minuten weich dünsten. Dabei von Zeit zu Zeit umrühren. Die Pilze zugeben und 15 Minuten garen, dabei das Einweichwasser esslöffelweise zugeben und einkochen lassen, bis die Pilze weich sind. Wein und Marsala verrühren, über die Pilze gießen und den Alkohol verkochen. Die Brühe zugießen, weitere 15 Minuten köcheln und mit Salz abschmecken.

GEBACKENE STEINPILZE

FUNGHI CROGIOLATI AL FORNO

Vorbereiten: *25 Min.*
Garzeit: *10 Min.*
Für 4 Personen

— 100 ml Olivenöl, und etwas
   Olivenöl zum Einstreichen
— 800 g frische Steinpilze
— 1 Petersilienstängel,
   frisch gehackt
— 1 Knoblauchzehe, gehackt
— 2 alte Brötchen, ohne Rinde,
   fein gerieben
— Salz und Pfeffer

Den Backofen auf 180 °C vorheizen. Eine Auflaufform mit Öl einstreichen. Die Pilzhüte von den Stielen lösen, putzen, waschen und trocken tupfen. 5 Esslöffel Öl in einer Schüssel mit Salz und Pfeffer verrühren und die Pilzhüte darin einige Minuten marinieren. Petersilie, Knoblauch, Brot und das restliche Öl in einer anderen Schüssel gut vermischen. Die Pilzhüte aus der Marinade nehmen (die Marinade aufbewahren) und abtropfen lassen. Auf einen Rost legen und im Ofen kurz trocknen. Die Pilzstiele hacken und in die vorbereitete Form legen. Die Pilzhüte mit der Unterseite nach oben darauf verteilen, mit der Brotmischung bestreuen und etwas Marinade darüberträufeln. Pilze im Ofen etwa 10 Minuten backen und direkt aus der Form heiß servieren.

STEINPILZKNÖDEL

CANEDERLI AI FUNGHI PORCINI

Vorbereiten: *45 Min.*
Garzeit: *20 Min.*
Für 6 Personen

— 300 g altbackenes Weißbrot, ohne Kruste, zerbröselt
— 100 g Schlagsahne
— 3 EL lauwarme Milch
— 100 g Butter
— 3 Eier, leicht aufgeschlagen
— 1 Knoblauchzehe, geschält
— 200 g Steinpilze, in dünne Scheiben geschnitten
— 1 Petersilienstängel, fein gehackt
— Blätter von 1 Zweig Majoran, fein gehackt
— Salz und Pfeffer

Zum Servieren:
— 50 g zerlassene Butter
— 50 g geriebener Parmesan

Die Brotbrösel in eine große Auflaufform geben. Sahne und Milch darübergießen und ziehen lassen, bis das Brot die Flüssigkeit aufgesaugt hat. Die Hälfte der Butter in einem kleinen Topf zerlassen und zum Brot geben. Die Eier unterrühren, salzen und pfeffern. Die restliche Butter mit der Knoblauchzehe in einer Pfanne erhitzen, die Pilze zugeben und bei schwacher Hitze braten, dabei gelegentlich wenden. Den Knoblauch herausnehmen und entsorgen. Petersilie, Majoran und 1 Prise Salz unterrühren. Die Pilze vom Herd nehmen und etwas abkühlen lassen, dann mit dem eingeweichten Brot verkneten. Aus dem Teig Knödel mit 5–6 cm Durchmesser formen. Einen großen Topf gesalzenes Wasser zum Kochen bringen, die Knödel einlegen und 15 Minuten ziehen lassen. Mit einem Schaumlöffel aus dem Wasser heben und in eine vorgewärmte Servierschüssel legen. Die zerlassene Butter darüberträufeln, dann sofort mit dem geriebenen Käse servieren.

TAGLIATELLE MIT PILZEN

TAGLIATELLE AI FUNGHI

Vorbereiten: *10 Min.*
plus *1 Std.* Einweichen
Garzeit: *45 Min.*
Für 4 Personen

— 25 g getrocknete Pilze
— 1 kleine Zwiebel
— 2 EL Olivenöl
— 5 EL trockener Weißwein
— 3 EL Tomatenmark
— 275 g frische Tagliatelle (Bandnudeln)
— 40 g geriebener Parmesan
— Salz

Die Pilze in einer Schüssel mit warmem Wasser bedecken und 1 Stunde einweichen. Abgießen, ausdrücken und mit der Zwiebel fein hacken. Das Öl in einem Topf erhitzen und darin Pilze und Zwiebel bei schwacher Hitze unter gelegentlichem Rühren 5 Minuten anbraten. 120 ml Wasser zugießen und mit Salz würzen. Den Wein zugeben und einkochen lassen. Dann das Tomatenmark einrühren und bei mittlerer Hitze etwa 30 Minuten köcheln. Die Tagliatelle in einem Topf mit gesalzenem Wasser al dente kochen. Abgießen, mit dem geriebenen Käse bestreuen und mit der Pilzsauce vermischen.

GRAUPENSUPPE MIT STEINPILZEN

ZUPPA D'ORZO E PORCINI

Vorbereiten: *30 Min.*
Garzeit: *35 Min.*
Für 4–6 Personen

— 40 g getrocknete Steinpilze
— 150 g Perlgraupen
— 2 EL Olivenöl
— 1 Zwiebel, klein gehackt
— 200 g kleine Zucchini, in
   dünne Scheiben geschnitten
— 1,5 l Rinderbrühe
— Salz

Die Pilze mit warmem Wasser übergießen und 20 Minuten einweichen. Einen großen Topf leicht gesalzenes Wasser zum Kochen bringen, die Graupen einrieseln lassen und 10 Minuten kochen, dann abgießen. Das Öl in einer kleinen Pfanne erhitzen. Die Zwiebel zugeben und bei schwacher Hitze 5 Minuten braten, dabei gelegentlich wenden. In der Zwischenzeit die Pilze abgießen und ausdrücken, in kleine Stücke zerpflücken und unter die Zwiebel rühren. Einige Minuten anbraten, dann die Zucchini zugeben und einige Minuten weitergaren. Die Graupen mit der Brühe unterrühren, salzen und alles in 20 Minuten weich köcheln, dabei mehrmals umrühren. In vorgewärmte Suppenteller schöpfen und sofort servieren.

PILZOMELETT

OMELETTE AGLI CHAMPIGNON

Vorbereiten: *10 Min.*
Garzeit: *10 Min.*
Für 4 Personen

— 50 g Butter
— 2 Schalotten, fein gehackt
— 100 g Champignons, in
   feine Scheiben geschnitten
— 1 Petersilienstängel,
   fein gehackt
— 6 Eier
— Salz und Pfeffer

Die Hälfte der Butter in einer Pfanne zerlassen und die Schalotten darin bei schwacher Hitze unter Rühren etwa 2 Minuten glasig braten. Die Pilze und die Petersilie zugeben und weitere 2 Minuten braten, dann die Pfanne vom Herd nehmen. Die Eier mit 1 Esslöffel Wasser verschlagen und leicht salzen und pfeffern. Die restliche Butter in einer weiteren Pfanne stark erhitzen. Die Eimischung angießen und durch Drehen der Pfanne gleichmäßig darin verteilen. Etwa 10 Minuten stocken lassen, dann das Omelett mit einem Palettmesser so anheben, dass das ungekochte Ei unter den Boden laufen kann. So weiterverfahren, bis das Omelett unten gestockt, an der Oberfläche aber noch weich und cremig ist. Die Pilz-Zwiebel-Mischung auf eine Hälfte des Omeletts setzen, die andere Hälfte darüberfalten. Auf einen Teller gleiten lassen und sofort servieren.

SALAT MIT PILZEN UND PINIENKERNEN

INSALATA DI FUNGHI E PINOLI

Vorbereiten: *50 Min.*
plus 2 *Std.* Kühlen
Garzeit: *15–20 Min.*
Für 8–10 Personen

— 300 g gemischte Blattsalate,
  wie Romana- und Friséesalat,
  Radicchio und Chicorée
— 125 ml Olivenöl
— 1 Knoblauchzehe, leicht
  zerdrückt
— 450 g Steinpilze, in dünne
  Scheiben geschnitten
— 50 g Pinienkerne
— 2 EL Himbeeressig
— 200 g Brie-Käse, gewürfelt
— Basilikumblätter, zum
  Garnieren

Die Salatblätter auseinanderpflücken und in einer Schüssel mit Frischhaltefolie abgedeckt 2 Stunden kühl stellen. Kurz vor dem Servieren aus dem Kühlschrank nehmen und in einer Salatschüssel anrichten. Die Hälfte des Öls mit dem Knoblauch in einer Pfanne erhitzen, bis er leicht gebräunt ist. Mit einem Schaumlöffel herausheben und entsorgen. Die Pilze in das Öl geben und bei schwacher Hitze 10–15 Minuten braten, dabei mehrmals wenden. Die Pinienkerne etwa 5 Minuten mitbraten, dann die Mischung vom Herd nehmen und auf dem Salat verteilen. Das restliche Öl und den Himbeeressig in die Pfanne geben und mit Salz und Pfeffer abschmecken. Die Vinaigrette schnell erhitzen, nach Geschmack noch mehr Essig zugeben und über den Salat träufeln. Mit den Käsewürfeln bestreuen und mit Basilikum garnieren, dann sofort servieren.

PILZFLAN

SFOGLIATA AI FUNGHI

Vorbereiten: *40 Min.*
Garzeit: *25 Min.*
Für 4 Personen

— 3 EL Olivenöl
— 1 Knoblauchzehe, zerdrückt
— 500 g frische gemischte Pilze,
  wie Wiesenchampignon,
  Parasol und Steinpilz
— ¼ Rezept Béchamelsauce
  (siehe Seite 51)
— 5 EL geriebener Parmesan
— 2 EL Schnittlauchröllchen
— 225 g frischer Blätterteig
  oder gefrorener Blätterteig,
  aufgetaut
— Weizenmehl Type 405,
  zum Bestäuben
— Salz und Pfeffer

Den Knoblauch im Öl bei schwacher Hitze anbräunen, dabei mehrmals wenden. Aus der Pfanne nehmen und entsorgen. Die Pilze zugeben und bei mittlerer Hitze unter Rühren etwa 15 Minuten garen. In der Zwischenzeit die Béchamelsauce sanft erwärmen. Vom Herd nehmen, den geriebenen Käse unterrühren und nach Geschmack salzen und pfeffern. Die Pilze ebenfalls salzen und pfeffern und vom Herd nehmen. Den Schnittlauch unterheben und beiseitestellen. Den Backofen auf 220 °C vorheizen. Eine Tarte- oder Quicheform (24 cm Durchmesser) mit Backpapier auskleiden. Den Blätterteig auf der leicht bemehlten Arbeitsfläche ausrollen und die Form damit auslegen. Den überstehenden Rand abschneiden. Etwa 20 Minuten kühl stellen, bis der Teig wieder fest ist, dann rundum mit einer Gabel einstechen. Die Pilzmischung gleichmäßig auf dem Teig verteilen, dann die Käsemischung darübergießen. 20 Minuten im Ofen backen, bis sich die Füllung gesetzt hat. Die Quiche herausnehmen, auf eine Servierplatte gleiten lassen und sofort servieren.

SALAT MIT PILZEN UND PINIENKERNEN

PILZRISOTTO

FOTO AUF SEITE 294

RISOTTO AI FUNGHI

Vorbereiten: *10 Min.*
Garzeit: *30 Min.*
Für 4 Personen

— 1 l Gemüsebrühe
— 80 g Butter
— 3 EL Olivenöl
— 400 g gemischte Pilze, in
  feine Scheiben geschnitten
— 1 Zwiebel, fein gehackt
— 325 g Risotto-Reis
— Salz und Pfeffer

Die Brühe in einem Topf zum Kochen bringen. In der Zwischenzeit 3 Esslöffel Butter mit 1 Esslöffel Öl in einer Pfanne zerlassen. Die Pilze zugeben, salzen und pfeffern und zugedeckt bei schwacher Hitze garen. Die übrige Butter und das Öl in einer großen Pfanne erhitzen. Die Zwiebel zugeben und bei schwacher Hitze 5 Minuten glasig dünsten, dabei mehrmals umrühren. Den Reis einrieseln lassen und unter Rühren 1–2 Minuten anbraten, bis alle Körner mit Öl überzogen sind. 1 Schöpfkelle heiße Brühe angießen und unter Rühren so lange garen, bis die Flüssigkeit eingekocht ist. Die ganze Brühe in etwa 20 Minuten auf diese Weise verarbeiten. Ein Drittel der Pilze vorsichtig unter den Risotto heben und das Gericht vom Herd nehmen. Die restliche Butter unterschlagen und den Risotto in eine vorgewärmte Servierschüssel umfüllen. Die übrigen Pilze in die Mitte setzen und sofort servieren.

STEINPILZE MIT ESTRAGON

FUNGHI PORCINI AL DRAGONCELLO

Vorbereiten: *35 Min.*
Garzeit: *25 Min.*
Für 4 Personen

— 8 frische Steinpilze
— 50 g Butter
— 1 Zweig frisch gehackter
  Estragon oder
  1 TL getrockneter Estragon
— Saft von 1 Zitrone
— Salz und Pfeffer

Den Backofen auf 160 °C vorheizen. Eine Auflaufform mit Alufolie auslegen. Die Steinpilzhüte von den Stielen lösen (Stiele für ein anderes Gericht verwenden). Die Hüte in die vorbereitete Form legen und im Ofen trocknen. Große Hüte mit einem Messer einritzen. Die Butter in einem Topf zerlassen und die Pilze zufügen. Mit Estragon, Salz und Pfeffer würzen und bei schwacher Hitze etwa 20 Minuten garen. Den Zitronensaft zugeben und kochen, bis er verdampft ist. Sofort servieren.

PILZ-PILAW-TIMBALEN

FOTO AUF SEITE 297

TORTINO DI PILAF AI FUNGHI

Vorbereiten: 20 Min.
plus 6 Std. Einweichen
Garzeit: 35 Min.
Für 4 Personen

— 50 g gemischte,
   getrocknete Pilze
— 2 EL Olivenöl
— 1 Petersilienstängel, fein
   gehackt
— 100 ml trockener Weißwein
— 500 ml heiße Gemüsebrühe
— 200 g Risotto-Reis
— 1 Msp. Safran, zum Garnieren
— Salz (nach Belieben)

Die Pilze in einer Auflaufform mit heißem Wasser übergießen und mindestens 6 Stunden ziehen lassen. Abgießen, gut ausdrücken und in kleine Stücke schneiden. Das Öl in einer großen Pfanne erhitzen. Pilze und die Hälfte der Petersilie zugeben und bei schwacher Hitze 1 Minute garen, dabei ständig rühren. Den Wein und etwas heiße Brühe zugießen und etwa 15 Minuten köcheln. Den Reis einrieseln lassen und unter ständigem Rühren 1 Minute anbraten, dann die übrige heiße Brühe zugießen und 5 Minuten köcheln. Mit einem Deckel fest verschließen, den Herd ausschalten und das Gericht etwa 12 Minuten ziehen lassen, bis der Reis die Flüssigkeit aufgesaugt hat. Den Topf dabei nicht öffnen. Die restliche Petersilie unterheben und nach Belieben mit Salz würzen. Eine Timbale- oder Becherform mit Wasser ausspülen und ein Viertel der Reismischung einfüllen, sanft zusammendrücken und glatt streichen. Die Form auf einen Servierteller stürzen. Jede Portion auf diese Weise anrichten und mit Safran garnieren.

STEINPILZFRIKASSEE

FUNGHI IN FRICASSEA

Vorbereiten: 20 Min.
Garzeit: 25 Min.
Für 4 Personen

— 2 EL Olivenöl
— 1 Knoblauchzehe, zerdrückt
— 1 EL fein gehackte wilde
   Ackerminze oder 3 Petersilienstängel, fein gehackt
— 600 g frische Steinpilze,
   in feine Scheiben geschnitten
— 2 Eigelb
— Saft von 1 Zitrone, durch
   ein Sieb gestrichen
— Salz

Das Öl in einer Pfanne erhitzen. Knoblauch und wilde Minze oder Petersilie zugeben und bei schwacher Hitze unter Rühren anbraten, bis der Knoblauch leicht gebräunt ist. Den Knoblauch aus dem Öl heben und entsorgen. Die Pilze zugeben, leicht salzen und bei schwacher Hitze 20 Minuten garen, dabei gelegentlich wenden. Falls die Mischung zu trocken wird, mit etwas Wasser besprenkeln. Eigelb mit Zitronensaft und 1 Prise Salz verschlagen. Die Pfanne vom Herd nehmen und die Eier-Zitronen-Mischung unter Rühren zugießen. Die Masse soll cremig bleiben und darf nicht so heiß werden, dass sie stockt. In eine vorgewärmte Servierschüssel umfüllen. Sofort servieren.

ÜBERBACKENE POLENTA MIT PILZEN

CHAMPIGNONS FLORENTINER ART

CHAMPIGNON ALLA FIORENTINA

Vorbereiten: 20 Min.
Garzeit: 40 Min.
Für 4 Personen

— 500 g Spinat, harte
  Blattstiele entfernt
— 75 g Butter, und etwas
  Butter zum Einfetten
— 1 EL Olivenöl
— 1 Zwiebel, fein gehackt
— 500 g frische Champignons,
  in dünne Scheiben
  geschnitten
— 2–3 EL frisch geriebener
  Parmesan
— Salz und Pfeffer

Den Spinat waschen, nass in einen Topf geben und bei schwacher Hitze 5 Minuten dünsten, bis er zusammenfällt, dabei mehrmals wenden. Den Kochsud abgießen und den Spinat ausdrücken, dann klein hacken. 2 Esslöffel Butter mit dem Öl in einer kleinen Pfanne erhitzen und die Zwiebel darin mit 1 Esslöffel Wasser in 5 Minuten glasig dünsten. Dabei mehrmals wenden. Die Hälfte der übrigen Butter in einer weiteren Pfanne zerlassen und den Spinat darin sanft erhitzen. Den Rest der Butter in einer dritten Pfanne zerlassen und die Pilze darin mit etwas Salz bei schwacher Hitze 20 Minuten garen, dabei gelegentlich umrühren. In der Zwischenzeit den Backofen auf 180 °C vorheizen. Eine Auflaufform mit Butter einfetten und den Spinat darin verteilen. Die Hälfte der Zwiebeln daraufgeben. Die Hälfte des Käses darüberstreuen und pfeffern. Pilze, übrige Zwiebeln und Käse darübergeben. Nochmals pfeffern und 20 Minuten im Ofen überbacken. Heiß servieren.

ÜBERBACKENE POLENTA MIT PILZEN

POLENTA PASTICCIATA AI FUNGHI

FOTO AUF SEITE 298

Vorbereiten: 1 Std.
plus 30 Min. Abkühlen
Garzeit: 1 Std.
Für 4 Personen

— 100 g getrocknete Pilze
— 350 g grober Maisgrieß
  (Polenta)
— 50 g Butter und etwas
  Butter zum Einfetten
— 1 Knoblauchzehe, geschält
— 1 Rezept Béchamelsauce
  (siehe Seite 51), erwärmt
— 50 g geriebener Parmesan
— Salz und Pfeffer

Die Pilze in einer Schüssel mit warmem Wasser 20 Minuten quellen lassen. Für die Polenta 100 ml gesalzenes Wasser in einer hohen Pfanne zum Kochen bringen, den Maisgrieß einrieseln lassen und für 45–60 Minuten unter Rühren garen. Die gekochte Polenta auf eine Arbeitsfläche geben und erkalten lassen. Inzwischen die Hälfte der Butter in einem Topf zerlassen, den Knoblauch zufügen und leicht bräunen, dann herausnehmen und entsorgen. Die Pilze abgießen, ausdrücken und in den Topf geben. Mit Salz und Pfeffer würzen. 10 Minuten unter Rühren dünsten, die Pilze in die Béchamelsauce geben und die Hälfte des geriebenen Käses einrühren. Den Backofen auf 180 °C vorheizen und eine Auflaufform einfetten. Die abgekühlte Polenta in Scheiben schneiden und abwechselnd mit der Pilzsauce in die vorbereitete Form schichten, mit Polenta abschließen. Flöckchen aus der übrigen Butter daraufsetzen, mit dem restlichen Käse bestreuen und im Ofen 1 Stunde backen.

PILZ-TIMBALEN MIT FORTINA

SFORMATINI DI FUNGHI ALLA FONTINA

Vorbereiten: *25 Min.*
Garzeit: *15–20 Min.*
Für 6 Personen

— 25 g Butter, und etwas
  Butter zum Einfetten
— 3 EL Olivenöl
— 1 Knoblauchzehe, zerdrückt
— 750 gemischte frische Pilze
— 150 g Fontina-Käse, gewürfelt
— 500 ml lauwarme Béchamelsauce (siehe Seite 51)
— 3 Eigelb
— 1 Petersilienstängel,
  fein gehackt
— 1 Eiweiß
— 3 EL frisch geriebene
  Weißbrotbrösel
— Salz und Pfeffer

In einer Pfanne Butter, Öl und Knoblauch einige Minuten unter Rühren erhitzen, bis der Knoblauch leicht gebräunt ist. Knoblauch aus der Pfanne nehmen. Die Pilze in die Pfanne geben und abgedeckt 15–20 Minuten garen, dabei mehrmals wenden. Den Backofen auf 200 °C vorheizen. 6 Timbale-Förmchen mit Butter einfetten und kühl stellen. Die Käsewürfel unter die Béchamelsauce heben, dann das Eigelb nacheinander unterziehen und zuletzt die Petersilie einrühren. Das Eiweiß in einer fettfreien Schüssel sehr steif schlagen und unter die Sauce heben, dann salzen und pfeffern. Die Förmchen aus dem Kühlschrank nehmen und mit den Brotbröseln ausstreuen. In jedes Förmchen 3 Esslöffel Béchamelsauce geben, dann die Pilze mit dem Kochsud gleichmäßig darüber verteilen. Die Förmchen in die Fettpfanne des Ofens stellen und so viel Wasser zugießen, dass sie halb im Wasser stehen. 15–20 Minuten im Ofen stocken lassen. Die Timbalen herausnehmen und vor dem Stürzen einige Minuten ruhen lassen. Heiß oder warm servieren.

WARMER PILZSALAT MIT ORANGEN-DRESSING

INSALATA TIEPIDA DI PORCINI IN SALSETTA
AL SUCCO D'ARANCIA

Vorbereiten: *20 Min.*
Garzeit: *25 Min.*
Für 4 Personen

— ½ Orange, ausgepresster Saft
  und dünn abgeschälte Schale
— 4–5 EL Olivenöl
— 1 Knoblauchzehe, leicht
  zerdrückt
— 800 g frische Steinpilze, in
  dünne Scheiben geschnitten
— 2 EL Sherry-Essig
— 1 rote Zwiebel, in sehr
  dünne Scheiben geschnitten
— Salz und Pfeffer

Die Orangenschale in Juliennes schneiden und 2 Minuten blanchieren, dann abgießen, kalt abschrecken und beiseitestellen. 2 Esslöffel Öl mit dem Knoblauch schwach erhitzen, bis der Knoblauch leicht gebräunt ist. Aus dem Öl nehmen und entsorgen. Die Pilze zugeben und bei schwacher Hitze 5–10 Minuten garen, aber nicht bräunen, dabei mehrmals wenden. Pilze in eine Salatschüssel umfüllen. Den Orangensaft durch ein Sieb in eine Schüssel streichen, mit dem restlichen Öl, dem Essig und den Orangenzesten verrühren und mit Pfeffer und Salz würzen. Das Dressing über die Pilze gießen, die Zwiebelringe zugeben und 15 Minuten ziehen lassen. Nochmals vorsichtig vermengen und servieren.

TRÜFFELSAUCE

SALSA AL TARTUFO NERO

Für 4 Personen
Zubereiten: 25 Min.

— 2 frische schwarze Trüffeln
— 3 in Salz eingelegte Sardellen
(aus dem Glas), filetiert,
10 Min. in kaltes Wasser
eingelegt, abgetropft und
fein gehackt
— 150 ml leichtes Olivenöl
mit mildem Geschmack,
das das Trüffelaroma nicht
überdeckt
— 1 Spritzer Zitronensaft

Die Trüffeln mit einem feuchten Pinsel säubern und in eine Schüssel reiben. Die Sardellen zufügen und das Öl unterrühren, bis eine dünnflüssige Sauce entstanden ist. Direkt vor dem Servieren mit dem Zitronensaft beträufeln. Die Trüffelsauce schmeckt hervorragend zu sehr dünnen Bandnudeln (Tagliolini).

RISOTTO MIT PARMESAN UND WEISSER ALBA-TRÜFFEL

RISOTTO AL PARMIGIANO E TARTUFO BIANCO D'ALBA

Vorbereiten: 10 Min.
Garzeit: 25 Min.
Für 4 Personen

— 1,5 l Gemüsebrühe
— 60 g Butter
— 1 Schalotte, fein gehackt
— 325 g Risotto-Reis
— 50 g geriebener Parmesan
— 25 g weißer Trüffel, in
sehr dünne Späne gehobelt
— Salz

Die Brühe in einem Topf zum Kochen bringen. In der Zwischenzeit die Hälfte der Butter in einer tiefen Pfanne zerlassen und darin die Schalotte bei schwacher Hitze in 5 Minuten glasig dünsten, dabei mehrmals umrühren. Den Reis einrieseln lassen und 2 Minuten anbraten, bis alle Körner mit Fett überzogen sind. 1 Schöpfkelle heiße Brühe zugießen und unter Rühren einkochen. In etwa 20 Minuten die übrige Brühe ebenfalls auf diese Weise verkochen. Den Risotto vom Herd nehmen und mit Salz würzen. Die restliche Butter und den geriebenen Käse unterschlagen. In eine vorgewärmte Servierschüssel füllen und die Trüffelspäne darüberstreuen. Sofort servieren.

GETRÜFFELTE TAGLIERINI

TAGLIERINI TARTUFATI

Vorbereiten: *15 Min.*
Garzeit: *8 Min.*
Für 4 Personen

— 50 g Butter
— 1 EL Crème double
— 25 g Trüffelpaste (aus der Tube)
— 275 g frische Taglierini
  (dünne Bandnudeln)
— 40 g geriebener Parmesan
— Salz und frisch gemahlener
  weißer Pfeffer

Die Butter in einer Auflaufform im Wasserbad schmelzen lassen und die Crème double unterschlagen. Ein etwa 10 cm langes Stück Trüffelpaste ebenfalls gut einarbeiten. Abschmecken und, falls nötig, noch etwas mehr Trüffelpaste zugeben. Die Taglierini in kochendem gesalzenem Wasser in 2–3 Minuten al dente kochen. Abgießen und in eine vorgewärmte Servierschüssel umfüllen. Die Trüffelbutter unterheben. Nach Geschmack pfeffern und den geriebenen Käse darüberstreuen.

SPIEGELEI MIT TRÜFFEL AUF POLENTA

FOTO AUF SEITE 303

UOVA FRITTE CON POLENTA E TARTUFO

Vorbereiten: *5 Min.*
Garzeit: *10 Min.*
Für 4 Personen

— 75 g Butter
— 8 Scheiben gekochte Polenta
— 8 Eier
— 1 kleine weiße Trüffel
— Salz und Pfeffer

Die Hälfte der Butter in einer Pfanne zerlassen und die Polenta darin auf beiden Seiten goldbraun braten. Aus der Pfanne heben, auf Küchenpapier abtropfen lassen und warm stellen. Die Hälfte der restlichen Butter in einer weiteren Pfanne zerlassen. Die Eier nacheinander auf einen Teller aufschlagen und in die Pfanne gleiten lassen (maximal 4 Stück). Mit einem Schaumlöffel das Eiweiß an das Eigelb schieben, damit die Eier kompakt bleiben und nicht ineinanderlaufen. Braten, bis das Eiweiß gestockt und hellbraun geröstet, das Eigelb aber noch weich ist. Aus der Pfanne heben und auf Küchenpapier abtropfen lassen. Salzen und pfeffern und je 1 Ei auf 1 Polentascheibe setzen. Weitere Butter zerlassen und die restlichen Eier braten. Den Trüffel fein über die Spiegeleier hobeln. Sofort servieren.

SPIEGELEI MIT TRÜFFEL AUF POLENTA

ÜBERBACKENE KÜRBISSUPPE

MINESTRA DI ZUCCA GRATINATA

Vorbereiten: *25 Min.*
Garzeit: *50 Min.*
Für 4 Personen

— 1 l Milch
— 3 Kartoffeln, längs in Spalten
  geschnitten
— 500 g Kürbis, geschält,
  entkernt und klein geschnitten
— 1 Salbeiblatt
— 100 g Crème double
— 4 Scheiben Schwarzbrot
— 50 g geriebener Parmesan
— Salz und Pfeffer

Die Milch mit 350 ml Wasser in einem großen Topf zum Kochen bringen. Kartoffeln, Kürbis und Salbei zugeben, salzen und pfeffern und nochmals aufkochen. Die Hitze reduzieren und 40 Minuten köcheln. Das Salbeiblatt entfernen und die Mischung in einem Standmixer oder einer Küchenmaschine pürieren. In einen Topf umfüllen, die Crème double unterrühren und nach Geschmack abschmecken. Einige Minuten weiterkochen. In der Zwischenzeit den Backofengrill vorheizen. Die Suppe auf ofenfeste Suppenschälchen verteilen, je 1 Scheibe Brot hineinlegen und mit dem geriebenem Käse bestreuen. Im Ofen einige Minuten erhitzen, bis der Käse geschmolzen ist. Heiß servieren.

FUSILLI MIT SAHNIGEM KÜRBIS-SUGO

FUSILLI CON CREMA ALLA ZUCCA

Vorbereiten: *10 Min.*
Garzeit: *1 Std. 15 Min.*
Für 4 Personen

— 500 g Kürbis
— 500 g Rübenkraut, nur
  zarte Blätter
— 350 g Fusilli (Spiralnudeln)
— 3 EL Olivenöl
— 1 Knoblauchzehe, fein gehackt
— 1 Zwiebel, fein gehackt
— 150 g Crème double
— 50 g geriebener Parmesan
— Salz und Pfeffer

Den Backofen auf 180 °C vorheizen. Vom Kürbis den Deckel abschneiden, die Kerne entfernen, das Fruchtfleisch mit einem Löffel herausheben und in Scheiben schneiden. Die ausgehöhlte Schale beiseitestellen. Die Kürbisstücke in eine große Auflaufform schlichten und im Ofen etwa 40 Minuten backen. In der Zwischenzeit einen großen Topf gesalzenes Wasser zum Kochen bringen. Das Rübenkraut einlegen und 10–15 Minuten garen. Abgießen und abkühlen lassen. Den Kürbis aus dem Ofen nehmen und cremig zerstampfen. Einen großen Topf gesalzenes Wasser zum Kochen bringen. Die Pasta einlegen, erneut aufkochen und in 8–10 Minuten al dente kochen. In der Zwischenzeit das Öl in einem großen Topf erhitzen. Knoblauch und Zwiebel zugeben und bei schwacher Hitze in 5 Minuten glasig dünsten, dabei mehrmals umrühren. Pasta abgießen und mit Kürbispüree, Crème double und geriebenem Käse zum Rübenkraut geben. Pfeffern, salzen und vorsichtig vermengen. Einige Minuten erhitzen, dann alles in den Kürbis umfüllen und servieren.

SUPPE MIT KÜRBIS, REIS UND BOHNEN

MINESTRA DI ZUCCA, RISO E FAGIOLI

Vorbereiten: *25 Min.*
Garzeit: *1 Std. 15 Min.*
Für 4 Personen

— 500 ml Milch
— 1 Kürbis (1 kg), geschält,
  entkernt und gewürfelt
— 100 g frische Borlotti-Bohnen
— 4–5 Minzeblätter, klein
  gehackt
— 100 g Risotto-Reis
— 25 g Butter
— 50 g geriebener Parmesan
— Salz und Pfeffer

Die Milch mit 2 l Wasser in einen großen Topf gießen. Kürbiswürfel, Bohnen und Minze zugeben, aufkochen lassen und bei schwacher Hitze zugedeckt etwa 1 Stunde köcheln, dabei mehrmals umrühren. Salzen und pfeffern. Das Kürbisfleisch zerstampfen, den Reis langsam einrühren und bei mittlerer Hitze in 15–20 Minuten bissfest garen. Die Butter unterschlagen und den geriebenen Käse darüberstreuen. Den Topf vom Herd nehmen und die Suppe sofort servieren.

KÜRBIS-QUICHE

TORTA DI ZUCCA

Vorbereiten: *30 Min.*
Garzeit: *55 Min.*
Für 4 Personen

— 20 g getrocknete Pilze
— 4 EL Olivenöl
— 1 Zwiebel, klein gehackt
— 1 Kürbis (1 kg), geschält,
  entkernt und gewürfelt
— Butter, zum Einfetten
— Weizenmehl Type 405,
  zum Bestäuben
— 1 Knoblauchzehe, geschält
— 2 Eier , leicht verschlagen
— 100 g geriebener Parmesan
— 1 Prise frisch geriebene
  Muskatnuss
— 400 g Mürbe-oder
  Pastetenteig (Tiefkühlware),
  aufgetaut
— 100 g Fontina-Käse, in
  Scheiben geschnitten
— Salz und Pfeffer

Die Pilze in einer Auflaufform mit lauwarmem Wasser übergießen und einweichen lassen. In der Zwischenzeit die Hälfte des Öls in einer Pfanne erhitzen und die Zwiebel darin bei schwacher Hitze 5 Minuten glasig dünsten, dabei mehrmals umrühren. Kürbiswürfel, 3–4 Esslöffel Wasser und 1 Prise Salz zugeben und unter ständigem Rühren zu Püree verkochen. Vom Herd nehmen. Die Pilze abgießen und gut ausdrücken. Das restliche Öl erhitzen und den Knoblauch darin einige Minuten unter Rühren goldbraun anbraten. Aus der Pfanne nehmen und entsorgen. Die Pilze zugeben und bei schwacher Hitze 15 Minuten garen, dann vom Herd nehmen. In der Zwischenzeit den Backofen auf 200 °C vorheizen. Eine Springform mit Butter einfetten und mit Mehl bestäuben. Kürbispüree, Eier und geriebenen Käse in einer Schüssel verrühren. Die Pilze zugeben. Mit Muskatnuss und Pfeffer würzen und untermengen. Den Teig auf einer leicht bemehlten Arbeitsfläche ausrollen und die vorbereitete Form einschließlich des Rands damit auslegen. Die Kürbismischung hineinlöffeln, mit den Käsescheiben bedecken und etwa 40 Minuten backen.

KÜRBISFLAN

FOTO AUF SEITE 306

FLAN DI ZUCCA

Vorbereiten: *45 Min.*
plus *30 Min.* Auskühlen
Garzeit: *1 Std. 10 Min.*
Für 4 Personen

— 25 g Butter, und etwas
  Butter zum Einfetten
— 1 Rezept Béchamelsauce
  (siehe Seite 51)
— 1 Zwiebel, in Ringe
  geschnitten
— 1 Kürbis (1 kg), geschält,
  entkernt und gewürfelt
— 50 g geriebener Parmesan
— 2 Eigelb
— 40 g Pinienkerne
— Salz und Pfeffer

Den Backofen auf 160 °C vorheizen. Eine Tarteform mit Butter einfetten. Die Béchamelsauce aufkochen. Die Butter in einem großen Topf zerlassen und die Zwiebel darin bei schwacher Hitze weich dünsten, dabei mehrmals umrühren. Die Kürbiswürfel und 150 ml Wasser zugeben und so lange garen, bis der Kürbis beim Rühren zerfällt und sich zu Püree zerstoßen lässt. Die heiße Béchamelsauce, den geriebenen Käse, das Eigelb und die Pinienkerne unterrühren und mit Salz und Pfeffer abschmecken. Die Mischung in die vorbereitete Form gießen und 1 Stunde garen. Dann die Ofentemperatur auf 180 °C erhöhen und weitere 10 Minuten backen. Die Form herausnehmen und vor dem Stürzen gut auskühlen lassen. Zum Kürbisflan passt hervorragend in Butter gedünsteter Spinat.

KÜRBISCREMESUPPE

VELLUTATA DI ZUCCA

Vorbereiten: *20 Min.*
Garzeit: *35 Min.*
Für 4 Personen

— 1 l Gemüsebrühe
— 800 g Kürbis, geschält,
  entkernt und das Fleisch
  gewürfelt
— 1 Zwiebel, fein gewürfelt
— 1 Knoblauchzehe, fein
  geschnitten
— 1 Prise frisch geriebene
  Muskatnuss
— 4 EL Crème double
— Salz und Pfeffer

Die Brühe in einen Topf geben und aufkochen. Den Kürbis, die Zwiebel und den Knoblauch zugeben, die Hitze reduzieren und abgedeckt etwa 30 Minuten weich kochen. Die Kürbismischung durch ein Sieb drücken, den Kochsud beiseitestellen. Die Kürbismischung glatt pürieren, wenn nötig, noch etwas Kochsud angießen. Die Suppe in einen weiteren Topf geben und erneut erhitzen. Mit Salz und Muskatnuss würzen. Die Suppe in 4 Portionsschälchen geben, jeweils 1 Esslöffel Crème double zugeben und mit 1 Prise Pfeffer würzen. Heiß servieren.

KÜRBIS-GNOCCHI MIT ORANGENBUTTER

FOTO AUF SEITE 309

GNOCCHETTI DI ZUCCA AL BURRO E SUCCO D'ARANCIA

Vorbereiten: *1 Std.*
plus *1 Std.* Ruhen
Garzeit: *15–20 Min.*
Für 6 Personen

— 1 Kürbis (900 g), geschält,
  entkernt und klein
  geschnitten
— 400 g Kartoffeln, geschält
  und längs in Spalten
  geschnitten
— 1 Ei, leicht verschlagen
— 1 EL Olivenöl
— 300 g Weizenmehl Type 405
— 50 g geriebener Parmesan
— Salz

Für die Sauce:
— 2 große Orangen mit
  unbehandelter Schale
— 100 g Butter
— weißer Pfeffer

Das Kürbisfleisch etwa 25 Minuten dämpfen, bis es weich ist, ebenso die Kartoffeln. Vom Herd nehmen und beides in einer Schüssel zerstampfen. Eier, Öl und Mehl einarbeiten, die Schüssel mit Frischhaltefolie verschließen und 1 Stunde ruhen lassen. Den Teig zu Rollen (1,5 cm Durchmesser) formen und in 2,5 cm lange Stücke schneiden. Die Teigstücke gegen einen Gabelrücken drücken, damit sie die typische Form und das Muster von Gnocchi bekommen. Von einer Orange dünn die Hälfte der Schale abschälen und in sehr dünne Streifen (Zesten) schneiden. Beide Orangen ausdrücken und den Saft durch ein Sieb streichen. Die Butter in einer Auflaufform in einem Wasserbad mit leicht siedendem Wasser zerlassen, bis sie goldgelb ist. Den Orangensaft einrühren und bei schwacher Hitze einkochen. Einen großen Topf gesalzenes Wasser zum Kochen bringen. Die Gnocchi einlegen und etwa 5 Minuten ziehen lassen, bis sie an die Oberfläche steigen. Mit einem Schaumlöffel aus dem Wasser heben und in eine angewärmte Servierschüssel füllen. Die Orangenbutter darüberlöffeln, mit dem geriebenen Käse bestreuen und leicht pfeffern. Mit den Orangenzesten garnieren und sofort servieren.

GEBACKENER KÜRBIS MIT KARTOFFELN

ZUCCA AL FORNO CON PATATE

Vorbereiten: *25 Min.*
Garzeit: *1 Std.*
Für 4 Personen

— Olivenöl, zum Einstreichen
  und Beträufeln
— 4 festkochende Kartoffeln,
  in 5 mm dicke Scheiben
  geschnitten
— 1 Zwiebel, in Ringe
  geschnitten
— 400 g Kürbisfleisch, in 1 cm
  dicke Scheiben geschnitten
— 4 vollreife Tomaten, geschält
  und gewürfelt
— Salz und Pfeffer

Den Backofen auf 180 °C vorheizen. Eine Auflaufform mit Öl einstreichen. Abwechselnd Kartoffelscheiben, Zwiebelringe und Kürbisscheiben in die vorbereitete Form schichten. Mit Tomatenwürfeln belegen, mit Öl beträufeln und mit Salz und Pfeffer bestreuen. Im Ofen 1 Stunde backen. Vor dem Servieren 5 Minuten abkühlen lassen.

KÜRBIS-GNOCCHI MIT ORANGENBUTTER

KÜRBIS MIT ROSMARIN

KÜRBIS MIT ROSMARIN

FOTO SEITE 310

ZUCCA AL ROSMARINO

Vorbereiten: *15 Min.*
Garzeit: *25 Min.*
Für 4 Personen

— 2 EL Olivenöl
— 2 Knoblauchzehen, geschält
— 675 g Kürbisfleisch, in dünne
  Scheiben geschnitten
— 175 ml trockener Weißwein
— 1½ TL frisch gehackte
  Rosmarinnadeln
— Salz und Pfeffer

Das Öl in einem Topf erhitzen und darin Knoblauch und Kürbisscheiben bei mittlerer Hitze unter gelegentlichem Rühren anbraten, bis der Knoblauch braun wird. Den Knoblauch entfernen und entsorgen. Den Wein zugießen und kochen, bis er verdampft ist. Die Hitze reduzieren und das Gemüse weitergaren. Mit Salz und Pfeffer abschmecken und mit dem Rosmarin bestreuen. Einige Minuten weiterkochen. Anschließend warm servieren.

KÜRBIS-GARNELEN-RISOTTO

RISOTTO CON ZUCCA E GAMBERONI

Vorbereiten: *45 Min.*
Garzeit: *25 Min.*
Für 4 Personen

— 8 frische Garnelen
— 75 g Butter
— 1 Schalotte, fein gehackt
— 200 g Kürbis, geschält,
  entkernt und gewürfelt
— 1 l heißer Fischfond
  oder Gemüsebrühe
— 1 EL Olivenöl
— 325 g Risotto-Reis
— 100 ml trockener Weißwein
— Salz und Pfeffer

Die Garnelen schälen, Köpfe und Schalen aufbewahren. Die Därme entfernen und das Fleisch grob zerkleinern. Dann 2 Esslöffel Butter in einem Topf zerlassen. Die Schalotte mit den Garnelenschalen und -köpfen zugeben und bei schwacher Hitze 10 Minuten auskochen, dabei mehrmals umrühren und die Garnelenteile mit einer Gabel zerdrücken, dann aus dem Topf entfernen und entsorgen. Die Kürbiswürfel zugeben, salzen, pfeffern und 5 Minuten mit den Zwiebeln mitdünsten. Den Fischfond oder die Gemüsebrühe in einem großen Topf zum Kochen bringen. In der Zwischenzeit die Hälfte der restlichen Butter mit dem Öl in einem weiteren großen Topf erhitzen. Die Kürbiswürfel und das Garnelenfleisch mit dem Reis zugeben und unter Rühren 1–2 Minuten anbraten, bis die Reiskörner rundum mit Öl überzogen sind. Den Wein angießen und den Alkohol verkochen lassen. 1 Schöpfkelle des heißen Fonds oder der Brühe zugeben und unter ständigem Rühren einkochen lassen. Den restlichen Fond in etwa 20 Minuten auf die gleiche Weise verarbeiten. Den Risotto vom Herd nehmen und die übrige Butter unterschlagen. In eine vorgewärmte Schüssel umfüllen und sofort servieren.

SCHARFES KÜRBISGEMÜSE

ZUCCA PICCANTE AL PREZZEMOLO

Vorbereiten: *15 Min.*
Garzeit: *15 Min.*
Für 4 Personen

— 1 Kürbis (800 g), geschält,
  entkernt und halbiert
— 2–3 EL Olivenöl
— 1 scharfe Chili
— 1 Zwiebel, fein gehackt
— 1 Prise frisch geriebene
  Muskatnuss
— 2 EL frisch gehackte krause
  Petersilie
— Salz

Die Kürbishälften längs achteln und in etwa 5 mm breite
Scheiben schneiden. Das Öl in einer großen Pfanne erhitzen.
Chili und Zwiebel darin 5 Minuten bei schwacher Hitze
andünsten, bis die Zwiebel glasig ist, dabei mehrmals
umrühren. Die Kürbisscheiben zugeben und mit Muskatnuss und Salz würzen. Alles gut vermengen und den
Kürbis in 5–7 Minuten weich garen. Vom Herd nehmen,
die Chili entfernen und das Gemüse in eine vorgewärmte
Servierschüssel füllen. Mit der Petersilie bestreuen und
servieren. Dazu schmeckt Käse hervorragend.

KÜRBIS MIT WILDEM FENCHEL

ZUCCA GIALLA AL FINOCCHIO SELVATICO

Vorbereiten: *25 Min.*
Garzeit: *20 Min.*
Für 4–6 Personen

— 1 Kürbis (1 kg), geschält,
  entkernt und gewürfelt
— 3 EL Olivenöl
— 1 Knoblauchzehe, zerdrückt
— 1 Bund Wilder Fenchel,
  klein gehackt, oder
  1 TL Fenchelsamen,
  zerstoßen
— Salz und Pfeffer

Kürbisstücke, Öl, Knoblauch und Fenchel mit 100 ml Wasser
in eine große Pfanne geben. Salzen und pfeffern. Zugedeckt
bei schwacher Hitze etwa 20 Minuten garen, bis die Flüssigkeit verkocht ist, dabei mehrmals umrühren. In eine
vorgewärmte Schüssel umfüllen und warm servieren.

PASTA-ROULADE MIT KÜRBIS-KÄSE-SPINAT-FÜLLUNG

ROTOLO DI ZUCCA CACIOTTA E SPINACI

Vorbereiten: *2 Std. 30 Min.*
plus *7 Std.* Kühlen
Garzeit: *30 Min.*
Für 8 Personen

Für den Pastateig:
— 300 g Weizenmehl Type 405,
  und etwas Mehl zum
  Bestäuben
— 2 Eigelb
— 2 Eier
— 1 Prise Salz

Für die Füllung:
— 1 Kürbis (800 g), geschält,
  entkernt und gewürfelt
— 100 ml Olivenöl
— 4 Schalotten, klein gehackt
— 1 Knoblauchzehe, geschält
— 4 Salbeiblätter, klein gehackt
— 600 g Spinat, grobe Stiele
  ausgeschnitten
— 350 g Caciotta- oder
  Provolone-Käse, gerieben
— 1 Ei, leicht verquirlt
— Butter, zum Einfetten
— Salz und Pfeffer

Für den Teig das Mehl auf eine Arbeitsfläche sieben und anhäufeln. Eine Mulde in die Mitte drücken und Eigelb, Eier und Salz hineingeben. Alles gut unterarbeiten und den Teig etwa 10 Minuten durchkneten, zu einer Kugel formen, in Frischhaltefolie wickeln und mindestens 1 Stunde kühl stellen. Danach den Teig halbieren und jedes Stück auf der bemehlten Arbeitsfläche sehr dünn und rechteckig ausrollen. Einen großen Topf gesalzenes Wasser zum Kochen bringen. Eine der Teigplatten 2–3 Minuten sprudelnd darin kochen, dann aus dem Wasser heben und auf einem Küchenhandtuch abtrocknen lassen, bis sie lederhart getrocknet ist. Mit der zweiten Teigplatte ebenso verfahren.

Für die Füllung einen Topf gesalzenes Wasser zum Kochen bringen und die Kürbiswürfel darin 10 Minuten garen, dann beiseitestellen. 4 Esslöffel Öl in einer Pfanne erhitzen und darin Schalotten, Knoblauch und Salbei bei schwacher Hitze unter Rühren 10 Minuten anbraten. Den Knoblauch entfernen. Salzen und pfeffern und nochmals erhitzen. Vom Herd nehmen, in eine Schüssel umfüllen und zerstampfen. Abkühlen lassen.

Das restliche Öl in der gleichen Pfanne erhitzen. Den Spinat einlegen und zugedeckt bei schwacher Hitze 10 Minuten garen, dabei mehrmals wenden. Salzen und vom Herd nehmen. Spinat abgießen, ausdrücken, klein hacken und abkühlen lassen. Die Kürbismischung, den Spinat und den geriebenen Käse auf eine der Teigplatten streichen und dabei einen 2 cm breiten Teigrand stehen lassen. Den Rand mit dem verquirlten Ei bestreichen, die zweite Teigplatte darauflegen und die Ränder zusammendrücken. Mithilfe des Küchentuchs die Teigplatten von der schmäleren Seite her wie eine Biskuitrolle aufrollen. Die seitlichen Ränder wie Bonbonpapiere verdrehen. Die Rolle 6 Stunden kühl stellen.

Den Backofen auf 180 °C vorheizen. Eine Auflaufform mit Butter einfetten. Die Teigroulade in etwa 2 cm breite Stücke schneiden und diese leicht überlappend in die vorbereitete Form schichten. Im Ofen goldbraun backen.

SÜSSE KÜRBIS-TARTE

CROSTATA DI ZUCCA

Vorbereiten: *1 Std.*
plus *1 Std.* Abtropfen
Garzeit: *40 Min.*
Für 8 Personen

— 1 Kürbis (750 g), geschält,
  entkernt und klein gehackt
— Butter, zum Einfetten
— 250 g Mürbe- oder Blätterteig
  (Tiefkühlware), aufgetaut
— Weizenmehl Type 405,
  zum Bestäuben
— 2 Eier
— 150 g Rohrzucker
— 125 g Crème double
— 1 EL Sherry
— 1 Prise gemahlener Zimt
— 1 Prise frisch geriebene
  Muskatnuss
— 1 Prise Ingwerpulver
— Salz
— Eiscreme, zum Servieren

Die Kürbisstücke in einem Topf mit 250 ml gesalzenem Wasser aufkochen. Die Hitze reduzieren und den Kürbis zugedeckt in 25 Minuten weich garen. Abgießen und fein zerstampfen. Den Kürbisbrei in ein Sieb geben. Eine mit Dosen beschwerte Schüssel in das Sieb stellen und den Brei 1 Stunde entwässern. Die übrig gebliebene Kürbismasse in einem Standmixer cremig pürieren.

Den Backofen auf 180 °C vorheizen. Eine Springform (20 cm Durchmesser) mit Butter einfetten. Den Teig auf einer leicht bemehlten Arbeitsfläche passend ausrollen und die Form damit auslegen. Den überstehenden Rand abschneiden und beiseitestellen. Den Teig mit Backpapier auslegen und Backerbsen zum Blindbacken einfüllen. Im Ofen etwa 10 Minuten vorbacken, dann aus dem Ofen nehmen. Erbsen und Backpapier entfernen. Den Teig im Ofen weitere 5–10 Minuten backen, bis er durchgetrocknet ist und anfängt, Farbe anzunehmen.

In der Zwischenzeit die Teigreste ausrollen und Plätzchen in Blattform zur Dekoration ausstechen. Eier und Zucker in einer Schüssel schaumig aufschlagen. Die Kürbiscreme untermischen, dann Crème double, Sherry, Zimt, Muskatnuss und Ingwer einarbeiten. Die Form aus dem Ofen nehmen und die Kürbismischung einfüllen. Die Teigblätter darauf arrangieren und die Tarte mit Alufolie abdecken. Zur Belüftung einige Löcher in die Folie stoßen. Im Ofen 10 Minuten backen, dann ohne Folie weitere 20 Minuten fertig backen. Die Tarte herausnehmen und heiß oder lauwarm mit Eiscreme servieren.

ROTE-BETE-RISOTTO

RISOTTO AL SUCCO DI BARBABIETOLE

Vorbereiten: *15 Min.*
Garzeit: *30 Min.*
Für 4 Personen

— 600 g Rote Beten, geschält
— 1 l Gemüsefond
— 50 g Butter
— 1 Schalotte, klein gehackt
— 325 g Risotto-Reis
— 200 ml trockener Weißwein
— 40 g geriebener Parmesan
— 4 EL Crème double
— Salz

Rote Beten in einen Entsafter geben und die Flüssigkeit beiseitestellen. Den Gemüsefond in einem Topf aufkochen, dann die Hitze reduzieren und sanft köcheln.
In der Zwischenzeit die Hälfte der Butter in einem weiteren Topf zerlassen und die Schalotte darin bei schwacher Hitze in etwa 5 Minuten weich garen, dabei mehrmals umrühren. Den Reis einstreuen und unter Rühren 2 Minuten anbraten, bis alle Körner mit Butter überzogen und glasig sind. Den Wein angießen und den Alkohol verkochen lassen. Eine Schöpfkelle des heißen Fonds zugießen und unter Rühren einkochen. Den übrigen Fond in etwa 20 Minuten auf die gleiche Weise aufbrauchen. Den Topf vom Herd nehmen. Den Rest der Butter, Parmesan und Crème double unterschlagen. Salzen, gut durchmischen und den Rote-Bete-Saft über den Risotto gießen. Etwa 1 Minute ziehen lassen, dann servieren.

ROTE-BETE-SUPPE

ZUPPA DI BARBABIETOLE

Vorbereiten: *30 Min.*
Garzeit: *1 Std.*
Für 4 Personen

— 25 g Butter
— 2 EL Weizenmehl Type 405
— 1 EL Rotweinessig
— 1,5 l warmes Wasser
— 1 Zwiebel, gewürfelt
— 2 Karotten, gewürfelt
— 300 g Rote Beten, geschält und gewürfelt
— 200 ml Naturjoghurt
— 1 EL frisch gehackte Petersilie
— Salz
— Croûtons, zum Servieren

Die Butter in einem großen Topf zerlassen. Das Mehl einrühren und 2 Minuten unter Rühren einbrennen lassen. Essig und Wasser angießen, glatt rühren und salzen. Die Zwiebel-, Karotten- und Rote-Bete-Würfel zufügen und aufkochen lassen. Die Hitze reduzieren und die Suppe etwa 1 Stunde köcheln. Vom Herd nehmen, die Suppe etwas abkühlen lassen und dann in einem Standmixer glatt pürieren. Die Suppe in vorgewärmte Suppenschälchen schöpfen und den Joghurt sowie die Petersilie einrühren. Mit den Croûtons bestreut servieren.

KARTOFFELAUFLAUF MIT BETEN-KRAUT

PASTICCIO DI BIETOLE E PATATE

Vorbereiten: *1 Std.*
Garzeit: *20 Min.*
Für 6 Personen

— 1 kg frische Rote-Bete-Blätter
  oder Mangoldblätter, harte
  Stiele ausgeschnitten
— 2 EL Olivenöl, und etwas
  Olivenöl zum Einstreichen
— 300 g italienische Bratwurst,
  (Salsiccia), gehäutet
— 1 Chili, entkernt und
  fein gehackt
— 1 Knoblauchzehen, geschält
— 4 Kartoffeln, geschält und
  in Spalten geschnitten
— 3 Eier, hart gekocht, geschält
  und klein geschnitten
— 80 g geräucherter Mozzarella
  oder Provolone-Käse, grob
  gerieben
— 2–3 EL frisch geriebene
  Weißbrotbrösel
— Salz und Pfeffer

Einen Topf gesalzenes Wasser zum Kochen bringen und
darin die Bete- oder Mangoldblätter einige Minuten
blanchieren, abgießen (den Kochsud auffangen) und kalt
abschrecken. Die Blätter grob hacken und beiseitestellen.

Das Öl in einem großen Topf erhitzen. Das Wurstbrät
hineinkrümeln. Chili und Knoblauch ebenfalls zugeben.
Bei schwacher Hitze einige Minuten anbraten, bis der
Knoblauch leicht gebräunt ist, dabei mehrmals umrühren.
Den Knoblauch aus dem Öl nehmen und entsorgen. Die
Bete- oder Mangoldblätter und die Kartoffeln zugeben,
den beiseitegestellten Kochsud zugießen, salzen und
pfeffern und etwa 40 Minuten köcheln. Falls die Mischung
zu trocken wird, weitere Flüssigkeit zugießen. In der
Zwischenzeit den Backofen auf 190 °C vorheizen und
eine Auflaufform mit Öl einstreichen. Die Wurstmischung
in einem Sieb abtropfen lassen, dann in einer Schüssel
mit den Eiern, dem geriebenen Käse und den Brotbröseln
vermengen. In die vorbereitete Form umfüllen und im
Ofen 15–20 Minuten überbacken. Herausnehmen und
vor dem Servieren 5 Minuten ziehen lassen.

SALAT MIT ROTE BETE UND KAVIAR

INSALATA DI BARBABIETOLE AL CAVIALE

Vorbereiten: *20 Min.*
Für 4 Personen

— 2 Rote Beten, gekocht
— 1 Schnittlauch, in feine
  Röllchen geschnitten
— Olivenöl, zum Beträufeln
— Rotweinessig, zum Beträufeln
— 200 g Crème double
— ½ Zitrone
— 4 TL Kaviar
— Salz und Pfeffer

Rote Beten schälen (dabei Handschuhe tragen!), in Scheiben
und dann in Streifen schneiden. In einer Schüssel mit dem
Schnittlauch vermischen. Pfeffern, salzen und mit Öl und
Essig beträufeln. Die Crème double leicht aufschlagen
und einige Tropfen Zitronensaft hinzufügen. Rote Bete
auf Portionstellern verteilen. Je 1 Esslöffel Crème double
mit 1 Teelöffel Kaviar daraufsetzen.

BUNTER ROTE-BETE-SALAT

INSALATA MISTA DI BARBABIETOLE

Vorbereiten: 25 Min.
Garzeit: 15–20 Min.
Für 4 Personen

— 300 g Kartoffeln
— 150 g grüne Bohnen
— 2 Rote Beten, gekocht und in Scheiben geschnitten
— 1 Tomate, in Spalten geschnitten
— 3 Eier, hart gekocht und geschält
— 100 g Gruyère-Käse, gewürfelt
— 20 g in Salzlake eingelegte Kapern (aus dem Glas), gut abgespült und abgetropft
— 3 Essiggürkchen, abgetropft und grob gehackt
— 1 EL frisch gehackte Petersilie
— 1 EL Weißweinessig
— 150–200 ml Olivenöl
— Salz und Pfeffer

Die ungeschälten Kartoffeln in einem Topf mit leicht gesalzenem Wasser in 15–20 Minuten weich kochen. Die Bohnen ebenfalls in gesalzenem Wasser in 5–10 Minuten al dente garen, abgießen und kalt abschrecken. Die Kartoffeln abgießen, schälen und in Scheiben schneiden. Kartoffeln, Rote Beten und Tomatenspalten in einer Salatschüssel anrichten. 2 der gekochten Eier in Achtel schneiden und mit den Käsewürfeln in die Schüssel geben. Die gekochten Bohnen darauf anrichten. Das restliche Ei grob hacken und mit Kapern, Gürkchen, Petersilie, Essig und 150 ml Öl in einem Standmixer cremig pürieren. Nach Geschmack salzen und weiteres Öl einarbeiten, falls die Sauce zu dick ist. Das Dressing separat zum Salat reichen.

ROTE BETE MIT ORANGE

BARBABIETOLE ALL'ARANCIA

Vorbereiten: 20 Min.
Für 4 Personen

— 3 Rote Beten, gekocht
— 2 Orangen
— 1 kleines Bund Schnittlauch, in Röllchen geschnitten
— Apfelessig, zum Beträufeln
— Olivenöl, zum Beträufeln

Rote Beten schälen (dabei Handschuhe tragen!) und in etwa 3 mm dünne Scheiben schneiden. Die Orangen inklusive der bitteren weißen Haut schälen und das Fruchtfleisch dünn aufschneiden. Eine Servierplatte kreisrund mit den Scheiben von Orange und Roter Bete auslegen, dabei abwechseln. Den Schnittlauch darüberstreuen und mit Essig und Öl beträufeln. Einige Minuten kühl stellen, damit sich die Aromen gut vermischen, und servieren.

ROT-WEISSER RÜBEN-SELLERIE-SALAT MIT SENFMAYONNAISE

BARBABIETOLE E SEDANO RAPA CON MAIONESE
ALLA SENAPE

Vorbereiten: *40 Min.*
plus *1 Std.* Abtropfen
Für 4–6 Personen

— 750 g Knollensellerie,
  küchenfertig geputzt und
  geschält
— 1 EL Weißweinessig
— 1 EL mittelscharfer Senf
— 1 TL flüssiger Honig
— 4 EL leichtes Olivenöl
— 500 g Rote Beten, gekocht
  und geschält
— Olivenöl, zum Beträufeln
— Zitronensaft, durch ein Sieb
  gestrichen, zum Beträufeln
— Salz

Für die Mayonnaise:
— 1 Eigelb
— 2 EL Dijon-Senf
— 200 ml Sonnenblumenöl
— 1–2 TL Weißweinessig
— Salz

Knollensellerie in dünne Streifen hobeln, in ein Sieb
legen und lagenweise einsalzen und etwa 1 Stunde wässern.
In der Zwischenzeit Essig, mittelscharfen Senf und Honig
in einer Schüssel verrühren und das leichte Olivenöl nach
und nach unterarbeiten, sodass sich eine cremige Vinaigrette
ergibt. Rote Beten mit Küchenpapier trocken tupfen,
in feine Streifen schneiden und in eine Schüssel geben.
Nach Geschmack mit Öl beträufeln, etwas Zitronensaft
zugeben und beiseitestellen.

Für die Mayonnaise das Eigelb und den Dijon-Senf in einer
Schüssel aufschlagen. Das Öl tropfenweise unterschlagen,
bis die Masse andickt, dann in einem gleichmäßigen
Strahl das restliche Öl unterarbeiten. 1 Prise Salz und den
Essig unterschlagen und die Mayonnaise kühl stellen. Die
Selleriestreifen unter fließendem Wasser abspülen und mit
Küchenpapier trocken tupfen, dann zur Vinaigrette geben.
Bis zum Servieren kühl stellen. Den Sellerie- und den
Rote-Bete-Salat nebeneinander auf einer Servierplatte
anrichten und servieren. Dazu die Senfmayonnaise reichen.

KAROTTENSALAT AUF CHICORÉE

CAROTE CON CICORIA

Vorbereiten: *10 Min.*
Für 4 Personen

— 800 g Karotten, in dünne
  Scheiben geschnitten
— Olivenöl, zum Beträufeln
— Saft von 1 Zitrone, durch
  ein Sieb gestrichen
— 2 Scheiben frische Ananas,
  Strunk entfernt, Fleisch
  gewürfelt
— 1 Chicorée
— Salz und Pfeffer

Die Karottenscheiben in eine Schüssel geben und mit
etwas Öl und Zitronensaft beträufeln, salzen und pfeffern.
Die Ananasstücke unterheben. Den Chicorée in einzelne
Blätter zerteilen und diese auf einer Servierplatte kreisrund
anrichten. Die Karotten-Ananas-Mischung in die Chicoréeblätter löffeln und servieren.

KAROTTENSUPPE MIT PAPRIKA

CAROTE ALLA PAPRIKA IN BRODO

Vorbereiten: *25 Min.*
Garzeit: *30 Min.*
Für 4 Personen

— 1 l Gemüsefond
— 600 g Karotten, gerieben
— 200 g Kartoffeln, gewürfelt
— 1 Prise Paprikapulver, edelsüß
— 25 g Butter
— Saft von 1 Zitrone, durch ein
  Sieb gestrichen
— Salz

Zum Servieren:
— 4 Scheiben Roggenbrot
— frisch geriebener Parmesan

Den Fond in einem großen Topf zum Kochen bringen.
Karotten und Kartoffeln zugeben. Paprikapulver einrühren
und salzen. Die Hitze reduzieren und die Suppe 30 Minuten
köcheln, dann vom Herd nehmen. In einem Standmixer
oder einer Küchenmaschine cremig pürieren, dann Butter
und Zitronensaft unterheben. Die Brotscheiben in Suppenschälchen legen und mit geriebenem Parmesan bestreuen.
Die Karottensuppe darüberschöpfen und heiß servieren.

KAROTTEN-FENCHEL-CREMESUPPE

CREMA DI CAROTE E FINOCCHI

Vorbereiten: *25 Min.*
Garzeit: *25 Min.*
Für 4 Personen

— 6 Karotten, küchenfertig
  geputzt
— 3 Fenchelknollen,
  küchenfertig geputzt
— Olivenöl, zum Beträufeln
— 40 g geriebener Parmesan
— Salz und Pfeffer
— kleine Weißbrotscheiben, in
  Olivenöl oder Butter gebraten,
  zum Servieren

Die Karotten und den Fenchel in einen Topf geben und mit 1 l Wasser und 1 Prise Salz zum Kochen bringen. Die Hitze reduzieren und das Gemüse in 15–20 Minuten weich kochen. In einen Standmixer oder eine Küchenmaschine umfüllen und cremig pürieren. Die Mischung in einen sauberen Topf umfüllen und etwas einkochen. Wenn nötig, etwas nachsalzen. Die Suppe auf Portionsteller verteilen, mit Öl beträufeln und pfeffern. Mit dem geriebenen Käse bestreuen. Sofort servieren, und dazu das Brot reichen.

OFENKAROTTEN MIT TALEGGIO-KRUSTE

CAROTE AL TALEGGIO

FOTO AUF SEITE 321

Vorbereiten: *50 Min.*
Garzeit: *20 Min.*
Für 4 Personen

— 2 EL Olivenöl
— 1 Schalotte, fein gehackt
— 800 g Karotten, in 1 cm
  dicke Scheiben geschnitten
— Butter, zum Einfetten
— 175 g Taleggio-Käse
— 2 Eier, leicht verschlagen
— 40 g geriebener Parmesan
— 100 ml Milch
— 1 EL frisch gehackte Petersilie
— Salz und Pfeffer

Das Öl in einer Pfanne erhitzen und darin die Schalotte bei schwacher Hitze unter Rühren 5 Minuten glasig braten. Die Karotten untermischen und 10 Minuten anbraten, dabei gelegentlich wenden. Salzen und pfeffern und weitere 5 Minuten garen, dann vom Herd nehmen. Den Backofen auf 220 °C vorheizen. Eine Auflaufform mit Butter einfetten. Den Käse in einer Schüssel cremig rühren, Eier, geriebenen Käse und Milch unterschlagen und mit Salz und Pfeffer würzen. Die Karotten gleichmäßig in der Form verteilen, mit der Taleggio-Creme bedecken und im Ofen etwa 20 Minuten überbacken. Herausnehmen und mit der Petersilie bestreut servieren.

OFENKAROTTEN MIT TALEGGIO-KRUSTE

JUNGE KAROTTEN IN KRÄUTERSAUCE

JUNGE KAROTTEN IN KRÄUTERSAUCE

FOTO AUF SEITE 322

CAROTE NOVELLE IN SALSA D'ERBE

Vorbereiten: *10 Min.*
Garzeit: *25 Min.*
Für 4 Personen

— 800 g junge Karotten,
  küchenfertig geputzt
— 40 g Butter
— 1 EL Olivenöl
— 1 Knoblauchzehe, geschält
— 2 EL gemischte frisch gehackte
  Kräuter, wie Petersilie,
  Basilikum und Majoran
— 4 EL Crème double
— Salz und Pfeffer

Einen Topf mit leicht gesalzenem Wasser zum Kochen bringen. Die Karotten zugeben und in 10 Minuten weich garen. Die Butter mit dem Öl in einer Pfanne erwärmen und den Knoblauch darin unter Rühren bei schwacher Hitze einige Minuten anbraten, bis er goldbraun ist. Aus der Pfanne nehmen und entsorgen. Die Karotten in die Pfanne geben und einige Minuten braten, dann die gehackten Kräuter unterrühren, salzen und pfeffern. Die Crème double zugießen und 10–15 Minuten einkochen lassen. Falls die Sauce zu dick wird, mit etwas lauwarmem Wasser oder Milch verdünnen. Vom Herd nehmen und warm servieren.

KAROTTENBRATLINGE

SCHIACCIATE DI CAROTE

Vorbereiten: *45 Min.*
Garzeit: *20 Min.*
Für 4 Personen

— 500 g Karotten, küchenfertig
  geputzt
— 75 g Weizenmehl Type 405
— 1 Ei, getrennt
— 25 g Butter
— 1 EL Weinbrand
— 1 Prise frisch geriebene
  Muskatnuss
— 125 ml Olivenöl
— Salz

Die Karotten in einem Topf gerade mit Wasser bedecken, 1 Prise Salz zugeben und zum Kochen bringen. Die Hitze reduzieren und etwa 20 Minuten köcheln. Abgießen und in Scheiben schneiden, dann in einem sauberen Topf zu Püree zerstampfen. Unter Rühren sanft erhitzen, um das Püree einzudicken. Vom Herd nehmen, 2 Esslöffel des Mehls, das Eigelb und die Butter unterrühren. Den Weinbrand, die Muskatnuss und etwas Salz zugeben und ebenfalls unterrühren. Das restliche Mehl in eine flache Schale geben. Das Eiweiß in einer fettfreien Schüssel sehr steif schlagen. Aus der Karottenmischung Bällchen formen und flach drücken. Die Bällchen erst im Mehl wenden und dann in das Eiweiß tauchen. Das Öl in einer großen Pfanne erhitzen. Die Karottenbratlinge portionsweise nebeneinander einlegen und braten, bis sie hellbraun sind. Mit einem Schaumlöffel aus dem Fett heben und auf Küchenpapier abtropfen lassen. Auf einer vorgewärmten Servierplatte anrichten und sofort servieren.

GESCHMORTE KAROTTEN MIT SELLERIE

CAROTE BRASATE AL SEDANO

Vorbereiten: *30 Min.*
Garzeit: *55 Min.*
Für 6 Personen

— 25 g Butter
— 2 EL Olivenöl
— 150 g Perlzwiebeln, geschält
— 800 g Karotten, in dünne
  Scheiben geschnitten
— 1 helle Staude Sellerie,
  nur die inneren Stangen, in
  kleine Stücke geschnitten
— Nadeln von 1 Zweig
  Rosmarin, fein gehackt
— 1 Prise gemahlener Zimt
  (nach Geschmack)
— Salz und Pfeffer

Butter und Olivenöl in einer Pfanne erhitzen und die Zwiebeln darin bei schwacher Hitze 10–15 Minuten goldbraun braten, dabei mehrmals umrühren. Die Karotten, Sellerie und Rosmarin zugeben. Salzen, pfeffern und etwa 2 Esslöffel heißes Wasser angießen. Zugedeckt 40 Minuten bei schwacher Hitze schmoren, dabei die Pfanne mehrmals schütteln. Nach Geschmack mit Zimt bestreuen, umrühren und in eine vorgewärmte Schüssel füllen. Sofort servieren.

SARDISCHE GNOCCHETTI MIT KAROTTEN UND MINZE

GNOCCHETTI SARDI CON CAROTE ALLA MENTA

Vorbereiten: *30 Min.*
Garzeit: *35 Min.*
Für 4 Personen

— 300 g Gnocchetti
  (sardische Öhrchennudeln)
— 2 EL Olivenöl, und etwas
  Olivenöl zum Beträufeln
— 1 Knoblauchzehe, geschält
— 1 Zwiebel, klein gehackt
— 300 g junge Karotten, in
  dünne Streifen geschnitten
— 10 kleine Minzeblätter,
  klein gehackt
— Salz und Pfeffer

Einen großen Topf gesalzenes Wasser zum Kochen bringen. Die Pasta einlegen und in etwa 10 Minuten sprudelnd al dente kochen. Abgießen und kalt abschrecken, dann in eine Salatschüssel umfüllen und mit etwas Öl beträufeln. 2 Esslöffel Öl in einer Pfanne erhitzen und darin den Knoblauch und die Zwiebel unter Rühren 10 Minuten bei schwacher Hitze goldbraun braten. Knoblauch entfernen und entsorgen. Die Karotten zugeben und 15 Minuten garen, dabei mehrmals wenden. Zum Schluss die Minze 5 Minuten miterhitzen. Salzen und pfeffern. Die Karottenmischung mit den Nudeln vermengen. Abgekühlt servieren.

KAROTTEN MIT ÄPFELN UND SULTANINEN

INSALATA DI CAROTE E MELE ALL'UVETTA

Vorbereiten: *10 Min.*
plus *15 Min.* Einweichen
Für 4 Personen

— 40 g Sultaninen
— 25 g Zucker
— 1 Zitrone, abgeriebene
  Schale und durch ein
  Sieb gestrichen Saft
— Saft von 1 Limone,
  durch ein Sieb gestrichen
— 400 g Karotten, in dünne
  Scheiben geschnitten
— 2 Äpfel, backfähige Sorte
  wie Granny Smith
— Olivenöl, zum Beträufeln
— Salz und Pfeffer

Die Sultaninen mit warmem Wasser übergießen und 15 Minuten einweichen. In der Zwischenzeit den Zucker in 2 Esslöffeln warmem Wasser auflösen. Die Zitronenschale und den Zitronensaft in einer Salatschüssel mit der Zuckermischung verrühren und die Karotten unterheben. Die Äpfel schälen und grob raspeln, dann ebenfalls unter den Salat heben. Die Sultaninen abgießen, ausdrücken und unter den Salat mischen. Mit Öl beträufeln, pfeffern und salzen und sofort servieren.

GESCHMORTE HONIGKAROTTEN

CAROTE AL MIELE D'ACACIA

Vorbereiten: *15 Min.*
Garzeit: *25–35 Min.*
Für 4 Personen

— 100 g Butter
— 800 g Karotten, in dicke
  Scheiben geschnitten
— 1 EL Akazienhonig
— 100 ml Weinbrand
— 2 EL frisch gehackte Petersilie
— Salz

Die Butter in einer Pfanne zerlassen und darin die Karotten bei mittlerer Hitze 4–5 Minuten anbraten, dabei mehrmals wenden. Salzen und noch mal durchrühren, dann den Honig unterrühren. Zugedeckt 20–30 Minuten garen und mehrmals umrühren. Falls der Honig zu sehr einkocht, mit etwas heißem Wasser verdünnen. Gegen Ende der Garzeit den Weinbrand über die Karotten träufeln und weiterkochen, bis der Alkohol verkocht ist. Vom Herd nehmen und die Petersilie darüberstreuen.

GLASIERTE SESAMKAROTTEN

CAROTE GLASSATE AL SESAMO

Vorbereiten: *10 Min.*
plus *15 Min.* Einweichen
Garzeit: *25 Min.*
Für 4 Personen

— 600 g Karotten, in dicke
  Scheiben geschnitten
— 40 g Butter
— 2 kleine Zwiebeln, klein
  gehackt
— ½ Zitrone, abgeriebene
  Schale und durch ein Sieb
  gestrichenen Saft
— 1 EL Sesamsamen, geröstet
— 2 EL frisch gehackte Petersilie
— Olivenöl, zum Beträufeln
— Salz und Pfeffer

Die Karotten in einer großen Schüssel mit Wasser bedecken.
2 Teelöffel Salz einrühren und die Karotten darin etwa
15 Minuten einweichen. In der Zwischenzeit die Butter
in einer Pfanne zerlassen und die Zwiebeln darin unter
Rühren bei schwacher Hitze 5 Minuten glasig dünsten.
Zitronenschale und Zitronensaft dazugeben und 2 Minuten
mitgaren. Die Karotten gründlich abgießen und zum
Pfanneninhalt geben. Mit Salz und etwas Pfeffer würzen
und weitere 15 Minuten garen. Vom Herd nehmen, in eine
Schüssel umfüllen und gerösteten Sesam darüberstreuen.
Mit etwas Öl beträufeln und sofort servieren.

SALAT MIT KAROTTEN, FELDSALAT UND SCHWARZEN OLIVEN

INSALATA DI CAROTE, SONCINO E OLIVE NERE

Vorbereiten: *20 Min.*
Für 4 Personen

— 3 Karotten, in Juliennes
  geschnitten
— 200 g Feldsalat, in einzelne
  Blätter zerpflückt
— 100 g schwarze Oliven,
  entsteint
— Olivenöl, zum Beträufeln
— Weißweinessig, zum Beträufeln
— Salz und Pfeffer

Die Karottenstreifen mit dem Feldsalat und den Oliven
in eine Salatschüssel geben. Nach Geschmack mit Öl
und Essig beträufeln, salzen und pfeffern und die Zutaten
untermengen. Salat etwa 5 Minuten ziehen lassen, damit
die Aromen sich gut vermischen, und servieren.

NEUE KARTOFFELN MIT ROSMARIN

PATATINE NOVELLE AL ROSMARINO

Vorbereiten: *15 Min.*
Garzeit: *15 Min.*
Für 4 Personen

— 25 g Butter
— 100 ml Olivenöl
— 1 Zweig frischer Rosmarin
— 1 Knoblauchzehe, geschält
— 675 g neue Kartoffeln
— Salz

Die Butter mit dem Öl in einer großen Pfanne erhitzen. Rosmarin, Knoblauch und Kartoffeln zufügen, umrühren und abdecken. Bei schwacher Hitze goldbraun braten, dabei gelegentlich umrühren. Den Knoblauch und den Rosmarin entfernen und entsorgen. Die Kartoffeln mit Salz bestreuen und servieren.

KARTOFFELROLLE MIT ROTE-BETE-KRAUT, RICOTTA UND PARMESAN

ROTOLO DI PATATE, ERBETTE, RICOTTA E PARMIGIANO

Vorbereiten: *1 Std. 30 Min.*
Garzeit: *40 Min.*
Für 6 Personen

— 1 kg Kartoffeln
— 100 g Weizenmehl Type 405, und etwas Mehl zum Bestäuben
— 800 g Rübenkraut von Roter Bete, harte Stiele ausgeschnitten
— 50 g Butter, und etwas Butter zum Einfetten
— 500 g Ricotta (italienischer Frischkäse)
— 1 Ei, leicht verschlagen
— 50 g geriebener Parmesan
— 1 Prise frisch geriebene Muskatnuss
— Salz und Pfeffer

Die ungeschälten Kartoffeln in einem Topf mit leicht gesalzenem Wasser in 40 Minuten weich kochen. Abgießen, schälen und durch eine Püreepresse in eine Schüssel drücken. Das Mehl darübersieben und alles zu einem gleichmäßigen, geschmeidigen Teig verkneten. Auf einer bemehlten Arbeitsfläche 1 cm dick ausrollen. Einen Topf gesalzenes Wasser zum Kochen bringen und darin das Rübenkraut 10 Minuten garen. Abgießen und in feine Streifen schneiden. Die Hälfte der Butter in einer Pfanne zerlassen und die Krautstreifen darin 10 Minuten anbraten, dabei gelegentlich wenden. Salzen, pfeffern und vom Herd nehmen. Ricotta cremig rühren, dann die Rübenblätter, den geriebenen Käse und die Muskatnuss zugeben und unterrühren. Die Mischung auf den Kartoffelteig streichen. Die Platte vorsichtig aufrollen, in ein sauberes Küchentuch einschlagen und die Enden mit Küchengarn verschließen. Einen großen Topf gesalzenes Wasser zum Kochen bringen, dann die Hitze reduzieren, damit das Wasser nur noch siedet. Die Kartoffelrolle hineinhängen und darin 40 Minuten ziehen lassen. Herausnehmen, gut abtropfen lassen, auswickeln und in dicke Scheiben schneiden. Den Backofengrill vorheizen. Eine Auflaufform einfetten udn die Kartoffelscheiben dachziegelartig hineinschichten. Die übrige Butter in Flöckchen daraufsetzen und die Rolle im Ofen goldbraun backen. Sofort servieren.

KARTOFFELPLÄTZCHEN

SGONFIOTTI DI PATATE

Vorbereiten: 35 Min.
Garzeit: 40 Min.
Für 4 Personen

— 4 Kartoffeln, geschält
— 150 g Weizenmehl Type 405,
  und etwas Mehl zum
  Bestäuben
— 4 EL Olivenöl
— Salz und Pfeffer

Die Kartoffeln in einem Topf mit leicht gesalzenem Wasser in 25 Minuten gar kochen, abgießen und in einer Schüssel zerstampfen. Abkühlen lassen und so viel Mehl unterkneten, dass ein weicher Teig entsteht, der nicht mehr an den Händen klebt. Salzen und pfeffern. Den Teig auf einer leicht bemehlten Arbeitsfläche flach ausrollen und mit einer runden Ausstechform oder einem Glas Kreise mit 4–5 cm Durchmesser ausstechen. Das Öl in einer Pfanne erhitzen. Die Kartoffelplätzchen portionsweise hineinsetzen und auf beiden Seiten 5–10 Minuten braten, bis sie aufgepufft und goldbraun sind. Die Plätzchen warm halten, bis alle fertig gebacken sind, dann sofort servieren.

KARTOFFEL-GNOCCHI MIT TOMATEN UND BASILIKUM

FOTO AUF SEITE 329

GNOCCHI DI PATATE AL POMODORO E BASILICO

Vorbereiten: 1 Std.
plus 1 Std. Ruhen
Garzeit: 30 Min.
Für 4 Personen

— 1 kg Kartoffeln
— 200 g Weizenmehl Type 405,
  und etwas Mehl zum
  Bestäuben
— 1 Ei, leicht verschlagen
— Salz

Für die Sauce:
— 1 kg Pflaumentomaten,
  geschält, entkernt und
  grob gehackt
— 3 EL Olivenöl
— 2 Knoblauchzehen,
  fein gehackt
— 1 Prise Zucker
— 10 Basilikumblätter
— 4 EL geriebener Parmesan
— Salz und Pfeffer

Für die Gnocchi die Kartoffeln schälen und in einem Dampfkochtopf in 25 Minuten weich dämpfen. Herausnehmen und in einer Schüssel zerstampfen. Mehl, Ei und 1 Prise Salz unterrühren. Aus dem Teig lange Rollen mit 1,5 cm Durchmesser formen und diese in 2,5 cm große Stücke schneiden. Jedes Teigstück sanft gegen eine Reibe drücken, damit sie die typische Form und das Muster von Gnocchi bekommen, und auf einem bemehlten Küchentuch 1 Stunde trocknen lassen.

Für die Sauce Tomaten, Öl, Knoblauch und Zucker in einem Topf verrühren, salzen und pfeffern. Zugedeckt bei schwacher Hitze in 30 Minuten zu einem dicken Sugo kochen, dabei mehrmals umrühren. Einen großen Topf mit leicht gesalzenem Wasser zum Kochen bringen. Die Gnocchi portionsweise einlegen und sieden lassen, bis sie an die Oberfläche steigen. Mit einem Schaumlöffel aus dem Wasser heben und in eine vorgewärmte Schüssel füllen. Während die Gnocchi garen, die Basilikumblätter unter die Sauce mischen. Die Tomatensauce über die fertigen Gnocchi gießen, mit dem geriebenen Käse bestreuen und servieren.

KARTOFFEL-GNOCCHI MIT TOMATEN UND BASILIKUM

PFANNENFRISCHE KARTOFFELPUFFER

PANCAKES DI PATATE

Vorbereiten: 40 Min.
Garzeit: 25 Min.
Für 4 Personen

— 4 Kartoffeln
— 1–2 Eier
— 1 EL Weizenmehl Type 405
— 1 Prise Backpulver
— ½ TL abgeriebene
   Zitronenschale
— 1 EL fein gehackte Petersilie
— 4 EL Olivenöl
— Salz und Pfeffer

Den Backofen auf 150 °C vorheizen. Die Kartoffeln schälen, mit Küchenpapier trocken tupfen und mit einer Kartoffelreibe fein reiben. Die Eier leicht verschlagen, das Mehl mit dem Backpulver und je 1 Prise Salz und Pfeffer darübersieben und einarbeiten. Zitronenschale, Petersilie und zuletzt die rohen Kartoffeln zugeben und gut vermischen. In 8 Portionen aufteilen. Das Öl in einer großen Pfanne erhitzen. 4 Teighaufen hineinsetzen, flach drücken und auf beiden Seiten 8–10 Minuten gut bräunen. Aus dem Öl heben und im Ofen warm stellen, bis die restlichen Puffer fertig sind. Sofort servieren.

KARTOFFELSALAT MIT LÖWENZAHN UND SCHWARZER TRÜFFEL

INSALATA DI PATATE DENTI DI LEONE E TARTUFO NERO

Vorbereiten: 25 Min.
Garzeit: 40 Min.
Für 6 Personen

— 600 g Kartoffeln
— 2 Schalotten, fein gehackt
— Olivenöl, zum Beträufeln
— 300 g Löwenzahnblätter, in
   kleine Stücke zerpflückt
— 25 g Butter
— 20 Walnusskernhälften
— 2 kleine schwarze Trüffeln
— Salz und Pfeffer

Die Kartoffeln mit der Schale in gesalzenem Wasser in 30–40 Minuten gar kochen. Abgießen, schälen und in Scheiben schneiden. Die Kartoffelscheiben mit der Schalotte in eine Salatschüssel geben. Mit Öl beträufeln, salzen und pfeffern und vorsichtig unterheben. Einige Minuten ziehen lassen, dann die Löwenzahnblätter unterheben. Die Butter in einer kleinen Pfanne zerlassen und die Walnusskerne darin hellbraun rösten. Mit einem Schaumlöffel aus der Pfanne heben und über den lauwarmen Kartoffelsalat streuen. Zuletzt die Trüffeln hauchdünn über den Salat hobeln und sofort servieren.

FOLIENKARTOFFELN IM PAPRIKAMANTEL

CARTOCCIO DI PATATE ALL PAPRICA DOLCE

Vorbereiten: *10 Min.*
Garzeit: *1 Std.*
Für 4 Personen

— 2 EL Paprikapulver, edelsüß
— 4 große Kartoffeln
— 100 g Butter
— Nadeln von 2 Zweigen
   Rosmarin, fein gehackt
— Salz

Den Backofen auf 200 °C vorheizen. Paprikapulver und Salz in einer Schüssel vermengen und die Kartoffeln darin wälzen. Zum Einwickeln der Kartoffeln 4 Stücke Aluminiumfolie zuschneiden. In die Mitte der Folien je 1 großes Stück Butter setzen. Auf jedes Butterstück 1 Kartoffel setzen, ein weiteres Stück Butter auf die Kartoffel legen und mit jeweils 2–3 gehackten Rosmarinnadeln bestreuen. Die Folien um die Kartoffeln herum dicht verschließen. Die Päckchen auf ein Backblech setzen und 1 Stunde im Backofen backen. Aus dem Ofen nehmen und in der Folie servieren.

KARTOFFELPUFFER MIT ZIEGENKÄSE UND TOMATE

CROSTATINE DI PATATE AL POMODORO E FORMAGGIO CAPRINO

Vorbereiten: *30 Min.*
Garzeit: *30 Min.*
Für 6 Personen

— 10 Kartoffeln
— 3 Pflaumentomaten,
   dünn in runde Scheiben
   geschnitten
— 3 kleine, halbreife
   Ziegenkäse, dünn in runde
   Scheiben geschnitten
— Nadeln von 1 Zweig
   Rosmarin, fein gehackt
— 3 EL Olivenöl, und etwas
   Olivenöl zum Beträufeln
— Salz und Pfeffer

Die Kartoffeln schälen und in ein Gemüsesieb raffeln. Mit Salz bestreuen und 10 Minuten stehen lassen, sodass sie Wasser ziehen. Die Tomaten- und Käsescheiben auf einem Teller auslegen, mit Rosmarin bestreuen und pfeffern. Den Backofen auf 220 °C vorheizen. Das Öl in einer Pfanne erhitzen und einige Esslöffel der geriebenen Kartoffeln hineingeben. Mit einem Löffelrücken platt drücken und auf beiden Seiten so lange braten, bis sich eine dünne Kruste gebildet hat. Die Puffer aus der Pfanne nehmen und auf Küchenpapier abtropfen lassen. Mit dem restlichen Kartoffelteig ebenso verfahren. Auf die Puffer je 1 Scheibe Tomate und Ziegenkäse setzen, etwas Öl darüberträufeln und salzen. Auf 1–2 Backblechen verteilen und im Ofen 15 Minuten backen. Herausnehmen und sofort servieren.

OFENKARTOFFELN MIT GORGONZOLA-CREME

PATATE AL CARTOCCIO CON CREMA DI GORGONZOLA

Vorbereiten: 20 Min.
Garzeit: 1 Std.
Für 4 Personen

— 4 große Kartoffeln,
  sauber gebürstet
— 120 g reifer Gorgonzola-Käse
— 6 Walnüsse, geschält und
  Kerne gehackt
— 4 Lorbeerblätter
— Salz

Den Backofen auf 200 °C vorheizen. Jede Kartoffel quer mehrmals flach einritzen, mit Salz bestreuen und jeweils in ein quadratisches Stück Aluminiumfolie wickeln. Im Ofen 50–60 Minuten backen. In der Zwischenzeit den Gorgonzola in einer Schüssel cremig rühren und die Nüsse unterheben. Die gebackenen Kartoffeln aus dem Ofen nehmen, die Folien öffnen und mit einem Teelöffel etwas Kartoffelfleisch aus den Ritzen kratzen.

Jede Mulde mit 1 Esslöffel der Gorgonzola-Mischung füllen. Den Grill vorheizen und die Grillpfanne mit Backpapier auslegen. Die Kartoffeln mit der gefüllten Seite nach oben daraufsetzen, je 1 Lorbeerblatt hineinstecken und grillen, bis der Käse zu schmelzen anfängt. Sofort servieren.

KARTOFFELSALAT MIT SCHWARZEN OLIVEN UND ZITRONENMAYONNAISE

FOTO AUF SEITE 333

INSALATA DI PATATE NOVELLE E OLIVE NERE CON SALSA AL LIMONE

Vorbereiten: 20 Min.
Garzeit: 35 Min.
Für 6 Personen

— 800 g Frühkartoffeln
— 100 g trockene schwarze
  Oliven, entsteint und halbiert
— 2 Eier, hart gekocht, geschält
  und halbiert
— Salz

Für die Mayonnaise:
— 1 Eigelb
— 1 EL Dijon-Senf
— Saft von 3 Zitronen, durch
  ein Sieb gestrichen
— 175 ml Sonnenblumenöl
— dünn abgeschälte Schale
  von 1 Zitrone, in Juliennes
  geschnitten
— Salz und Pfeffer

Die Kartoffeln mit der Schale in gesalzenem Wasser etwa 18 Minuten garen, abgießen und abkühlen lassen. Die kalten Kartoffeln in Scheiben schneiden und in eine Salatschüssel geben. Oliven und Eier untermischen. Für das Dressing das Eigelb in einer Schüssel mit Senf und Zitronensaft verschlagen. Das Sonnenblumenöl tropfenweise dazugeben und ebenfalls unterschlagen. Sobald die Mayonnaise dick wird, das Öl in einem dünnen Strahl zufließen lassen und weiterschlagen. Die Zitronen-Juliennes unterheben und mit Salz und Pfeffer abschmecken. Die Mayonnaise unter die Kartoffel-Oliven-Mischung ziehen und servieren.

KARTOFFELKÜCHLEIN MIT SALBEI

SCHIACCIATINE ALLA SALVIA

Vorbereiten: *15 Min.*
Garzeit: *40 Min.*
Für 4 Personen

— 1 kg Kartoffeln
— 1 Ei, leicht verschlagen
— 50 g geriebener Parmesan
— 2 EL Milch
— 3–4 Salbeiblätter, fein gehackt
— 1 TL abgeriebene
   Zitronenschale
— Weizenmehl Type 405,
   zum Bestäuben
— 25 g Butter
— 3 EL Olivenöl
— Salz und Pfeffer

Die Kartoffeln mit der Schale in gesalzenem Wasser etwa 25 Minuten kochen, bis sie gar sind. Abgießen, schälen und in einer Schüssel zerstampfen. Ei, geriebenen Käse, Milch, Salbei und Zitronenschale unterrühren, dann salzen und pfeffern. Aus dem Teig etwa 12 Bällchen formen und flach drücken. Rundum mit Mehl bestäuben. Die Butter mit dem Öl in einer Pfanne erhitzen und darin die Kartoffelküchlein portionsweise pro Seite 5–8 Minuten goldbraun braten. Aus der Pfanne heben und auf Küchenpapier abtropfen lassen. Fertige Küchlein warm stellen, bis alle fertig gebacken sind, dann servieren.

KARTOFFELGRATIN MIT SPECK UND THYMIAN

FOTO AUF SEITE 334

PURÈ GRATINATO CON BACON E TIMO

Vorbereiten: *30 Min.*
Garzeit: *1 Std. 15 Min.*
Für 4 Personen

— 1 kg Kartoffeln
— 50 g Butter, und etwas Butter
   zum Einfetten
— 1 EL Olivenöl
— 100 g durchwachsener Speck
   am Stück, quer in dünne
   Streifen geschnitten
— 1 Ei, leicht verschlagen
— 80 g Provolone-Käse,
   grob geraspelt
— Blätter von 3 Zweigen
   Thymian, fein gehackt
— 4 EL frisch geriebene
   Weißbrotbrösel
— Salz und Pfeffer

Die Kartoffeln schälen, achteln und in einen Dämpfeinsatz legen. In einem Topf etwa 5 cm hoch Wasser aufkochen, den Dämpfeinsatz hineinhängen und die Kartoffeln in 20–30 Minuten weich kochen. Die Kartoffeln in einer Schüssel mit der Gabel zerdrücken, und abkühlen lassen. In der Zwischenzeit den Backofen auf 200 °C vorheizen.

Eine Auflaufform mit Butter ausfetten. Das Öl in einer Pfanne erhitzen und darin den Speck in 6–8 Minuten knusprig anbraten, dabei mehrmals wenden. Die Kartoffelmasse mit dem Ei und dem geraspelten Käse vermengen, dann salzen und pfeffern. Speck und Thymian unterheben. Alles in die vorbereitete Form füllen, die Brotbrösel darüberstreuen und die Butterflöckchen daraufsetzen. Im Ofen 30 Minuten überbacken, bis das Gratin an der Oberfläche goldbraun und knusprig ist.

KARTOFFELN IM SALZMANTEL

FOTO AUF SEITE 337

PATATE AL SALE

Vorbereiten: *20 Min.*
Garzeit: *40 Min.*
Für 6–8 Personen

— 1,5 kg Kartoffeln
— 2 EL Weizenmehl Type 405
— 1,3 kg grobes Meersalz
— 2 Eiweiß
— Blätter von 1 Zweig Salbei,
  fein gehackt
— Nadeln von 1 Zweig
  Rosmarin, fein gehackt
— Pfeffer

Den Backofen auf 190 °C vorheizen. Die Kartoffeln schälen und in Scheiben schneiden, in eine Schüssel mit kaltem Wasser einlegen und beiseitestellen. Mehl, Salz und Eiweiß in einer weiteren Schüssel vermengen und so viel Wasser zugeben, dass die Mischung feucht, aber nicht flüssig ist. Die Kartoffeln abgießen und mit einem Küchentuch trocken tupfen. Die Hälfte des Salzteigs in eine Auflaufform streichen und die Kartoffelscheiben lückenlos darauflegen. Salbei und Rosmarin darüberstreuen und mit der übrigen Salzmischung bedecken. Im Ofen 40 Minuten backen. Herausnehmen, die Salzkruste gründlich entfernen, sodass kein Salz mehr an den Kartoffeln klebt, pfeffern und servieren.

KARTOFFEL-PORREE-AUFLAUF

TORTINO DI PATATE, FORMAGGIO E PORRI

Vorbereiten: *20 Min.*
Garzeit: *1 Std.*
Für 8 Personen

— 2 kg Kartoffeln
— 65 g Butter, und etwas
  Butter zum Einfetten
— 2 EL Olivenöl
— 2 Porreestangen, in feine
  Ringe geschnitten
— 2 Zwiebeln, in feine Ringe
  geschnitten
— 4 EL frisch geriebene,
  grobe Weißbrotbrösel
— 300 g Mascarpone
— 1 Ei, leicht verschlagen
— Salz und Pfeffer

Die Kartoffeln mit der Schale in gesalzenem Wasser in etwa 25 Minuten weich kochen. Abgießen, schälen und in einer Schüssel zerstampfen. 2 Esslöffel Butter mit dem Öl in einer Pfanne erhitzen. Porree und Zwiebeln darin bei schwacher Hitze in etwa 5 Minuten weich und glasig dünsten, dabei mehrmals umrühren. Leicht salzen und vom Herd nehmen. Den Backofen auf 180 °C vorheizen. Eine Auflaufform mit Butter einfetten und mit den Brotbröseln bestäuben. Die restliche Butter in einer Auflaufform im Wasserbad mit siedendem Wasser schmelzen. Kartoffeln, Porree und Zwiebeln vermengen, Mascarpone und geschmolzene Butter unterheben und mit Salz und Pfeffer abschmecken. Die Mischung in die vorbereitete Form füllen und mit einem Palettmesser glatt streichen. Die Oberfläche mit dem verschlagenen Ei einstreichen und im Ofen 20 Minuten goldbraun überbacken. Sofort servieren.

KARTOFFELN IM SALZMANTEL

KARTOFFEL-WACHOLDER-TORTE

TORTIERA DI PATATE AL GINEPRO

Vorbereiten: *25 Min.*
Garzeit: *50 Min.*
Für 6 Personen

— 1 EL Olivenöl, und etwas
   Olivenöl zum Einstreichen
— 1,5 kg Kartoffeln
— 1 Schalotte, klein gehackt
— 3–4 Wacholderbeeren,
   zerdrückt
— 80 g Speck, fein
   geschnitten
— 50 g Butter
— Salz und Pfeffer

Den Backofen auf 220 °C vorheizen. Eine Springform
(26 cm Durchmesser) mit Öl einstreichen. Die Kartoffeln
schälen, in dünne Scheiben schneiden und mit Küchenpapier
trocken tupfen. Das Öl in einer Pfanne erhitzen und die
Schalotte bei schwacher Hitze 5 Minuten garen, bis sie
weich und glasig ist, dabei mehrmals umrühren. Die
Wacholderbeeren und den Speck zugeben und ebenfalls
5 Minuten dünsten, dann vom Herd nehmen. Eine Schicht
Kartoffelscheiben dachziegelartig in die vorbereitete
Form einlegen. Salzen und pfeffern. Einen Teil der Speck-
Wacholder-Mischung darübergeben und 1 Esslöffel Butter
in Flocken darauf verteilen. Auf diese Weise alle Zutaten
aufbrauchen. Die letzte Schicht sollten Kartoffeln mit
Butterstückchen sein. Den Auflauf mit Aluminiumfolie
abdecken und etwa 20 Minuten im Ofen garen. Die Folie
entfernen und weitere 30 Minuten backen. Herausnehmen,
in Kuchenstücke aufschneiden und servieren.

KNUSPRIGE KARTOFFELSPALTEN MIT MEERRETTICH-DIP

PATATE CROCCANTI CON CREMA DI RAFANO

Vorbereiten: *20 Min.*
Garzeit: *40 Min.*
Für 4 Personen

— 1 EL Sahnemeerrettich
— 125 g Crème double
— 1 kleines Bund Schnittlauch,
   grob geschnitten
— 1 kg Kartoffeln
— 3–4 EL Olivenöl
— Salz

Den Backofen auf 160 °C vorheizen. Ein Ofenblech mit
Backpapier auslegen. Für den Meerrettich-Dip Sahnemeerrettich, Crème double, Schnittlauch und 1 Prise Salz in
einer Schüssel verrühren. Mit Frischhaltefolie abdecken
und im Kühlschrank bis zur Verwendung beiseitestellen.
Die Kartoffeln schälen, längs halbieren und in Spalten
schneiden. In eine Schüssel geben und in Öl wenden,
sodass sie rundum mit Öl überzogen sind. Auf das Ofenblech setzen und 40 Minuten goldbraun und knusprig
backen, dabei mehrmals wenden. In eine vorgewärmte
Schüssel füllen und mit etwas Salz bestreuen. Sofort
servieren und dazu den Dip reichen.

OFENKARTOFFELN MIT OREGANO

PATATE IN FORNO AL PROFUMO DI ORIGANO

Vorbereiten: *15 Min.*
Garzeit: *50 Min.*
Für 8 Personen

— 8 Kartoffeln
— 125 ml Olivenöl
— Saft von 3 Zitronen, durch
   ein Sieb gestrichen
— 1 TL getrockneter Oregano
— Salz und Pfeffer

Den Backofen auf 240 °C vorheizen. Die Kartoffeln vierteln und in eine Kasserolle legen. 250 ml Wasser, Öl und Zitronensaft dazugießen, Oregano darüberstreuen, dann salzen und pfeffern. Alle Zutaten gut vermischen. Kartoffeln im Ofen etwa 25 Minuten schmoren, dabei wenden und, falls nötig, noch etwas Wasser zugießen. In weiterer 25 Minuten fertig garen. Aus dem Ofen nehmen und in der Kasserolle sofort servieren.

KARTOFFEL-KÄSE-SCHINKEN-TÖRTCHEN

PICCOLI GATTÒ DI PATATE

Vorbereiten: *40 Min.*
Garzeit: *30 Min.*
Für 6–8 Personen

— 1,5 kg Kartoffeln
— 50 g Butter, und etwas
   Butter zum Einfetten
— 200 ml Milch
— 80 g frisch geriebene
   Weißbrotbrösel
— 100 g geriebener Parmesan
— 200 g Ricotta (italienischer
   Frischkäse), durch ein Sieb
   gestrichen
— 2 Eier, leicht verschlagen
— 125 g Mozzarella, gewürfelt
— 100 g Prosciutto cotto
   (Kochschinken),
   fein gehackt
— 3 Scheiben Schmelzkäse,
   fein gehackt
— Salz und Pfeffer

Die Kartoffeln in der Schale in einen Dämpfeinsatz legen. In einem passenden Topf etwa 5 cm hoch Wasser zum Kochen bringen. Den Dämpfeinsatz hineinhängen und die Kartoffeln darin zugedeckt etwa 20 Minuten dämpfen. Die Kartoffeln schälen, in einer Schüssel zerstampfen und beiseitestellen. Die Butter in einem Topf zerlassen, den Kartoffelbrei zugeben und bei schwacher Hitze warm halten. Die Milch in einem weiteren Topf erhitzen und dann unter die Kartoffelmasse rühren. Vom Herd nehmen und abkühlen lassen, bis das Püree nur noch lauwarm ist.

In der Zwischenzeit den Backofen auf 180 °C vorheizen. Dann 6–8 Ramequin-Förmchen mit Butter einfetten und mit der Hälfte der Brotbrösel ausstreuen. Parmesan, Ricotta, Eier und je 1 Prise Salz und Pfeffer unter die Kartoffelmischung schlagen. Die Förmchen damit halb voll füllen. Mozzarellawürfel, Schinken und Schmelzkäse vermischen und auf die Förmchen streuen. Mit der restlichen Kartoffelmischung füllen und das übrige Paniermehl darauf verteilen. Die Törtchen im Ofen etwa 30 Minuten überbacken, dann auf eine vorgewärmte Servierplatte stürzen und sofort servieren.

KARTOFFELBRATLINGE MIT PAPRIKA

POLENTA-KARTOFFEL-KUCHEN

POLENTA E PATATE ROSTIDE

Vorbereiten: *45 Min.*
Garzeit: *30 Min.*
Für 4 Personen

— 6 Kartoffeln
— 50 ml Olivenöl
— 1 Zwiebel, in sehr dünne
  Scheiben geschnitten
— 2 Schnitten kalte gekochte
  Polenta, klein gehackt
— Salz und Pfeffer

Die Kartoffeln mit der Schale in gesalzenem Wasser in etwa 25 Minuten weich kochen, dann abgießen, schälen und klein schneiden. 2 Esslöffel Öl in einem Topf erhitzen und darin die Zwiebel bei schwacher Hitze 15 Minuten weich und glasig dünsten, dabei mehrmals umrühren. Polenta und Kartoffeln unterheben und den Topfinhalt mit dem Kartoffelstampfer zu einem groben Teig verarbeiten. Nach ein paar Minuten wenden, wenn die Unterseite des Teigs angebräunt ist. Weiterbraten, bis beide Seiten knusprig gebraten sind, dabei mehrmals wenden. Aus der Pfanne gleiten lassen und heiß servieren.

KARTOFFELBRATLINGE MIT PAPRIKA

FRITTELLE DI PATATE AL PEPERONE VERDE

FOTO AUF SEITE 340

Vorbereiten: *40 Min.*
Garzeit: *20 Min.*
Für 4 Personen

— 500 g Kartoffeln
— 2 Eier, leicht verschlagen
— 1 kleine Zwiebel, fein gehackt
— 1 kleine grüne Paprika,
  geputzt, entkernt und in
  Juliennes geschnitten
— 6 EL Olivenöl
— Salz

Die Kartoffeln in der Schale in einem Topf mit leicht gesalzenem Wasser in 20–25 Minuten weich kochen. Abgießen, schälen und in einer Schüssel zerstampfen. Eier, Zwiebel, Paprika und 1 Prise Salz zugeben und mit den Kartoffeln vermengen. Aus der Masse runde, dicke Bratlinge formen und 30 Minuten kühl stellen. Das Öl in einer großen Pfanne erhitzen, die Bratlinge portionsweise einlegen und auf jeder Seite 5 Minuten anbräunen. Aus der Pfanne heben und auf Küchenpapier abtropfen lassen. Sofort servieren.

FOTO AUF SEITE 343

SCHWARZWURZELN MIT SARDELLEN

SCORZONERA ALLE ACCIUGHE

Vorbereiten: *20 Min.*
Garzeit: *30 Min.*
Für 4 Personen

— Saft von 1 Zitrone
— 675 g Schwarzwurzeln,
   geschält
— 120 g Sardellen, in Salz
   eingelegt (aus dem Glas),
   filetiert, 10 Min. in kaltes
   Wasser eingelegt und
   abgetropft
— 2 EL Olivenöl
— 1 EL Kapern, abgetropft
   und fein gehackt
— 1 EL Weißweinessig
— 1 Petersilienstängel,
   frisch gehackt
— Salz

Einen großen Topf mit Wasser füllen. Zitronensaft, 1 Prise Salz und die Schwarzwurzeln hineingeben und das Wasser zum Kochen bringen. Danach die Hitze reduzieren und die Schwarzwurzeln 30 Minuten garen. Währenddessen die Sardellenfilets fein hacken. Das Öl in einer Pfanne erhitzen, die Sardellen zufügen und bei schwacher Hitze unter gelegentlichem Rühren anbraten, dabei die Sardellen mit einem Holzlöffel zerdrücken, bis sie püriert sind. Kapern und Essig zu dem Sardellenpüree geben und kochen, bis der Essig verdampft ist. Den Topf vom Herd nehmen. Die Schwarzwurzeln abgießen und in kleine Stücke schneiden. In eine Servierschüssel geben, die Sardellen darüber verteilen, mit Petersilie bestreuen und servieren.

SCHWARZWURZELN MIT MEERRETTICH

SCORZONERA AL CREN

Zubereiten: *15 Min.*
plus *15 Min.* Abkühlen
Garzeit: *40 Min.*
Für 4 Personen

— Saft von 1 Zitrone
— 600 g Schwarzwurzeln
— 1 EL Mehl
— 200 ml Sahne, steif geschlagen
— 2 EL Weißweinessig
— 2 EL geriebener Meerrettich
— Salz und Pfeffer

Eine Schüssel zur Hälfte mit Wasser füllen und die Hälfte des Zitronensafts zufügen. Die Schwarzwurzeln schälen, in Stücke schneiden und sofort in das Zitronenwasser einlegen. Mehl, Schwarzwurzeln, 1 Prise Salz und den restlichen Zitronensaft in einen Topf mit Wasser geben. Aufkochen und bei reduzierter Hitze 30 Minuten köcheln. Abgießen und etwa 15 Minuten abkühlen lassen. Inzwischen die Sahne salzen und pfeffern, dann Essig und Meerrettich unterheben. Die Schwarzwurzeln auf einer Servierplatte anrichten und die Meerrettichsahne darauf verteilen.

SCHWARZWURZELN MIT SARDELLEN

SCHWARZWURZEL-HEFEPLÄTZCHEN

FRITTELLE DI SCORZONERA

Vorbereiten: *1 Std. 10 Min.*
plus *2 Std.* Ruhen
Garzeit: *15–20 Min.*
Für 4 Personen

— Saft von 1 Zitrone, durch
   ein Sieb gestrichen
— 1 kg Schwarzwurzeln
— 50 g geriebener Parmesan
— 150 g Prosciutto cotto
   (Kochschinken), in
   Scheiben, grob gehackt
— 4–6 EL Olivenöl
— Salz

Für den Hefeteig:
— 1¼ TL Trockenhefe
— 125 ml lauwarme Milch
— 250 g Weizenmehl Type 405
— 2 Eigelb
— Salz

Für den Teig die Hefe mit der Milch in einer Schüssel verrühren und 10–15 Minuten stehen lassen, bis die Hefe schaumig ist. Das Mehl mit 1 Prise Salz und dem Eigelb in einer Schüssel verrühren, die Hefe mit 125 ml Wasser verrühren, zum Mehl geben und alles zu einem dicken, aber noch flüssigen Teig verarbeiten. Abdecken und 2 Stunden gehen lassen. Eine Schüssel zur Hälfte mit Wasser füllen und die Hälfte des Zitronensafts einrühren. Von den Schwarzwurzeln die Enden abschneiden und die Schalen abschaben. Wurzeln sofort in das Zitronenwasser einlegen, damit es sich nicht verfärbt. Abgießen und mit dem restlichen Zitronensaft in einen großen Topf mit leicht gesalzenem Wasser füllen und aufkochen. Die Wurzeln 30 Minuten garen, abgießen und etwas auskühlen lassen. Mit dem geriebenen Käse und dem Schinken unter den Teig heben. 4 Esslöffel Öl in einer großen Pfanne erhitzen. Den Teig esslöffelweise mit ausreichend Abstand hineinsetzen und goldbraun ausbacken. Aus dem Öl heben und auf Küchenpapier abtropfen lassen. Den ganzen Teig auf diese Weise verarbeiten und bei Bedarf mehr Öl zugeben. Plätzchen auf einem vorgewärmten Teller anrichten, salzen und servieren.

SCHWARZWURZELFRIKASSÉE

SCORZONERA IN FRICASSEA

Vorbereiten: *15 Min.*
Garzeit: *40 Min.*
Für 4 Personen

— Saft von 2 Zitronen
— 675 g Schwarzwurzeln,
   geschält
— 25 g Butter
— 2 Eigelb
— 1 Petersilienstängel, frisch
   gehackt
— Salz

Einen großen Topf mit Wasser füllen. Die Hälfte des Zitronensafts, 1 Prise Salz und die Schwarzwurzeln zufügen und zum Kochen bringen. Die Hitze reduzieren, Wurzeln etwa 30 Minuten sanft garen, dann abgießen und in Scheiben schneiden. Die Butter in einem Topf zerlassen, die Schwarzwurzeln zufügen und bei schwacher Hitze unter gelegentlichem Rühren 5 Minuten dünsten. Inzwischen das Eigelb mit dem restlichen Zitronensaft und 1 Prise Salz in einer Schüssel verquirlen. Den Topf vom Herd nehmen und das Eigelb einrühren. Wieder auf den Herd stellen und unter ständigem Rühren köcheln, bis das Ei gar ist. Vom Herd nehmen, mit Petersilie bestreuen und servieren.

GLASIERTE RÜBEN

RAPE STUFATE

Vorbereiten: *30 Min.*
Garzeit: *15 Min.*
Für 6 Personen

— 1 kg kleine Rüben,
  küchenfertig gesäubert,
  in gleichmäßige Stücke
  geschnitten
— 40 g Butter
— 1 EL Zucker
— 2–3 EL Gemüsebrühe
  (nach Bedarf)
— Salz und Pfeffer

Einen Topf gesalzenes Wasser zum Kochen bringen und
die Rübenstücke darin 10 Minuten garen, dann abgießen.
Die Butter in einer Pfanne zerlassen, Rüben und Zucker
zugeben und bei schwacher bis mittlerer Hitze unter
Rühren 5 Minuten braten, bis der Zucker karamellisiert.
Die Hitze reduzieren und die Rüben weitere 10 Minuten
mit geschlossenem Deckel schmoren. Dann den Deckel
abnehmen, salzen und pfeffern. Falls die Rüben zu trocken
sind, etwas Brühe angießen und gut verrühren. In eine
Schüssel umfüllen und sofort servieren.

CIMA DI RAPA MIT SCHINKEN

CIME DI RAPA AL PROSCIUTTO

Vorbereiten: *15 Min.*
Garzeit: *15 Min.*
Für 4 Personen

— 1 kg Cima di rapa
  (Stängelkohl), küchenfertig
  geputzt und zerkleinert
— 2 EL Olivenöl
— 2 Knoblauchzehen,
  geschält
— ½ frische Chili, entkernt
  und gehackt
— 100 g Prosciutto cotto
  (Kochschinken), in
  Streifen geschnitten
— 25 g Semmelbrösel
— Salz

Den Kohl 10 Minuten in gesalzenem Wasser kochen, gut
abtropfen lassen, in eine Servierschüssel geben und warm
halten. Das Öl in einem Topf erhitzen und den Knoblauch
darin leicht anbräunen, dann entfernen. Chili, Schinken und
Semmelbrösel in die Pfanne geben und unter gelegentlichem
Rühren einige Minuten anbraten. Den Schinken auf dem
Kohl verteilen und servieren.

ORECCHIETTE MIT CIMA DI RAPA

ORECCHIETTE MIT CIMA DI RAPA

FOTO AUF SEITE 346

ORECCHIETTE CON CIME DI RAPA

Vorbereiten: *5 Min.*
Garzeit: *15 Min.*
Für 4 Personen

— 360 g Orecchiette
  (Pasta in Öhrchenform)
— 400 g Cima di rapa
  (Stängelkohl), küchenfertig
  geputzt, ersatzweise Brokkoli
— Olivenöl, zum Beträufeln
— Salz und Pfeffer

Die Orecchiette in einem großen Topf mit gesalzenem Wasser 10 Minuten kochen, bis sie al dente sind. Den Kohl zerkleinern, zufügen und weitere 5 Minuten kochen, bis er gar ist. Abgießen, in einer vorgewärmten Servierschüssel anrichten, mit reichlich Öl beträufeln und mit Pfeffer bestreuen. Oder stattdessen 4 Esslöffel Öl mit 2 Knoblauchzehen erhitzen, die gut abgetropfte Orecchiette-Kohl-Mischung zufügen und einige Minuten erhitzen. Den Knoblauch entfernen und entsorgen. Sofort servieren.

GRAUPENSUPPE MIT RÜBEN

ZUPPA DI RAPE E ORZO

Vorbereiten: *15 Min.*
Garzeit: *1 Std.*
Für 4 Personen

— 1 EL Olivenöl
— 2 Porreestangen, in dünne
  Scheiben geschnitten
— 4 Rüben, geschält und
  gewürfelt
— 100 ml trockener Weißwein
— 2 EL Vollkornmehl
— 500 ml Gemüsebrühe
— 1 Lorbeerblatt
— 1 Karotte, gewürfelt
— 4 EL Perlgraupen
— einige Safranfäden,
  leicht zerdrückt
— 1 EL fein gehackte Petersilie
— Salz
— frisch geriebener Parmesan,
  zum Servieren

Das Öl in einer Pfanne mit 2 Esslöffeln Wasser erhitzen. Den Porree zugeben, einen Deckel aufsetzen und bei schwacher Hitze etwa 5 Minuten glasig dünsten. Die Rüben unterrühren, den Wein angießen und die Hitze erhöhen. Bei mittlerer Hitze garen, bis der Alkohol verkocht ist. Mehl, Brühe und Lorbeer zugeben und die Mischung zum Kochen bringen. Karotten und Perlgraupen hineingeben, den Deckel aufsetzen und bei schwacher Hitze etwa 40 Minuten köcheln, bis die Graupen weich sind, dabei mehrmals umrühren. Das Lorbeerblatt entfernen und entsorgen. Etwas von dem Kochsud entnehmen und den Safran darin auflösen, dann zur Suppe geben. Die Suppe leicht salzen in eine vorgewärmte Terrine füllen und mit der Petersilie bestreuen. Sofort servieren und dazu den geriebenen Käse reichen.

RÜBENBLATTGEMÜSE MIT KNOBLAUCH

BROCCOLETTI DI RAPE ALL'AGLIO E OLIO

Vorbereiten: *20 Min.*
Garzeit: *30 Min.*
Für 4 Personen

— 1,2 kg zarte Rübenblätter
— 3 EL Olivenöl
— 2 Knoblauchzehen, geschält
— ½ Chili, entkernt und klein gehackt
— Salz

Die Blattstängel der Länge nach aufschneiden und die Blätter längs halbieren. Einen Topf mit leicht gesalzenem Wasser zum Kochen bringen und das Rübenkraut darin 15 Minuten garen, abgießen und abtropfen lassen. Das Öl in einer großen Pfanne erhitzen. Knoblauch und Chili zugeben und einige Minuten unter Rühren goldbraun braten. Knoblauch aus der Pfanne nehmen und entsorgen. Das Gemüse in das Öl geben und mit 2 Gabeln auseinanderziehen. 15 Minuten garen, dabei mehrmals wenden. Nach Geschmack salzen und vom Herd nehmen. In eine vorgewärmte Schüssel füllen. Sofort servieren.

GEBACKENE STECKRÜBEN MIT PORREE UND KÜRBIS

FOTO AUF SEITE 349

RAPE IN TEGLIA CON PORRI E ZUCCA

Vorbereiten: *15 Min.*
Garzeit: *45 Min.*
Für 4 Personen

— 200 g küchenfertig geputztes Kürbisfleisch, in Scheiben geschnitten
— 1 TL frische Thymianblätter
— 3 EL Olivenöl und etwas Olivenöl zum Beträufeln
— 200 g Porree, nur der weiße Teil, in Ringe geschnitten
— 300 g weiße Rüben (Mairüben), küchenfertig geputzt, in Scheiben geschnitten
— 2 EL Sesamsaat
— Salz

Den Backofen auf 200 °C vorheizen. Die Kürbisscheiben auf ein Stück Alufolie legen und mit Salz und Thymian bestreuen. Den Kürbis in die Folie wickeln, auf ein Backblech legen und 30 Minuten im Ofen garen. Inzwischen das Öl in einer Pfanne erhitzen. Porree und Rüben zufügen und bei mittlerer Hitze unter gelegentlichem Rühren dünsten. Den Kürbis zugeben und einige Minuten mitdünsten. Mit Sesamsaat bestreuen, mit Öl beträufeln und sofort servieren.

GEBACKENE RÜBEN MIT PORREE UND KÜRBIS

RÜBENBLATTGEMÜSE MIT BROTKRUSTE

WEISSE RÜBEN MIT SPECK

RAPE AL BACON

Vorbereiten: *15 Min.*
Garzeit: *30 Min.*
Für 4 Personen

— 8 kleine weiße Rüben
  (Mairüben), küchenfertig
  geputzt
— 165 g Butter
— 80 g Frühstücksspeck,
  in Streifen geschnitten
— 40 g Mehl
— 400 ml Milch
— Salz und Pfeffer

Die Mitte jeder Rübe mit einem spitzen Messer leicht aushöhlen und in die Vertiefung etwas Butter geben. Die Rüben mit Salz und Pfeffer würzen und in eine Schmorpfanne setzen. 5 Esslöffel Wasser zugießen und abgedeckt aufkochen. Die Hitze reduzieren und die Rüben gar kochen. Bei Bedarf etwas kochendes Wasser nachgießen. Den Speck in einer Pfanne bei schwacher Hitze braten und auf Küchenpapier abtropfen lassen. Eine Béchamelsauce (siehe Seite 51) mit der übrigen Butter, dem Mehl und der Milch zubereiten und mit Salz und Pfeffer würzen. Den Speck einrühren. Die Rüben aus dem Topf nehmen, etwas abkühlen lassen, trocken tupfen und in Scheiben schneiden. In einer vorgewärmten Servierschüssel mit der Sauce anrichten.

RÜBENBLATTGEMÜSE MIT BROTKRUSTE

CIME DI RAPA AL PANGRATTATO

FOTO AUF SEITE 350

Vorbereiten: *50 Min.*
Garzeit: *15 Min.*
Für 4 Personen

— 1,5 kg zarte Rübenblätter
— 100 ml Olivenöl
— 1 Chili
— 1 große Zwiebel, fein
  gehackt
— 2 EL frisch geriebene,
  grobe Weißbrotbrösel
— Salz

Einen Topf gesalzenes Wasser zum Kochen bringen und die Rübenblätter darin 10 Minuten garen, dann auf Küchenpapier abtropfen lassen. 4 Esslöffel Öl in einer Pfanne erhitzen. Chili zugeben und bei schwacher Hitze einige Minuten unter Rühren braten, bis die Schote hellbraun gebraten ist. Aus dem Öl nehmen und entsorgen. Die Zwiebel in die Pfanne geben und bei schwacher Hitze in 5 Minuten unter Rühren weich und glasig braten. Die Rübenblätter dazugeben, gut unterrühren und etwa 5 Minuten garen, dann in eine vorgewärmte Schüssel füllen. Das restliche Öl in einer kleinen Pfanne erhitzen und die Brotbrösel darin in ein paar Minuten goldbraun braten. Vom Herd nehmen und über die Rübenblätter verteilen.

RADICCHIO

KARDONEN

ROSENKOHL

KOHL

BROKKOLI

BLUMENKOHL

PORREE

KNOLLENSELLERIE

WINTER

Der Winter ist auch in Italiens Gärten eine stille Zeit: Das Wachstum hat sich verlangsamt, die Pflanzen überdauern die kalten Monate und warten auf die längeren und wärmeren Frühlingstage. Ungenutzt bleibt der Garten aber deswegen nicht, denn einige winterharte Gemüsesorten werden immer noch in milderen Regionen geerntet – und in manchen kälteren Gebieten mit Schneefall sogar den ganzen Winter über.

Die italienische Küche nutzt in der kalten Jahreszeit vor allem Wurzelgemüse und winterharte Grüngemüse: Brokkoli, Blumen-, Weiß-, Rot- und Rosenkohl. Sie können bis in den Winter geerntet werden. Einige frostsichere Sorten wachsen sogar bis in das zeitige Frühjahr weiter. Der Winter ist ideal für herzhafte Suppen, langsam gegarte Eintöpfe und Schmorgerichte mit Gemüse, die das Haus mit appetitanregenden Aromen füllen. Rezepte für die Wintermonate, wie Pappardelle mit Blumenkohl und Gorgonzola (siehe Seite 412), Wintersalat mit Rotkohl, Pancetta und Roquefort (siehe Seite 401), Würziger Brokkoli mit Joghurt (siehe Seite 408) und Überbackener Rosenkohl (siehe Seite 394) verwöhnen den Gaumen als Hauptgerichte oder als Beilagen zu gegrilltem Fleisch. Das Winterklima intensiviert die Süße dieser Feldfrüchte, sodass sie im Vergleich zu den Sommersorten milder und bekömmlicher schmecken.

Auch andere Gemüsesorten gedeihen im Wintergarten, zum Beispiel der Knollensellerie, mit einem ähnlichen Geschmack wie der verwandte Staudensellerie. Gegart, erhält er eine butterzarte Konsistenz. Er lässt sich rösten, schmoren und braten. Auch der Radicchio ist erntereif. Er verleiht Salaten nicht nur eine intensive Farbe, sondern auch anregende Schärfe und peppt Suppen und Risottos auf. Porree, Mitglied der Zwiebel- und Knoblauchfamilie, hat ein mildsüßes Aroma. Er eignet sich zum Rösten und schmeckt auch köstlich in Butter geschwenkt.

Die Mitglieder der Kohlfamilie sind in milden Regionen winterhart, wenn sie in gut drainierten Hochbeeten gepflanzt werden und im Herbst bereits robust genug sind. Schaden richten häufig Schnecken an, deren Verbreitung man möglichst mit biologischen Mitteln im Zaum halten sollte.

Wurzelgemüse wie Knollensellerie überdauert in kalten und milden Klimaregionen, wenn es entsprechend vor Frost geschützt ist. In kalten Gebieten mulcht man im Spätherbst mit einer dicken Strohschicht von gut 20 cm. So isoliert man den Boden und verhindert zumeist Bodenfrost. Zum Ernten wird das Stroh kurzzeitig entfernt. In milden Winterregionen genügt oft schon eine leichte Abdeckung mit Gartenfolie. Doch Achtung: Wintergemüse schmeckt auch Mäusen und anderen Schädlingen. Um dem vorzubeugen, hilft manchmal nur noch eine schnelle Ernte.

Im späten Winter sollten sämtliche Wurzelgemüse- und Kohlarten im Garten abgeerntet sein. Jetzt unterstützt man das Wachstum des restlichen winterharten Grüngemüses und bereitet den Boden für die Pflanzzeit im Frühjahr vor. So beginnt der Jahreskreis im Gemüsegarten von Neuem.

Radicchio heißen in Italien alle Sorten des roten Chicorées. Einige haben spitze rote Blätter mit breiten weißen Blattrippen, andere sind gefleckt und kohlförmig rund. Sein dekoratives Aussehen, der leicht bittere Geschmack sowie die knackige Konsistenz machen dieses Blattgemüse zur willkommenen Zutat für Wintersalate. Gegart, sind die Stauden ebenfalls sehr beliebt. In Olivenöl gewendet und 10 Minuten geröstet, wird Radicchio zum idealen Begleiter zu gegrilltem Fleisch – auch wenn er beim Kochen meist seine intensive Farbe verliert.

Wie andere Mitglieder der Chicoréefamilie harmoniert Radicchio gut mit kräftigen Aromen, wie Fenchel oder Zitrusfrüchten. Hervorragend macht er sich in Risottos oder als Pasta-Füllung, ebenso schmeckt er als Suppeneinlage oder als Zutat in Kroketten, Gratins und Rouladen. Gelungen ist diese simple Zubereitungsart: Radicchioblätter grob zerkleinern und mit Knoblauch und Olivenöl unter die frisch gekochte Pasta heben.

Frischer Radicchio ist fest und knackig, mit unbeschädigten Blättern und straffen Blattansätzen sowie einer intensiven Farbe. Im Gemüsefach des Kühlschranks hält er 2–3 Tage. Vor der Zubereitung äußere, welke Blätter entfernen, Staude abspülen und trocken tupfen. Dann je nach Rezept halbieren, in feine Schnitze schneiden oder einzelne Blätter verwenden.

SÄEN UND ERNTEN Gut 3 Wochen vor dem letzten Frost im Frühjahr in mit Kompost angereicherte Erde aussäen oder in milden Regionen im Herbst für die Winterernte aussäen. Die Keimlinge auf 20 cm vereinzeln und Boden feucht halten, denn Trockenheit macht die Blätter bitter. Die Köpfe sind reif, wenn sie sich fest anfühlen. Bei der Ernte vom Wurzelstock abschneiden und die äußeren Blätter entfernen.

REZEPTE MIT RADICCHIO AUF DEN SEITEN 378–385

KARDONEN

CARDI

Die Kardone, auch Cardy oder Gemüseartischocke genannt, ist außerhalb des Mittelmeerraums wenig bekannt. Sie ist mit der Artischocke verwandt, und ihr Aroma vergleichbar dezent und süßlich. Das Gemüse, das dem Staudensellerie ähnelt, wird vor allem wegen seiner Blattrippen angebaut. Kardonen werden meist blanchiert, bevor man sie für Quiches, Salate, Bratlinge und *bagna cauda*, frisches Gemüse mit warmem Dip, verwendet.

Die Blattrippen sollten frisch, hellgrün, saftig und fest sein. Im Kühlschrank kann man sie bis zu 1 Woche aufbewahren. Von der Staude isst man lediglich die innen liegenden Stiele und das zarte Herz. Bei der Zubereitung entfernt man harte äußere Blattstiele, kürzt die Spitzen und schneidet die Rippen in 5–7,5 cm lange Stücke. Harte Fäden zieht man ab. Die Stücke sofort in einen Topf mit gesäuertem Wasser einlegen, damit sie sich nicht verfärben. Die holzige Hülle vom Staudenherz entfernen, den Inhalt klein schneiden und mit den Stielen 30–45 Minuten in gesäuertem und gesalzenem Wasser garen.

SÄEN UND ERNTEN Kardonen werden bis zu 2 m hoch und sind in milden Klimaregionen winterhart. Einige Wochen vor dem letzten Frost sät man in gut drainierte, mit Kompost angereicherte Erde, mit 60 cm Abstand in Reihen von 1 m Abstand. Die Pflanzen gedeihen am besten in kühlen, feuchten Sommern und vertragen auch Halbschatten. Durch Mulchen mit Stroh hält man die Erde feucht und beugt Unkrautwachstum vor. Ab einer Größe von 60 cm wickelt man die Stauden zum Bleichen etwa 3 Wochen lang in Zeitungspapier. Zur Ernte die Blattrippen kurz über dem Stock abschneiden. Im Spätsommer wachsen oft neue Blätter, die man bleichen und im Herbst oder Winter ernten kann.

REZEPTE MIT KARDONEN AUF DEN SEITEN 386–392

ROSENKOHL

Die kleinen Röschen mit ihrem süßlich-nussigen Aroma aus
der Kohlfamilie sind in Italien kein traditionelles Gemüse,
gewinnen jedoch stetig an Beliebtheit. Früher verzehrte man
sie fast ausschließlich blanchiert und mit *pancetta* geschmort,
oder sanft in Butter gebraten, mit cremigen Käsesaucen. Heute
findet man Rosenkohl zunehmend als Zutat in Pasta, Gratins
oder Pürees. Rosenkohl harmoniert ausgezeichnet mit süßen
Nüssen, wie Esskastanien oder Mandeln, sowie mit wärmenden
Gewürzen wie Muskatnuss. Das Gemüse schmeckt köstlich
zu Schweinefleisch, Wild und Geflügel – und ganz besonders
gut, wenn man es in der Bratenflüssigkeit schmort.

Frische und gute Qualität versprechen feste und nicht zu
große Röschen mit anliegenden Blättern aus. Knospen mit
gelblichen, lockeren Blättern sind zu meiden. Beim Putzen
die Stielansätze abschneiden und die äußeren Blätter abziehen.
Die küchenfertigen Rosenkohlröschen in gesalzenem Wasser
etwa 10 Minuten sprudelnd bissfest kochen.

PFLANZEN UND ERNTEN Rosenkohlröschen sehen wie
Miniatur-Kohlköpfe aus, die um einen Stamm herum wachsen.
Ein Stamm hat bis zu 50 Röschen, daher braucht man nur
wenige Pflanzen, um gut versorgt zu sein. Jungpflanzen mit
45 cm Abstand in gut drainierte, mit Kompost angereicherte
Erde setzen, in Reihen mit einem Abstand von 60 cm. Mit
Stroh mulchen, um die Feuchtigkeit im Boden zu halten und
das Unkrautwachstum zu verhindern. Große Pflanzen abstützen
und im Frühherbst die Pflanzenspitzen kappen, damit sich die
Röschen schneller ausbilden. Zu Beginn der kühlen Herbstzeit
feste Röschen von unten nach oben abschneiden, dabei die
untersten Blätter mit entfernen.

REZEPTE MIT ROSENKOHL AUF DEN SEITEN 393–397

KOHL

CAVOLO

Verbreitet sind Weiß- und Rotkohl sowie der Wirsing, mit seinen zarten, grün-krausen Blättern. In Italien ist auch *cavolo nero,* der Palm- oder Schwarzkohl, sehr beliebt, ein dunkler, leicht bitterer Kohl mit krausen dunkelgrünen Blättern. Kohl findet man in der italienischen Küche in Suppen wie *ribollita* – eine herzhafte Brotsuppe – sowie in Schweinefleisch- oder Wursteintöpfen. Blanchierte Kohlblätter verwendet man für Rouladen oder Kohlpäckchen mit fleischhaltigen und vegetarischen Füllungen. Fein geschnitten, isst man ihn im Salat oder als Rohkost mit Olivenöl und Zitronensaft.

Frischer Kohl ist fest, mit unbeschädigten Blättern und Stielen. Kühl gelagert, halten Kohlköpfe längere Zeit, während Wirsing und Schwarzkohl sich nur einige Tage halten. Vor der Zubereitung die äußeren Blätter entfernen, Kohlköpfe vierteln und den Strunk ausschneiden, dann in Scheiben oder schmale Streifen schneiden. Die Kohlstreifen mit Olivenöl oder Butter sowie etwas Wasser zugedeckt schmoren, bis sie weich sind, dabei Topf oder Pfanne mehrmals rütteln. Rotkohl hat längere Garzeiten und wird zumeist im Ofen geschmort.

SÄEN, PFLANZEN UND ERNTEN Um die Erntezeit zu verlängern, pflanzt man Sorten mit frühem, mittlerem und spätem Ertrag. Samen oder Jungpflanzen 2–3 Wochen vor den letzten Frösten im Frühjahr in gut drainierte, mit Kompost angereicherte Erde setzen. In Regionen mit mildem Winterklima sät man für eine Ernte im späten Winter oder zeitigen Frühjahr im Herbst nach. Sämlinge oder Jungpflanzen alle 45 cm in Reihen mit 90 cm Abstand setzen. Mit Stroh mulchen, um den Boden feucht zu halten und Unkrautwachstum zu verhindern. Schneiden Sie erntereife Köpfe auf Bodenniveau am Strunk ab.

REZEPTE MIT KOHL AUF DEN SEITEN 398–405

BROKKOLI
BROCCOLI

Die bekannteste Sorte ist der *Calabreser* mit großen, blaugrünen Blütenständen auf fleischigen Stielen. Sprossenbrokkoli, wie die alte Sorte *Purple sprouting,* trägt kleine, lila, grünliche oder weiße Blütenstände auf langen, dünnen Stielen, die beim Kochen grün werden. Brokkoli bietet eine wohlschmeckende und zugleich nährstoffreiche Ergänzung zu Fleisch- und Fischgerichten. Gedämpft serviert man ihn mit Butter und Zitronensaft oder blanchiert ihn, und gart ihn mit Knoblauch und Chili in Öl. Gut schmeckt Brokkoli in Pasta, Suppen oder roh in Salaten. Er harmoniert mit Käse, Sardellen, Pinienkernen und Sultaninen.

Frischer Brokkoli ist fest, saftig und leuchtend grün, ohne Anzeichen von gelben oder matschigen Stellen, mit grünen, aber nicht holzigen Stielen. Brokkoli sollte immer erntefrisch verarbeitet werden. Dazu den Stielansatz abschneiden und verfärbte Blätter entfernen. Große Sorten in Röschen zerteilen und dicke Stiele schälen. In leicht gesalzenem Wasser 5 Minuten sprudelnd kochen, dann abgießen. Sprossenbrokkoli in gleich große Stücke schneiden und 4–5 Minuten dämpfen. Brokkoli nie zu weich kochen!

PFLANZEN UND ERNTEN Bei kaltem Winterklima Jungpflanzen für die Ernte im Sommer in gut drainierte und mit Kompost angereicherte Erde setzen. In milden Regionen für die Ernte im späten Winter/zeitigen Frühjahr Sprossenbrokkoli setzen. Jungpflanzen oder Keimlinge mit 30 cm Abstand in Reihen mit 90 cm Abstand setzen. Sind die Köpfe ausgebildet und die Blütenstände prall, aber noch geschlossen, die Köpfe oder die ganze Pflanze (Sprossenbrokkoli) ernten. Sobald sich die gelben Blüten öffnen, wird der Geschmack unangenehm bitter. Kleine, später erscheinende Seitentriebe ebenfalls ernten.

REZEPTE MIT BROKKOLI AUF DEN SEITEN 406–409

BLUMENKOHL

CAVOLFIORE

Der Blumenkohl ist ein Liebling der italienischen Küche – wohl wegen seines frischen Geschmacks und seines recht attraktiven Aussehens. Rohe oder kurz blanchierte Röschen sind auch in Salaten köstlich knackig und geschmackvoll. Mit Olivenöl und Essig beträufelt oder in Butter kurz gedünstet und mit Parmesan bestreut, ist der Blumenkohl ein harmonischer Begleiter für Fleisch- und Fischgerichte. Ausgesprochen gut schmeckt er auch ausgebacken in Teig oder Paniermehl. In Italien bildet er oft ein eigenständiges Gericht – mit Schinken, in Pasteten, Kroketten, Quiches oder Tartes.

Frischer Blumenkohl ist cremig- bis leuchtend weiß – ohne Verfärbungen und mit saftig grünen Blättern ohne gelbliche Flecken. Kühl gelagert, hält er bis zu 2 Tage. Zum Garen im Ganzen zuerst die groben äußeren Blätter entfernen und den Mittelstrunk ausschneiden, dann 10–20 Minuten in gesalzenem Wasser kochen oder dämpfen. Alternativ den Kopf in Röschen zerteilen und diese 5–8 Minuten garen oder dämpfen.

SÄEN, PFLANZEN UND ERNTEN Blumenkohl wächst am besten, wenn er im kühlen Wetter ausreifen kann. Sämlinge für die Sommerernte daher während der letzten Fröste im Frühjahr pflanzen oder im Spätsommer für eine späte Herbst- oder Winterernte, mit 60 cm Abstand in Reihen mit etwa 90 cm Abstand. Bei allen Sorten, die nicht selbst bleichen, Blätter mit Küchengarn über den 5 cm großen Köpfen zusammenbinden (farbige Sorten müssen nicht gebleicht werden). Um die Feuchtigkeit im Boden zu halten und für ein gleichmäßiges Wachstum, mit Stroh mulchen. Erntereife Pflanzen sind fest, mit glatter Struktur. Die ganze Pflanze ernten.

REZEPTE MIT BLUMENKOHL AUF DEN SEITEN 410–415

PORREE

Porree gehört zur Zwiebelfamilie, hat aber einen milderen Geschmack. In der italienischen Küche wird er hauptsächlich in Brühen, Eintöpfen und Schmorgerichten zum Aromatisieren anderer Gemüsesorten verwendet, aber ebenso als Zutat für Risottos, Quiches, Gratins oder Suppen.

Frische Porreestangen sind fest und weiß, mit straffen, dunkelgrünen Blättern. Am besten schmeckt Porree erntefrisch. Zum Lagern werden die Blätter kurz geschnitten. So lassen sich die Stangen im Kühlschrank 2–3 Tage aufbewahren. Bei der Zubereitung die dunkelgrünen Teile und den Wurzelansatz abschneiden und die äußerste Blattschicht abziehen. Selbst angebauten Porree sorgfältig waschen. Dazu in Ringe schneiden und kalt abbrausen oder der Länge nach aufschneiden, die Hälften auffächern und unter fließendem Wasser abspülen.

Die Stangen bei der Zubereitung nicht zu stark bräunen, da sie sondt leicht bitter werden. Porree harmoniert geschmacklich mit Tomaten, Schinken, Käse und Sahne sowie als Beilage zu den meisten Fleisch- und Fischgerichten.

PFLANZEN UND ERNTEN Den Boden mit Kompost anreichern und 10 cm tiefe Rillen mit einem Abstand von 30 cm ziehen. Für optimale Ergebnisse etwa alle 15 cm Jungpflanzen setzen. Während des Wachstums die Rillen nach und nach mit Erde füllen und um die Pflanzen herum anhäufeln. Regelmäßig von Unkraut befreien und wässern. Am süßesten wird das Aroma, wenn man die Stangen nach dem ersten Frost oder nach einer Kaltwetterperiode erntet. Erntereife Stangen haben einen Durchmesser von etwa 1 cm und idealerweise 7,5 cm lange weiße Schäfte. Nach dem Ziehen die Wurzeln abschneiden und die äußersten Blätter beschneiden.

REZEPTE MIT PORREE AUF DEN SEITEN 416–418

Knollensellerie schmeckt wunderbar süßlich und nussig. Das macht sein unattraktives warziges Äußeres mit der braunweiß gefleckten Schale wett. Sein Aroma ist dezenter als das von Staudensellerie. Er passt hervorragend zu Suppen und Gratins und gut zu Kartoffeln. Gern werden Selleriescheiben auch paniert und in der Pfanne gebraten. Roher oder blanchierter Sellerie ist wegen seiner knackigen Frische und des besonderen Aromas eine beliebte Zutat für Wintersalate.

Bevorzugen sollten Sie kleinere Knollen ohne Kerben und Risse, denn größere Exemplare sind oft faserig. Kühl gelagert, halten sich die Knollen lange Zeit. Für die Zubereitung schält man sie mit einem scharfen Messer, schneidet sie in Scheiben, würfelt oder raspelt diese und legt sie sofort in gesäuertes Wasser ein, damit das Fleisch sich nicht verfärbt. Die Knollen werden im Ganzen 30–50 Minuten gegart und mit anderem Wurzel- gemüse sowie mit Butter oder Sahne püriert. Manchmal kocht man sie in Wasser in 10–15 Minuten bissfest und serviert sie mit zerlassener Butter. Delikat schmeckt geschmorter Sellerie in einer kräftigen Sauce. Obwohl er nicht besonders appetitlich aussieht, wird er dennoch als Zutat zu Lachs und eleganten Antipasti und Salaten wie Carpaccio mit Sardellen gereicht.

PFLANZEN UND ERNTEN Knollensellerie lässt sich leichter anbauen als Staudensellerie. Sämlinge 2 Wochen vor dem letzten Frost in Hochbeete pflanzen. In mildem Winterklima pflanzt man im Spätsommer für die Winterernte. Die Pflanzen alle 15 cm in Reihen mit 45 cm Abstand setzen und mit Stroh mulchen. Erntereife Knollen sind 8–13 cm groß. Nach der ersten Kälte im Herbst ernten, alle Blätter bis auf 2,5 cm neben der Knollenmitte und Wurzeln abschneiden, Erde abbürsten.

REZEPTE MIT KNOLLENSELLERIE AUF DEN SEITEN 419–420

RADICCHIO-FENCHEL-SALAT

FOTO AUF SEITE 379

INSALATA DI RADICCHIO E FINOCCHIO

Vorbereiten: *15 Min.*
Für 4 Personen

— 1 Fenchelknolle, küchenfertig
geputzt und geviertelt
— 300 g Radicchio, küchenfertig
geputzt
— Olivenöl, zum Beträufeln
— Rotweinessig, zum Beträufeln
— Salz

Den Fenchel in dünne Scheiben hobeln und in eine Salat-schüssel geben. Den Radicchio in dünne Streifen schneiden und unterheben. Den Salat salzen, Öl und Essig darüber-träufeln, alles vorsichtig vermengen und servieren.

RADICCHIO-POLENTA-SUPPE

ZUPPA DI RADICCHIO E POLENTA

Vorbereiten: *2 Std. 15 Min.*
plus *12 Std.* Einweichen
Garzeit: *30 Min.*
Für 4–6 Personen

— 100 g getrocknete Cannellini-
Bohnen, über Nacht in Wasser
eingeweicht und abgetropft
— 1 Karotte
— 1 kleine Zwiebel
— 1 Stange Staudensellerie
— 1 Lorbeerblatt
— 1 EL Olivenöl
— 80 g geräucherte Schweinebacke, Pancetta oder
Frühstücksspeck, fein gehackt
— 3 Köpfe Radicchio
— 1,5 l Gemüsebrühe
— 100 g feine Polenta
(Maisgrieß)
— Salz und Pfeffer

Die Bohnen mit Karotte, Zwiebel, Sellerie und Lorbeer in einen großen Topf geben und mit Wasser bedecken. Zum Kochen bringen und etwa 2 Stunden köcheln, bis die Bohnen weich sind. Gegen Ende der Garzeit salzen. In der Zwischenzeit das Öl in einer Pfanne erhitzen und darin die Schweinebacke, Pancetta oder den Frühstücks-speck bei schwacher bis mittlerer Hitze 5 Minuten braten, dann vom Herd nehmen.

Den Radicchio in wenig Wasser in 15 Minuten halb gar kochen, abgießen und fein hacken. Die Gemüsebrühe in einem großen Topf aufkochen. Den Radicchio einlegen und nochmals zum Kochen bringen, dann unter Rühren den Maisgrieß einrieseln lassen. 10 Minuten kochen, dabei ständig rühren, dann das Fleisch zugeben. Zuletzt die Bohnen abgießen, Karotte, Zwiebel, Sellerie und Lorbeer herausnehmen und entsorgen. Die Bohnen zum Topfinhalt geben und alles weitere 15 Minuten köcheln. Vom Herd nehmen, mit Pfeffer und Salz abschmecken und in eine vorgewärmte Suppenterrine umfüllen. Sofort servieren.

RADICCHIO-FENCHEL-SALAT

RADICCHIO-RISOTTO MIT GRAPEFRUITSAFT

RADICCHIO-RISOTTO MIT GRAPEFRUITSAFT

FOTO AUF SEITE 380

RISOTTO AL RADICCHIO E POMPELMO

Vorbereiten: *15 Min.*
Garzeit: *25 Min.*
Für 4 Personen

— 1 l Gemüsebrühe
— 40 g Butter
— 1 Zwiebel, in dünne Scheiben geschnitten
— 250 g Radicchio, in Streifen geschnitten
— 325 g Risotto-Reis
— Saft von 1 rosa Grapefruit, durch ein Sieb gestrichen
— 40 g geriebener Parmesan
— Salz

Die Brühe in einen Topf gießen und zum Kochen bringen. In der Zwischenzeit die Hälfte der Butter in einem Topf zerlassen. Die Zwiebel zugeben und bei schwacher Hitze in 5 Minuten weich dünsten, dabei mehrmals umrühren. Den Radicchio zugeben und ebenfalls 5 Minuten dünsten. Den Reis unterrühren und 1–2 Minuten anbraten, bis alle Körner mit Butter überzogen sind. Den Grapefruitsaft angießen und einkochen lassen, dann salzen. 1 Schöpfkelle der heißen Brühe angießen und unter Rühren einkochen. Die restliche Brühe auf die gleiche Weise in etwa 20 Minuten verarbeiten. Den Risotto vom Herd nehmen und die übrige Butter und den geriebenen Käse unterschlagen. Vor dem Servieren 2 Minuten ziehen lassen.

RADICCHIOSALAT MIT GARNELEN

INSALATA DI TREVISANA AI GAMBERETTI

Zubereiten: *25 Min.*
Für 4 Personen

— 3 Radicchio, vorzugsweise Trevisano
— 2 Avocados
— Saft von 1 Zitrone, durch ein Sieb gestrichen
— 300 g Garnelen, ausgelöst und gegart
— 200 g Palmherzen (aus der Dose), abgetropft und in Scheiben geschnitten
— 2 EL Olivenöl
— Blätter von 1 Zweig Thymian, frisch gehackt
— Blätter von 1 Zweig Majoran, frisch gehackt
— 1 Petersilienstängel, frisch gehackt
— Salz und Pfeffer

Die Radicchioblätter auf Portionstellern auslegen. Die Avocados schälen, halbieren, entkernen und in Scheiben schneiden. Mit etwas Zitronensaft beträufeln, damit sie sich nicht verfärben, und ringförmig auf dem Radicchio anrichten. Die gegarten Garnelen und die Palmherzen darauf verteilen. 2 Esslöffel des restlichen Zitronensafts mit dem Öl in einer Schüssel verrühren. Mit Salz und Pfeffer würzen, dann Thymian, Majoran und Petersilie einrühren. Den Salat mit dem Dressing übergießen und servieren.

KICHERERBSEN-RADICCHIO-SALAT

FOTO AUF SEITE 383

INSALATA DI CECI E RADICCHIO

Vorbereiten: 15 Min.
Für 4 Personen

— 2 Radicchio, vorzugsweise
  Trevisano
— 150 g Kichererbsen (aus der
  Dose), abgetropft und gespült
— 4–5 Frühkartoffeln, gekocht
  und in Scheiben geschnitten
— 70 g Parmesan
— 6 EL Olivenöl
— 1 EL Balsamessig
— Salz und Pfeffer

Den Radicchio in große Stücke schneiden und in einer Salatschüssel mit den Kichererbsen und den Kartoffeln vermengen. Vom Parmesan einige Späne abhobeln und zum Garnieren beiseitelegen. Den restlichen Käse in eine Schüssel reiben. Öl, Essig und 1 Prise Salz zugeben und zu einem cremigen Dressing aufschlagen. Über den Salat gießen und gut unterrühren. Die Parmesanspäne darüberstreuen, pfeffern und servieren.

RADICCHIOSALAT MIT STEINPILZEN

INSALATA DI TREVISANA AI FUNGHI

Zubereiten: 15 Min.
Für 4 Personen

— 3 Radicchio, vorzugsweise
  Trevisano
— 300 g frische Steinpilze
— Saft von 1 Zitrone, durch
  ein Sieb gestrichen
— 200 g Feldsalat, geputzt
— 1 Bund frische
  Löwenzahnblätter, geputzt
— 4 EL Olivenöl
— Salz und Pfeffer

Die Radicchioblätter auf Portionstellern auslegen. Die Pilze putzen und in gleich dicke Scheiben schneiden. Mit Zitronensaft beträufeln und fächerförmig auf den Salatblättern anrichten. Den Feldsalat und den Löwenzahn darübergeben. Für das Dressing das Öl und 2 Esslöffel Zitronensaft in einer Schüssel verrühren und mit Salz und Pfeffer würzen. Mit dem Dressing beträufeln und servieren.

WINTER 382

KICHERERBSEN-RADICCHIO-SALAT

RADICCHIO-SELLERIE-SALAT

INSALATA DI RADICCHIO E SEDANO RAPA

Vorbereiten: *25 Min.*
Für 4 Personen

— 1 Radicchio, in Streifen
geschnitten
— 1 Kopfsalat, in Streifen
geschnitten
— 1 Knollensellerie, in Juliennes
geschnitten
— 1 EL fein gehackte Petersilie

Für das Dressing:
— 2 EL Rotweinessig
— 1 EL flüssiger Honig
— 4 EL Olivenöl
— Salz und Pfeffer

Für das Dressing Essig, je 1 Prise Salz und Pfeffer, Honig und Öl in einer Schüssel cremig aufschlagen. Radicchio, grünen Salat und Selleriestreifen in eine Salatschüssel geben und mit dem Dressing übergießen. Mischen und mit Petersilie bestreut servieren.

RADICCHIOSALAT MIT ORANGENDRESSING

RADICCHIO ROSSO ALL'ARANCIA

Zubereiten: *15 Min.*
Für 4 Personen

— Saft von 2 Orangen, durch
ein Sieb gestrichen
— 3–4 EL Olivenöl
— 1 TL Zitronensaft
(nach Belieben)
— 4 Radicchio, vorzugsweise
Trevisano, in schmale Spalten
geschnitten
— Salz und Pfeffer

Orangensaft und Öl in einer Schüssel verrühren und mit Salz und Pfeffer abschmecken. Wenn der Orangensaft zu süß ist, einige Tropfen Zitronensaft zufügen. Den Radicchio in eine Schüssel geben und das Dressing in einem dünnen Strahl darübergießen. Vorsichtig mischen und servieren. Der Salat mit seiner ungewöhnlichen Aromenkombination passt ausgezeichnet zu gekochtem Fisch oder Fleisch.

RADICCHIOKROKETTEN

CROCCHETTE DI RADICCHIO ROSSO

Vorbereiten: *1 Std.*
Garzeit: *10–20 Min.*
Für 8 Personen

— 400 g Radicchio
— 1 EL geriebener Parmesan
— 1 Eigelb
— 75 g Prosciutto cotto
  (Kochschinken), fein gehackt
— Weizenmehl Type 405,
  zum Panieren der Kroketten
— 1 Ei
— 75 g frisch geriebene
  Weißbrotbrösel
— 125 ml Olivenöl
— Salz und Pfeffer

Für die Béchamelsauce:
— 25 g Butter
— 50 g Weizenmehl Type 405
— 200 ml Milch
— 1 Prise frisch geriebene
  Muskatnuss
— Salz

Den Radicchio in leicht gesalzenem Wasser in 5 Minuten halb weich garen. Abgießen und sanft ausdrücken, dann grob hacken und beiseitestellen. Für die Sauce die Butter in einer Pfanne zerlassen. Das Mehl einrühren und bei schwacher Hitze unter ständigem Rühren 2–3 Minuten dünsten, bis die Schwitze goldgelb ist. Die Milch nach und nach unterrühren. Die Mischung aufkochen und unter Rühren weiterkochen, bis die Béchamelsauce so dick ist, dass sie an einem Löffel haften bleibt. Vom Herd nehmen, mit Muskatnuss und Salz abschmecken, dann abkühlen lassen.

Den geriebenen Käse unter die Béchamelsauce rühren, dann Eigelb, Schinken und den Radicchio unterheben. Aus der Masse kleine Kroketten formen. Das Mehl in einen flachen Teller geben. In einem weiteren Teller das Ei mit je 1 Prise Pfeffer und Salz verschlagen. Die Brotbrösel in einen dritten Teller füllen. Die Kroketten erst im Mehl, dann im Eigelb und zuletzt in den Bröseln panieren. Das Öl in einer Pfanne erhitzen. Die Kroketten portionsweise in das Öl einlegen und auf mittlerer Hitze von beiden Seiten goldbraun backen. Mit einem Schaumlöffel aus dem Öl heben und auf Küchenpapier abtropfen lassen. Auf einer Platte anrichten und sofort servieren.

RADICCHIOGEMÜSE MIT SPECK

RADICCHIO AL BACON

Vorbereiten: *10 Min.*
Garzeit: *10 Min.*
Für 4 Personen

— 500 g Radicchio
— 1½ EL Olivenöl
— 40 g Pancetta oder Frühstücksspeck, in Streifen geschnitten
— 1 Knoblauchzehe, zerdrückt
— Salz und Pfeffer

Radicchio putzen, halbieren und in sprudelnd kochendem gesalzenem Wasser 2 Minuten blanchieren. Abgießen, sanft ausdrücken und in 2,5 cm große, rauten-förmige Stücke schneiden. Das Öl in einer Pfanne erhitzen und den Speck leicht anbraten. Den Knoblauch zugeben und 1 Minute mitbraten. Die Radicchiostücke unterheben und etwa 5 Minuten rühren. Mit Salz und Pfeffer abschmecken. 10 Minuten weitergaren und dabei mehrmals wenden, in eine vorgewärmte Schüssel füllen und sofort servieren.

KARDONENSALAT

CARDI IN INSALATA

Vorbereiten: *25 Min.*
Garzeit: *50 Min.*
Für 4 Personen

— Saft von 1 Zitrone, durch
  ein Sieb gestrichen
— 1 Kardone
— 4 Eier
— 1 Petersilienstängel,
  frisch gehackt
— 3 EL Olivenöl
— 1 EL Semmelbrösel
— Salz

Reichlich Wasser in einen großen Topf geben, Zitronensaft und 1 Prise Salz einrühren. Die Kardone putzen und die inneren Stiele in 5 cm lange Stücke schneiden. Die Fäden entfernen und die Stücke sofort in das gesäuerte Wasser einlegen. Zum Kochen bringen, dann die Hitze reduzieren und 45 Minuten köcheln. Inzwischen die Eier hart kochen, unter kaltem Wasser abschrecken, schälen und fein hacken. Die Kardonenstücke abgießen, auf einem Geschirrtuch abtropfen lassen und in eine Salatschüssel geben. Mit den gehackten Eiern und der Petersilie bestreuen. Das Öl in einem kleinen Topf erhitzen und die Semmelbrösel darin unter gelegentlichem Rühren einige Minuten anbräunen. Die Semmelbrösel über die Kardone geben, einige Minuten ruhen lassen, dann servieren.

KARDONENFLAN

FLAN AL CARDO

Vorbereiten: *1 Std.*
Garzeit: *20 Min.*
Für 6 Personen

— Saft von 1 Zitrone, durch ein
  Sieb gestrichen
— 1 kg Kardonen
— 500 ml Milch
— 80 g Butter, und etwas Butter
  zum Einfetten
— 1 Würfel Gemüsebrühe
— 50 g Weizenmehl Type 405,
  und etwas Mehl zum
  Bestäuben
— 50 g geriebener Parmesan
— 1 Ei, leicht verschlagen
— Salz und Pfeffer

Einen großen Topf gesalzenes Wasser zum Kochen bringen und den Zitronensaft einrühren. Die inneren Blattrippen der Kardonenstaude in 5 cm lange Stücke schneiden und harte Fäden abziehen. Die Stücke sofort in das gesäuerte Wasser einlegen. Zum Kochen bringen, dann die Hitze reduzieren und 45 Minuten köcheln. Gegen Ende der Kochzeit 175 ml Milch zum Wasser gießen. Die bissfest gegarten Kardonenstücke abgießen. 1 Esslöffel Butter in einem Topf zerlassen und den Brühwürfel hineingeben. Die Kardonen zugeben und 5 Esslöffel Milch angießen. Sanft köcheln, dann salzen und pfeffern. Den Backofen auf 180 °C vorheizen. Eine Auflaufform mit Butter einfetten und leicht mit Mehl bestäuben. Die restliche Butter in einer Pfanne zerlassen. Das Mehl einrühren und 2 Minuten andünsten, dabei ständig umrühren. Die restliche Milch langsam zugießen und unter Rühren aufkochen. Vom Herd nehmen und den geriebenen Käse unterrühren, dann die Mischung etwas abkühlen lassen. Das verschlagene Ei unter die Sauce ziehen, dann die Kardonen unterheben. Die Mischung in die Form gießen und 20 Minuten im Ofen backen, bis die Sauce gestockt ist. Herausnehmen und sofort servieren

CRÊPES MIT KARDONEN

CRÊPES CON I CARDI

Vorbereiten: *25 Min.*
Garzeit: *25 Min.*
Für 4 Personen

Für die Crêpes:
— 100 g Weizenmehl Type 405
— 2 Eier
— 250 ml Milch
— 25 g Butter, geschmolzen
  und abgekühlt
— Pflanzenöl, zum Einstreichen
— Salz

— 500 g Kardonen,
  küchenfertig geputzt
— 40 g Butter, und etwas Butter
  zum Einfetten
— 1 Rezept Béchamelsauce
  (siehe Seite 51)
— Salz

Für die Crêpes das Mehl in eine Schüssel sieben, Eier und 3–4 Esslöffel Milch zugeben und verrühren. Nach und nach die übrige Milch einrühren und alles zu einem flüssigen Teig verrühren. Die geschmolzene Butter und 1 Prise Salz zugeben. Eine Pfanne mit dem Öl einstreichen und erhitzen. 2 Esslöffel Teig hineingeben und in der Pfanne verteilen. 3–4 Minuten backen, dann wenden und die andere Seite 2 Minuten goldbraun backen. Crêpe auf eine Servierplatte gleiten lassen. Den übrigen Teig auf dieselbe Weise verarbeiten. Die Kardonen in leicht gesalzenem Wasser etwa 1 Stunde garen, abgießen, etwas abkühlen lassen und fein schneiden. Die Hälfte der Butter in einer Pfanne erhitzen, die Kardonen zugeben und bei schwacher Hitze 5 Minuten garen. Den Backofen auf 180 °C vorheizen. Eine Auflaufform mit Butter einfetten. Béchamelsauce über jede Crêpe geben, etwas Kardonengemüse daraufsetzen und die Crêpes aufrollen. Crêpes in die vorbereitete Form legen, die restliche Butter in Flöckchen daraufgeben. Im Ofen 15 Minuten garen. Herausnehmen, etwa 10 Minuten abkühlen lassen, dann servieren.

MILDES KARDONENGEMÜSE

CARDI DELICATI

Vorbereiten: *15 Min.*
Garzeit: *1 Std. 30 Min.*
Für 4 Personen

— Saft von 1 Zitrone, durch
  ein Sieb gestrichen
— 1 kg Kardonen
— 25 g Butter
— 100 ml Milch
— 100 ml Sahne
— Salz
— geriebener Parmesan,
  zum Servieren

Einen großen Topf gesalzenes Wasser zum Kochen bringen und den Zitronensaft einrühren. Die inneren Blattrippen der Kardonenstaude in 5 cm lange Stücke schneiden, harte Schalenfäden abziehen und sofort in das gesäuerte Wasser legen. Zum Kochen bringen, dann die Hitze reduzieren und 45 Minuten köcheln. Abgießen und in eine Auflaufform schichten. Die Butter in Flöckchen daraufsetzen, Milch darübergießen und bei schwacher Hitze etwa 30 Minuten köcheln. Die Sahne angießen, die Sauce 10–12 Minuten eindicken, ohne sie aufzukochen. Das Gemüse in eine vorgewärmte Schüssel umfüllen und mit Käse bestreuen.

KARDONEN MIT SARDELLENSAUCE

FOTO AUF SEITE 389

CARDI ALLA BAGNA CAUDA

Vorbereiten: *50 Min.*
Garzeit: *20 Min.*
Für 6–8 Personen

— 60 g Butter, und etwas
   Butter zum Einfetten
— Saft von 1 Zitrone, durch
   ein Sieb gestrichen
— 1 kg Kardonen
— 1 Knoblauchzehe, geschält
— 10 Sardellenfilets
   (aus der Dose), abgetropft
   und klein gehackt
— 40 g geriebener Parmesan
— Salz

Eine Auflaufform mit Butter einfetten. Einen großen Topf gesalzenes Wasser zum Kochen bringen und den Zitronensaft einrühren. Die inneren Blattrippen der Kardonenstaude in 5 cm lange Stücke schneiden, harte Fäden abziehen und sofort in das gesäuerte Wasser einlegen. Zum Kochen bringen, dann die Hitze reduzieren und etwa 30 Minuten köcheln. In der Zwischenzeit den Backofen auf 180 °C vorheizen. Die Kardonenstücke abgießen und in die vorbereitete Form schichten. Die Butter in einer kleinen Pfanne zerlassen, den Knoblauch zugeben und bei schwacher Hitze unter Rühren einige Minuten dünsten, bis er goldbraun ist. Aus dem Öl nehmen und entsorgen. Die Sardellenstücke in das Öl geben und dünsten, dabei mit einem Kochlöffel zerstoßen, bis sich eine homogene Sauce ergibt. Über die Kardonen gießen, mit dem geriebenen Käse bestreuen und im Ofen etwa 30 Minuten überbacken.

KARDONENAUFLAUF

SFORMATO DI GOBBI

Vorbereiten: *1 Std. 30 Min.*
Garzeit: *35–40 Min.*
Für 6 Personen

— Saft von 1 Zitrone, durch
   ein Sieb gestrichen
— 500 g Kardonen
— 25 g Butter, und etwas
   Butter zum Einfetten
— 200 ml Milch
— 1 Rezept Béchamelsauce
   (siehe Seite 51)
— 4 Eier
— 50 g geriebener Parmesan
— Salz

Einen großen Topf gesalzenes Wasser zum Kochen bringen und den Zitronensaft einrühren. Die inneren Blattrippen der Kardonenstaude in 5 cm lange Stücke schneiden, harte Fäden abziehen und sofort in das gesäuerte Wasser einlegen. Zum Kochen bringen, dann die Hitze reduzieren und etwa 45 Minuten köcheln. Die Kardonenstücke abgießen. Die Butter in einer Pfanne zerlassen, das Gemüse zugeben und bei mittlerer Hitze einige Minuten dünsten. Die Hitze reduzieren, die Milch angießen und 30 Minuten köcheln. In der Zwischenzeit den Backofen auf 180 °C vorheizen. Eine tiefe Auflaufform mit Butter einfetten. Die Kardonen vom Herd nehmen und in einem Standmixer pürieren. Mit der Béchamelsauce, den Eiern und dem geriebenen Käse verrühren und in die Form füllen. Die Form in die Fettpfanne des Ofens stellen und so viel Wasser in das Blech gießen, dass die Form etwa zur Hälfte im Wasser steht. 35–40 Minuten backen, bis der Auflauf gestockt ist. Aus dem Ofen nehmen und 5 Minuten ruhen lassen, dann auf einen Servierteller stürzen. Sofort servieren.

KARDONEN MIT SARDELLENSAUCE

KARDONENTERRINE MIT GEMISCHTEN PILZEN

FOTO AUF SEITE 390

SAVARIN DI CARDI AI FUNGHI

Vorbereiten: *15 Min.*
Garzeit: *1½ Std.*
Für 4 Personen

— Saft von 1 Zitrone, durch
  ein Sieb gestrichen
— 400 g Kardonen
— 50 g Butter, und etwas
  Butter zum Einfetten
— 2–3 EL Semmelbrösel
— 1 Rezept Béchamelsauce
  (siehe Seite 51)
— 40 g geriebener Parmesan
— 1 Ei, leicht verquirlt
— 1 kleine Schalotte, gehackt
— 100 g frische Pilze, gehackt
— 4 Minzeblätter, frisch gehackt
— 1 Petersilienstängel,
  frisch gehackt
— Salz und Pfeffer

Reichlich Wasser in einen Topf geben, Zitronensaft und 1 Prise Salz zugeben. Die Kardonen putzen und die inneren Stiele in 5 cm lange Stücke schneiden. Alle Fäden entfernen, die Stücke sofort in das Wasser einlegen. Zum Kochen bringen, dann die Hitze reduzieren und etwa 45 Minuten köcheln. Abgießen und gut abtropfen lassen.

Inzwischen den Backofen auf 180 °C vorheizen. 4 Förmchen mit Butter einfetten und mit den Semmelbröseln ausstreuen. Überschüssige Semmelbrösel ausschütten. 20 g Butter in einer Pfanne zerlassen, die Kardonen zufügen und bei schwacher Hitze unter gelegentlichem Rühren 5 Minuten andünsten. In einen Mixer geben und glatt pürieren. Das Kardonenpüree mit der Béchamelsauce, dem geriebenen Käse und dem Ei vermengen. Die Masse in die Förmchen geben und im Ofen 30 Minuten backen.

Inzwischen die restliche Butter in einer Pfanne zerlassen, die Schalotte zufügen und bei schwacher Hitze unter gelegentlichem Rühren 5 Minuten andünsten. Pilze, Minze und Petersilie zugeben, mit Salz und Pfeffer würzen und etwa 10 Minuten sanft dünsten, bis die Flüssigkeit verdampft ist und die Pilze gar sind. Die Förmchen aus dem Ofen nehmen und kreisförmig auf eine vorgewärmte Servierplatte stürzen. Die heißen Pilze darüber verteilen und servieren.

KARDONEN MIT KÄSE

CARDI AI FORMAGGI

Vorbereiten: *20 Min.*
Garzeit: *1 Std 15 Min.*
Für 4 Personen

— Saft von 1 Zitrone, durch
  ein Sieb gestrichen
— 1 EL Olivenöl
— 1 TL Mehl
— 1 kg Kardonen
— 25 g Butter, zerlassen, und
  etwas Butter zum Einfetten
— 50 g geriebener Parmesan
— 65 g Fontina-Käse, gehobelt
— 65 g Emmentaler-Käse, in
  dünne Scheiben geschnitten
— 100 ml Milch
— 200 ml Sahne
— Salz

Reichlich Wasser in einen Topf geben. Zitronensaft, Öl, Mehl und 1 Prise Salz zufügen. Die Kardonen putzen, die inneren Stiele in 5 cm lange Stücke schneiden, alle Fäden abziehen und die Stiele in den Topf legen. Zum Kochen bringen, dann die Hitze reduzieren und etwa 45 Minuten köcheln. Inzwischen den Backofen auf 180 °C vorheizen. Eine Auflaufform mit Butter einfetten. Die Kardonen abtropfen lassen, in die Form geben, mit der zerlassenen Butter übergießen und mit dem geriebenen Parmesan und dem Fontina bestreuen. Mit einer Schicht Emmentaler bedecken. Milch und Sahne in einer Schüssel verrühren und über das Gemüse gießen. Im Ofen 30 Minuten backen.

ÜBERBACKENE KARDONEN MIT SCHINKEN-SAHNE-SAUCE

CARDI ALLA CREMA DI PROSCIUTTO

Vorbereiten: *1 Std.*
plus *10 Min.* Abkühlen
Garzeit: *30 Min.*
Für 4 Personen

— Butter, zum Einfetten
— Saft von 1 Zitrone, durch
  ein Sieb gestrichen
— 1 kg Kardonen, küchenfertig
  geputzt
— 100 g Prosciutto cotto
  (Kochschinken), gewürfelt
— 1 Rezept Béchamelsauce
  (siehe Seite 51)
— Salz

Eine Auflaufform mit Butter einfetten. Einen großen Topf gesalzenes Wasser zum Kochen bringen und den Zitronensaft einrühren. Die inneren Blattrippen der Kardonenstaude in 8 cm lange Stücke schneiden, harte Schalenfäden abziehen und sofort in das gesäuerte Wasser einlegen. Zum Kochen bringen, dann die Hitze reduzieren und 30 Minuten köcheln. Gründlich abgießen und in die vorbereitete Form schichten. Den Backofen auf 180 °C vorheizen. Den Schinken unter die Béchamelsauce rühren und leicht salzen. Die Sauce über die Kardonen gießen und etwa 30 Minuten backen. Aus dem Ofen nehmen und 10 Minuten abkühlen lassen, dann servieren.

ROSENKOHL-CREMESUPPE

CREMA DI CAVOLINI DI BRUXELLES

Vorbereiten: 20 Min.
Garzeit: 30 Min.
Für 4 Personen

— 80 g Frühstücksspeck,
  gewürfelt
— 600 g Rosenkohl, küchenfertig
  geputzt und halbiert
— 1 l Gemüsebrühe
— 3–4 EL Crème double
— Salz und Pfeffer
— geriebener Parmesan,
  zum Servieren

Den Speck ohne Fett in einer schweren Pfanne 4–6 Minuten auslassen, dabei mehrmals wenden. Den Rosenkohl zugeben, 175 ml Wasser angießen und etwa 20 Minuten garen. Die Röschen aus der Pfanne heben und durch eine Passiermühle in eine Schüssel pürieren. In einen Topf umfüllen, die Brühe unterrühren, mit Salz und Pfeffer würzen und gründlich erhitzen. Die Suppe in eine vorgewärmte Terrine umfüllen, einige Esslöffel Crème double unterrühren und sofort servieren. Dazu den geriebenen Käse reichen.

SPIEGELEIER MIT ROSENKOHL

UOVA FRITTE CON CAVOLINI DI BRUXELLES

Vorbereiten: 15 Min.
Garzeit: 35 Min.
Für 4 Personen

— 500 g Rosenkohl
— 100 g Butter
— 1 dicke Scheibe Prosciutto
  cotto (Kochschinken),
  gewürfelt
— 1 Zwiebel, fein gehackt
— 1 EL Weizenmehl Type 405
— 200 g Crème double
— 6 Eier
— Salz und Pfeffer

Einen großen Topf gesalzenes Wasser zum Kochen bringen und den Rosenkohl etwa 15 Minuten darin köcheln, dann abgießen und beiseitestellen. 1 Esslöffel Butter in einer Pfanne zerlassen, Schinken und Zwiebel zugeben und bei schwacher Hitze 5 Minuten andünsten. Das Mehl darüberstäuben und 1 Minute unter Rühren mitkochen, dann 150 ml warmes Wasser zugießen und weitere 10 Minuten köcheln. Die Crème double unterrühren, salzen und pfeffern und das Gemüse erhitzen. In der Zwischenzeit die restliche Butter in einer Pfanne schmelzen, die Eier nacheinander hineinschlagen und einige Minuten bei mittlerer Hitze braten. Mit Salz und Pfeffer würzen. Den Rosenkohl auf einer vorgewärmten Platte anrichten, die heiße Schinken-Sahne-Sauce darüberlöffeln und die Spiegeleier daraufsetzen, dann servieren.

ÜBERBACKENER ROSENKOHL

CAVOLINI DI BRUXELLES GRATINATI

Vorbereiten: *15 Min.*
Garzeit: *35 Min.*
Für 4 Personen

— 50 g Butter und etwas
 Butter zum Einfetten
— 675 g Rosenkohl
— 2 EL Olivenöl
— 100 g Pancetta oder
 durchwachsener Speck,
 fein gewürfelt
— 100 g frisch geriebener
 Gruyère-Käse
— 1 Rezept Béchamelsauce
 (siehe Seite 51)
— Salz und Pfeffer

Den Backofen auf 180 °C vorheizen. Eine Auflaufform mit Butter einfetten. Den Rosenkohl ungefähr 10 Minuten in gesalzenem Wasser kochen, dann abgießen und warm halten. Butter und Öl in einem Topf erhitzen, den Speck zufügen und unter gelegentlichem Rühren anbräunen. Den Rosenkohl und 1 Esslöffel heißes Wasser zugeben und alles unter gelegentlichem Rühren 5 Minuten dünsten. Die Hälfte des geriebenen Käses in die Béchamelsauce rühren. Mit Salz und Pfeffer abschmecken. Den Rosenkohl in die vorbereitete Form geben und mit der Hälfte des restlichen geriebenen Käses bestreuen. Die Sauce darüber verteilen, mit dem übrigen Käse bestreuen und im Ofen etwa 20 Minuten goldbraun überbacken.

ROSENKOHL MIT PARMESAN

FOTO AUF SEITE 395

CAVOLINI DI BRUXELLES ALLA PARMIGIANA

Vorbereiten: *15 Min.*
Garzeit: *20 Min.*
Für 4 Personen

— 800 g Rosenkohl
— 25 g Butter
— 1 Prise frisch geriebene
 Muskatnuss
— 100 g frisch geriebener
 Parmesan
— Salz und Pfeffer

Den Rosenkohl 15 Minuten in gesalzenem Wasser kochen, dann abgießen. Die Butter in einer Pfanne zerlassen. Sobald sie goldbraun ist, den Rosenkohl zufügen und bei mittlerer Hitze einige Minuten anbraten. Mit Salz, Pfeffer und Muskatnuss würzen. In eine Schüssel füllen. Mit dem geriebenen Käse bestreuen und servieren.

ROSENKOHL MIT PARMESAN

ROSENKOHL MIT MANDELN

ROSENKOHLPÜREE

PURÈ DI CAVOLINI DI BRUXELLES

Vorbereiten: *15 Min.*
Garzeit: *30 Min.*
Für 6 Personen

— 1 kg Rosenkohl, küchenfertig
  geputzt
— 25 g Butter
— 4 EL Crème double
— 1 Prise geriebene Muskatnuss
— Salz und frisch gemahlener
  weißer Pfeffer

Einen Topf gesalzenes Wasser zum Kochen bringen und
den Rosenkohl darin in 15 Minuten nur bissfest garen.
Gut abgießen und in einem Standmixer pürieren. Das Püree
in einen Topf umfüllen, Butter und Crème double zugeben
und bei mittlerer Hitze 15 Minuten einkochen, dabei
mehrmals umrühren. Vom Herd nehmen, die Muskatnuss
unterrühren und nach Geschmack pfeffern und salzen.

ROSENKOHL MIT MANDELN

CAVOLINI DI BRUXELLES CON LE MANDORLE

FOTO AUF SEITE 396

Vorbereiten: *15 Min.*
Garzeit: *15 Min.*
Für 4 Personen

— 675 g Rosenkohl
— 50 g Butter
— 25 g abgezogene Mandeln
— 1 Knoblauchzehe, geschält
— Zesten von 1 unbehandelten
  Zitrone, gehackt
— 1½ TL Semmelbrösel
— Salz und Pfeffer

Den Rosenkohl 5 Minuten in gesalzenem Wasser kochen,
gut abtropfen lassen, in eine Schüssel geben und warm
halten. Die Hälfte der Butter in einer Pfanne erhitzen,
Mandeln und Knoblauch zufügen und einige Minuten in
der Butter anrösten. Die Zitronenzesten, Salz und Pfeffer
zufügen. Die Pfanne vom Herd nehmen und den Knoblauch
entfernen. Die restliche Butter in einem kleinen Topf
erhitzen, die Semmelbrösel darin goldbraun anbraten
und zur Mandelmischung geben. Auf dem Rosenkohl
verteilen und servieren.

GNOCCHI MIT WIRSING

Vorbereiten: *1 Std.*
plus *1 Std.* Ruhen
Garzeit: *30 Min.*
Für 4 Personen

— 1 kg Kartoffeln
— 200 g Weizenmehl Type 405,
  und etwas Mehl zum
  Bestäuben
— 1 Ei, leicht verschlagen
— Salz

Für die Sauce:
— 100 ml Olivenöl
— 1 Zwiebel, fein gehackt
— 100 g Speckstreifen oder
  Pökelfleisch, gewürfelt
— 300 g Wirsingkohl,
  grob in Streifen gehackt
— 4 Tomaten, geschält
  und gehackt
— 3–4 EL frisch geriebener
  Pecorino-Käse
— 1 milde Chili, entkernt
  und gehackt
— Salz

Für die Gnocchi die Kartoffeln in 25 Minuten weich dämpfen, dann schälen und in einer Schüssel zerstampfen. Das Mehl, die Eier und 1 Prise Salz einarbeiten. Den Teig zu 2 langen Rollen mit 2 cm Durchmesser formen und in 2,5 cm große Stücke schneiden. Jedes Stück sanft gegen eine Reibe drücken, damit es die typische Form und Struktur von Gnocchi bekommt, und dann auf einem bemehlten Küchentuch 1 Stunde ruhen lassen. In der Zwischenzeit für die Sauce 2 Esslöffel Öl in einer Pfanne erhitzen und die Zwiebel darin in 5 Minuten bei schwacher Hitze weich dünsten. Speck oder Pökelfleisch zugeben und in 5–8 Minuten goldbraun anbraten. Die Wirsingstreifen unterheben und nach Bedarf etwas salzen. Den Deckel aufsetzen und den Wirsing in 15 Minuten bissfest garen.
Die Tomaten zugeben, nach Geschmack nachsalzen und kurz weitergaren. In der Zwischenzeit einen Topf gesalzenes Wasser zum Kochen bringen. Die Gnocchi portionsweise einlegen und sieden lassen, bis sie an die Oberfläche steigen. Mit einem Schaumlöffel aus dem Wasser heben und warm stellen. Die Gnocchi in eine vorgewärmte Servierform geben und die heiße Wirsingsauce darüberlöffeln. Mit dem geriebenen Käse und Chili bestreuen und sofort servieren.

SCHWARZKOHLSUPPE

FOTO AUF SEITE 299

Vorbereiten: *15 Min.*
Garzeit: *20 Min.*
Für 4 Personen

— 1 großer Schwarzkohl
  (Cavolo nero), Strunk entfernt,
  Blätter klein geschnitten
— 150 g Pancetta oder
  Frühstücksspeck, in feine
  Streifen geschnitten
— 1 weiße Zwiebel, fein gehackt
— Blätter von 2–3 Zweigen
  Thymian, gehackt
— Salz

Einen großen Topf mit leicht gesalzenem Wasser zum Kochen bringen. Den Kohl zugeben und 5 Minuten garen. Abgießen und abkühlen lassen. Eine Pfanne erhitzen und darin den Speck bei mittlerer Hitze etwa 3–4 Minuten braten, bis die Fettschicht glasig wird. Die Zwiebel zugeben und in 5 Minuten bei schwacher Hitze weich dünsten. Den Schwarzkohl unterheben und nochmals 5–10 Minuten garen, dann den Thymian unterrühren und salzen. Das Gemüse vom Herd nehmen und sofort servieren.

WINTERSALAT MIT ROTKOHL, PANCETTA UND ROQUEFORT

GESCHMORTER WIRSING

Vorbereiten: *15 Min.*
Garzeit: *20 Min.*
Für 4 Personen

— 1 großer Wirsingkohl,
 ohne Strunk, Blätter
 klein geschnitten
— 150 g Pancetta oder
 Frühstücksspeck, in feine
 Streifen geschnitten
— 1 weiße Zwiebel, fein gehackt
— Blätter von 2–3 Zweigen
 Thymian, gehackt
— Salz

Einen großen Topf mit leicht gesalzenem Wasser zum Kochen bringen. Den Kohl zugeben und 5 Minuten garen. Abgießen und abkühlen lassen. Eine Pfanne erhitzen und darin den Speck bei mittlerer Hitze 3–4 Minuten braten, bis die Fettschicht glasig wird. Die Zwiebel zugeben und in 5 Minuten bei schwacher Hitze weich dünsten. Den Wirsing unterheben und 5–10 Minuten garen, dann den Thymian unterrühren und salzen. Das Gemüse vom Herd nehmen und sofort servieren.

WINTERSALAT MIT ROTKOHL, PANCETTA UND ROQUEFORT

FOTO AUF SEITE 400

Vorbereiten: *15 Min.*
Garzeit: *15 Min.*
Für 6 Personen

— 1 kleiner Rotkohl, ohne
 Strunk, Blätter klein
 geschnitten
— 120 ml Rotweinessig
— 4 EL Olivenöl
— 250 g Pancetta oder
 Frühstücksspeck, gewürfelt
— 6 Scheiben weiches Weißbrot,
 in kleine Würfel geschnitten
— 100 g Roquefort-Käse,
 gewürfelt
— grüne Salatblätter, zum
 Servieren

Für das Dressing:
— 175 ml Olivenöl
— 3 EL Weißweinessig
— 1 EL Dijon-Senf
— Salz und Pfeffer

Den Kohl in eine Auflaufform einlegen. Den Essig in einem kleinen Topf aufkochen. Vom Herd nehmen und über den Kohl gießen. 1 Esslöffel Öl in einer Pfanne erhitzen, die Pancetta oder den Speck zugeben und bei mittlerer Hitze in 8–10 Minuten knusprig braten, dabei mehrmals wenden. Mit einem Schaumlöffel aus dem Öl heben und beiseitestellen. Das restliche Öl in der Pfanne erhitzen. Portionsweise die Brotwürfel zugeben und bei mittlerer Hitze von allen Seiten goldbraun und knusprig braten. Aus dem Öl heben und auf Küchenpapier abtropfen lassen.

Für das Dressing das Öl, den Essig und den Senf in einer Schüssel aufschlagen und mit Salz und Pfeffer abschmecken. Den Kohl abgießen und auf einer Servierplatte anrichten. Das Dressing darüberträufeln, Pancetta oder Speck und den die Käsewürfel darauf verteilen und die Salatblätter darum herum verteilen. Sofort servieren.

WIRSING MIT SARDELLEN

FOTO AUF SEITE 403

CAVOLO VERZA ALLA CAPPUCCINA

Vorbereiten: *15 Min.*
Garzeit: *1 Std.*
Für 4 Personen

— ½ Wirsingkohl, Strunk
  entfernt, Blätter in Streifen
  geschnitten
— 2 in Salz eingelegte Sardellen
  (aus dem Glas), filetiert,
  10 Min. in kaltes Wasser
  eingelegt und abgetropft
— 2 EL Olivenöl
— 2 Knoblauchzehen, geschält
— 1 EL frisch gehackte Petersilie
— Salz und Pfeffer

Die Kohlblätter 5 Minuten in gesalzenem Wasser kochen, dann gut abtropfen lassen. Die Sardellenfilets hacken. Das Öl in einem Topf erhitzen, den Knoblauch zugeben und einige Minuten anbräunen, dann aus dem Fett nehmen. Die Sardellen zugeben und mit einem Holzlöffel zerdrücken. Den Kohl und die Petersilie zufügen, mit Salz und Pfeffer würzen und abgedeckt unter gelegentlichem Rühren etwa 50 Minuten garen.

FRITTIERTE KOHLBÄLLCHEN MIT SPECK

SFERETTE DI VERZA ALLA PANCETTA

Vorbereiten: *30 Min.*
Garzeit: *45 Min.*
Für 6 Personen

— 2 große Köpfe Wirsingkohl,
  Strunk und harte Blätter
  entfernt
— 25 g Butter
— 1 Eigelb
— 150 g geriebener Parmesan
— 80 g Pancetta oder
  Frühstücksspeck
— 25 g Weizenmehl Type 405,
  und etwas Mehl zum
  Bestäuben
— 2 Eier, leicht verschlagen
— 80 g frisch geriebene
  Weißbrotbrösel
— Pflanzenöl, zum Frittieren
— Salz und Pfeffer

Einen großen Topf gesalzenes Wasser zum Kochen bringen. Den Kohl vierteln, in den Topf geben und in 10–15 Minuten nur bissfest garen. Gründlich abgießen, ausdrücken und klein hacken. Die Butter in einer Pfanne zerlassen und den Kohl darin bei starker Hitze etwa 5 Minuten anbraten. Salzen und leicht pfeffern, vom Herd nehmen und in einer Schüssel auskühlen lassen. Dann das Eigelb, den geriebenen Käse und den Speck unterheben und alles nochmals mit Pfeffer und Salz nachwürzen. Die Hände leicht mit Mehl bestäuben und aus der Masse mittelgroße, runde Bratlinge formen. Mehl, Ei und Brotbrösel zum Panieren auf 3 Teller verteilen. Die Kohlbällchen zunächst im Mehl wenden, dann durch das Ei ziehen und zuletzt in den Brotbröseln rollen. Das Öl in einem Frittiertopf auf 180–190 °C erhitzen. Es ist heiß genug, wenn ein Brotwürfel darin in 30 Sekunden bräunt. Die Kohlbällchen portionsweise einlegen und goldbraun frittieren. Mit einem Schaumlöffel aus dem Fett heben und auf Küchenpapier abtropfen lassen. Im Ofen warm halten, bis alle Bällchen fertig gebacken sind. Auf einer vorgewärmten Platte anrichten und sofort servieren.

WEISS- UND BLUMENKOHL-QUICHE

TORTINO DI CAVOLFIORE E CAVOLO

Vorbereiten: *50 Min.*
plus *1 Std.* Ruhen
Garzeit: *30 Min.*
Für 6 Personen

— 800 g Blumenkohl, Strunk
  entfernt und küchenfertig
  geputzt
— 50 g Butter
— 1 EL Olivenöl, und etwas
  Olivenöl zum Bestreichen
— 1 Schalotte, gehackt
— 400 g Weißkohl, Strunk
  entfernt, Blätter klein
  geschnitten
— 3 Eier, hart gekocht, in
  Scheiben geschnitten
— 150 g Fontina-Käse, in
  Scheiben geschnitten
— Salz und Pfeffer

Für den Quicheteig:
— 120 g Weizenmehl Type 405,
  und etwas Mehl zum
  Bestäuben
— 120 g Vollkornmehl
— 100 g Butter, und etwas
  Butter zum Einfetten
— Eiswasser
— Salz

Den Blumenkohl mit 1 Prise Salz in einem mittelgroßen Topf mit Wasser bedecken. Zum Kochen bringen, die Hitze reduzieren und den Blumenkohl in 20 Minuten bissfest garen. Abgießen und in Röschen zerteilen. Die Butter mit dem Öl in einer großen Pfanne erhitzen. Blumenkohlröschen und Schalotte zugeben und bei schwacher Hitze 5 Minuten dünsten, dabei mehrmals wenden. Den Kohl zugeben und weitere 5 Minuten unter Rühren garen, bis der Kohl weich ist. Salzen und pfeffern und vom Herd nehmen.

Für den Teig die beiden Mehlsorten mit 1 Prise Salz in eine Schüssel sieben. Die Butter unter die trockenen Zutaten hacken und alles mit den Fingern zu Streuseln verarbeiten. Esslöffelweise so viel Eiswasser einarbeiten, bis ein fester, weicher Teig entsteht. Zu einer Kugel formen, in Frischhaltefolie wickeln und im Kühlschrank 1 Stunde ruhen lassen.

Den Backofen auf 180 °C vorheizen. Eine Quicheform (23 cm Durchmesser) mit Butter einfetten. Den Teig in ein größeres und ein etwas kleineres Stück teilen. Das größere Stück auf einer leicht bemehlten Arbeitsfläche ausrollen und die Form damit bis über den Rand auslegen. Mit abwechselnden Schichten aus Eierscheiben, Weißkohl, Blumenkohl und Käsescheiben auslegen, bis alle Zutaten aufgebraucht sind. Den Teigrand mit Wasser bestreichen. Den restlichen Teig auf einer bemehlten Arbeitsfläche ebenfalls ausrollen und als Deckel auf die Quiche legen, dabei die Ränder fest aufeinanderdrücken. Überhängenden Teig vom Rand abschneiden und den Deckel mit einer Gabel mehrfach einstechen. Mit Öl bestreichen und im Ofen 30 Minuten goldbraun backen. Warm servieren.

ROTKOHL, KARAMELLISIERT

CAVOLO ROSSO CARAMELLATO

Vorbereiten: *15 Min.*
Garzeit: *1 Std. 10 Min.*
Für 8 Personen

—1 großer Rotkohl, Strunk
   entfernt und Blätter
   klein geschnitten
— 50 ml Weißweinessig
— 2 EL Zucker
— Salz und Pfeffer

Den Kohl mit 100 ml Wasser, Essig und Zucker in einem
großen Topf oder einer ofenfeste Kasserolle zum Kochen
bringen. Salzen und pfeffern, die Hitze reduzieren und
den Kohl mit Deckel 1 Stunde köcheln. Während der
letzten 30 Minuten mehrmals umrühren, bis die Flüssigkeit
verkocht ist und der Kohl leicht karamellisiert ist. Warm
oder kalt zu Schweinebraten servieren.

ROTKOHL MIT ÄPFELN

CAVOLO NERO CON LE MELE

Vorbereiten: *15 Min.*
Garzeit: *15 Min.*
Für 4 Personen

— 1 Apfel
— 1 EL Zucker
— 5 EL Rotweinessig
— ½ Rotkohl, Strunk entfernt
   und Blätter fein geschnitten
— 1 Schalotte, fein gehackt
— 5 EL Olivenöl
— Salz und Pfeffer

Den Backofen auf 200 °C vorheizen. Den Apfel vierteln
und entkernen, in eine Röstpfanne oder auf eine Fettpfanne
setzen und mit Zucker bestreuen. Im Ofen 15 Minuten
backen, dabei mehrmals mit etwas Wasser besprenkeln.
In der Zwischenzeit den Essig in einem kleinen Topf
erhitzen. Die Kohlstücke in eine Schüssel geben, mit dem
Essig übergießen und mit Salz und Pfeffer abschmecken.
Den Kohl in eine Servierschüssel umfüllen, die Schalotte
darüberstreuen und mit Öl beträufeln. Die heißen Apfel-
stücke mittig daraufsetzen und servieren.

BROKKOLIGEMÜSE „FANTASIA"

BROCCOLI FANTASIA

Vorbereiten: *30 Min.*
Garzeit: *10–15 Min.*
Für 4 Personen

— 1 kg Brokkoli, in Röschen
  zerteilt
— 2 EL Olivenöl
— 2 Knoblauchzehen, geschält
— 2 Porreestangen, nur
  der weiße Teil, in dünne
  Ringe geschnitten
— 1 EL Weizenmehl Type 405
— 100 g Crème double
— 200 ml trockener Weißwein
— 25 g Butter, und etwas
  Butter zum Einfetten
— 50 g geriebener Parmesan
— Salz und Pfeffer

Den Backofen auf 200 °C vorheizen. Einen großen Topf gesalzenes Wasser zum Kochen bringen und den Brokkoli darin kurz blanchieren. Gründlich abgießen und etwas abkühlen lassen. Das Öl in einem weiteren großen Topf erhitzen, Knoblauch und Porree zugeben und bei schwacher Hitze etwa 5 Minuten andünsten, dabei mehrmals wenden. Das Mehl einrühren und unter ständigem Rühren in etwa 2 Minuten hellbraun rösten. Den Knoblauch entfernen. Die Crème double unter den Porree rühren, pfeffern und salzen und alles gut mischen. Den Brokkoli zugeben, den Wein angießen und nochmals 10 Minuten köcheln. Eine Auflaufform mit Butter einfetten und den Pfanneninhalt einfüllen. Mit Parmesan bestreuen, die Butter in Flöckchen darauf verteilen und im Ofen 10–15 Minuten überbacken, bis die Kruste goldbraun ist und die Sauce Blasen schlägt, dann sofort servieren.

MINESTRONE MIT FISCH UND BROKKOLI

PASTA E BROCCOLI IN BRODO D' ARZILLA

Vorbereiten: *30 Min.*
Garzeit: *30 Min.*
Für 4 Personen

Für den Fischfond:
— 1 kg Rochen, gehäutet,
  gesäubert und in mittelgroße
  Stücke geschnitten
— 1 kleine Selleriestange, gehackt
— 1 Karotte, gehackt
— 1 Zwiebel, gehackt
— Salz

— 200 g Spaghetti
— 3 EL Olivenöl
— 1 Knoblauchzehe, geschält
— 2 Sardellenfilets (aus der
  Dose), abgetropft
— 200 g Tomaten, gehackt
— Chili-Öl
— 120 ml trockener Weißwein
— 500 g Brokkoli, in Röschen
  zerteilt oder Romanesco
  (grün-violetter Blumenkohl)
— 1 EL frisch gehackte Petersilie

Den Rochen mit Sellerie, Karotte und Zwiebel in einer Kasserolle mit Wasser bedecken, etwas salzen und zum Kochen bringen. Bei mittlerer Hitze etwa 20 Minuten kochen, dann die Fischfleischstücke aus der Flüssigkeit heben und beiseite stellen. Gemüse und Karkassen weitere 30 Minuten zum Fond einkochen, dann durch ein feines Sieb abseihen und beiseitestellen.

Die Spaghetti in einem großen Topf gesalzenem Wasser fast al dente kochen, abgießen und beiseitestellen. Das Öl in einer zweiten Kasserolle erhitzen, die Knoblauchzehe zugeben und anbraten, dann entfernen und entsorgen. Die Sardellen zugeben und im Öl zerfallen lassen. Tomaten, Chili-Öl, Wein und Brokkoli oder Romanesco zugeben, unterheben und 5 Minuten garen. Den Fond angießen, Rochenfleisch und die vorgekochte Pasta zugeben. Die Suppe aufkochen. Mit Petersilie bestreuen und heiß servieren.

KARTOFFEL-BROKKOLI-AUFLAUF

TORTINO DI PATATE E BROCCOLI

Vorbereiten: *40 Min.*
Garzeit: *30 Min.*
Für 8 Personen

— 800 g Kartoffeln
— 800 g Brokkoli, in Röschen
  zerteilt
— 4 EL warme Milch
— 80 g Butter, und etwas
  Butter zum Einfetten
— 2 Eigelb
— 1 Prise frisch geriebene
  Muskatnuss
— 40 g Mandelblätter
— Salz und Pfeffer

Die Kartoffeln mit der Schale in einem großen Topf mit gesalzenem Wasser in 20–25 Minuten weich kochen. In der Zwischenzeit den Brokkoli in einem weiteren Topf mit kochendem gesalzenem Wasser etwa 5 Minuten blanchieren, dann abgießen. Inzwischen den Backofen auf 200 °C vorheizen. Eine Auflaufform mit Butter einfetten. Die Kartoffeln abgießen, schälen und in einer Schüssel zerstampfen. Die Hälfte der Butter, Eigelb und Muskatnuss einarbeiten und mit Salz und Pfeffer abschmecken. Den Kartoffelbrei und den Brokkoli abwechselnd in die Form schichten und jede Schicht nochmals leicht pfeffern und salzen. Die oberste Schicht mit den Mandelblättern bestreuen, die restliche Butter in Flocken daraufsetzen und 10 Minuten goldbraun überbacken. Den Auflauf auf eine vorgewärmte Platte stürzen und sofort servieren.

BROKKOLI MIT FISCHROGEN

BROCCOLETTI ALLA BOTTARGA

Vorbereiten: *20 Min.*
Garzeit: *15 Min.*
Für 4 Personen

— 1 kg Brokkoli, in Röschen
  zerteilt
— 100 g Bottarga (sardischer
  Fischrogen) oder anderer
  Fischrogen
— Saft von 1 Zitrone
— 1 Knoblauchzehe, gehackt
— 1 Petersilienstängel,
  frisch gehackt
— 8 Basilikumblätter, gehackt
— 3 Tomaten, geschält, entkernt
  und gewürfelt
— Olivenöl, zum Beträufeln
— Salz und Pfeffer
— dünne Zitronenscheiben,
  zum Garnieren

Den Brokkoli 15 Minuten in gesalzenem Wasser kochen, dann abgießen und leicht abkühlen lassen. Den Bottarga in einem Mörser mit dem Zitronensaft zerstoßen, dabei nach und nach Knoblauch, Petersilie, Basilikum und Tomaten zugeben und alles zerkleinern. Mit Salz und Pfeffer würzen. Wenn die Sauce zu dick ist, etwas Öl einträufeln. Gut verrühren und in eine Sauciere füllen. Den Brokkoli in einer vorgewärmten Servierschüssel anrichten, mit den Zitronenscheiben garnieren und mit der Sauce servieren.

WÜRZIGER BROKKOLI MIT JOGHURT

FOTO AUF SEITE 409

BROCCOLETTI PICCANTI ALLO YOGURT

Vorbereiten: *10 Min.*
Garzeit: *5 Min.*
Für 4 Personen

— 1 kg Brokkoli, in
   Röschen zerteilt
— 1 Petersilienstängel,
   frisch gehackt
— 1 Knoblauchzehe, gehackt
— 1 frische Chili, entkernt
   und gehackt
— 100 ml fettarmer Naturjoghurt
— 1 Prise Senfpulver
— Salz

Den Brokkoli in einem Topf mit kochendem gesalzenem Wasser einige Minuten garen, bis er gerade bissfest ist. Gut abtropfen lassen und in eine große Salatschüssel geben. Petersilie, Knoblauch, Chili und Joghurt in einer Schüssel verrühren. Das Senfpulver einrühren und mit Salz würzen. Die Sauce über den Brokkoli geben und warm servieren.

BROKKOLI MIT SARDELLEN

BROCCOLETTI ALLE ACCIUGHE

Vorbereiten: *20 Min.*
Garzeit: *35 Min.*
Für 4 Personen

— 1 kg Brokkoli, in
   Röschen zerteilt
— 80 g in Salz eingelegte
   Sardellen (aus dem Glas),
   filetiert, 10 Min. in kaltes
   Wasser eingelegt und
   abgetropft
— 3 EL Olivenöl
— 2 Knoblauchzehen, geschält
— ½ frische Chili, entkernt
   und gehackt
— Salz

Den Brokkoli 15 Minuten in gesalzenem Wasser kochen. Inzwischen die Sardellenfilets hacken. Das Öl in einem Topf erhitzen, Knoblauch und Chili zufügen und 1 Minute andünsten. Die Sardellen zugeben und mit einem Holzlöffel gut zerdrücken. Den Knoblauch entfernen und entsorgen. Den Brokkoli abgießen, in den Topf geben, alles verrühren und bei schwacher Hitze unter gelegentlichem Rühren etwa 15 Minuten garen. Sofort servieren.

WÜRZIGER BROKKOLI MIT JOGHURT

BLUMENKOHL-POLENTA

POLENTA AL CAVOLFIORE

Vorbereiten: *20 Min.*
Garzeit: *1 Std. 5 Min.*
Für 4 Personen

— 2 EL Sultaninen
— 1 Blumenkohl, in
  Röschen zerteilt
— 2 EL Olivenöl
— 1 Zwiebel, gehackt
— 1 EL Pinienkerne
— 1 Dose Sardellenfilets,
  gut abgegossen
— 350 g Polenta (Maisgrieß)
— Salz

Die Sultaninen in eine Auflaufform geben, mit warmem Wasser übergießen und etwa 15 Minuten einweichen lassen. Einen großen Topf gesalzenes Wasser zum Kochen bringen und den Blumenkohl darin in 10 Minuten bissfest kochen. Abgießen und das Kochwasser auffangen. Die Sultaninen abgießen und ausdrücken. Das Öl in einer kleinen Pfanne erhitzen. Zwiebeln und Pinienkerne zugeben und in etwa 12 Minuten bei schwacher Hitze goldbraun dünsten. Die Sardellenfilets zugeben und mit einem Kochlöffel zerdrücken, bis sie sich aufgelöst haben. Sultaninen und Blumenkohl unterrühren und 2 Minuten mitgaren, dann die Mischung vom Herd nehmen und beiseitestellen.

Für die Polenta 500 ml des Blumenkohlsuds abmessen und gegebenenfalls mit Wasser auffüllen. Mit 1 Prise Salz in einem großen Topf aufkochen. Den Maisgrieß unter Rühren einrieseln lassen und 45 Minuten kochen, bis er dick eingekocht ist, dabei ständig weiterrühren. Vom Herd nehmen. Die Blumenkohlsauce unter Rühren vorsichtig erhitzen. Die Polenta in eine vorgewärmte Schüssel füllen, die Blumenkohlsauce darüberlöffeln und servieren.

PIKANTER BLUMENKOHL

CAVOLFIORE SPEZIATO

Zubereiten: *15 Min.*
Für 4 Personen

— 1 kleiner Blumenkohl
— 2 Karotten, in Stifte
  geschnitten
— 1 Knoblauchzehe, fein gehackt
— Saft von 1 Zitrone, durch ein
  Sieb gestrichen
— 1 EL trockener Weißwein
— 3 EL Olivenöl
— ½ TL Kreuzkümmelsamen
— 1 Prise Paprikapulver
— Salz

Die zartesten Röschen vom Blumenkohl ablösen und in eine Salatschüssel geben. Karotten und Knoblauch zufügen. Zitronensaft, Wein, Öl, Kreuzkümmel, Paprikapulver und 1 Prise Salz gut verrühren. Das Dressing über den Salat gießen und vermischen.

BLUMENKOHLPASTETCHEN

TORTINO DI CAVOLFIORE

Vorbereiten: *45 Min.*
Garzeit: *1 Std.*
Für 6 Personen

— 1,2 kg Blumenkohl, in
   Röschen zerteilt
— 25 g Butter, und etwas
   Butter zum Einfetten
— 5 EL Milch
— 3 Eier
— 1 Rezept Béchamelsauce
   (siehe Seite 51)
— 80 g frisch geriebener
   Gruyère-Käse
— Salz und Pfeffer

Die Blumenkohlröschen in gesalzenem Wasser in etwa
15 Minuten weich kochen und abgießen. Die Butter in
einer Pfanne zerlassen und die Röschen darin bei schwacher
Hitze etwa 5 Minuten anbräunen, dabei mehrmals wenden.
Salzen und pfeffern, die Milch angießen und sanft köcheln,
bis sie fast eingekocht ist. Vom Herd nehmen und durch
ein Sieb in eine Schüssel pürieren.

Den Backofen auf 180 °C vorheizen. Eine Auflaufform
mit Butter einfetten. Die Eier nacheinander unter die
Béchamelsauce ziehen, dann den geriebenen Käse und
das Blumenkohlpüree unterrühren. Die Masse in die
vorbereitete Form füllen, die Form auf die Fettpfanne des
Ofens stellen und so viel Wasser in das Blech gießen, dass
die Form etwa zur Hälfte im Wasser steht. Im Ofen 1 Stunde
garen. Aus dem Ofen nehmen und einige Minuten setzen
lassen. Auf eine vorgewärmte Platte stürzen und servieren.

BLUMENKOHLSALAT MIT KRÄUTERN UND MAYONNAISE

INSALATA DI CAVOLFIORE AGLI AROMI E MAIONESE

Vorbereiten: *30 Min.*
plus *1 Std.* Marinieren
Garzeit: *10 Min.*
Für 4 Personen

—1 Blumenkohl, in Röschen
   zerteilt
— 6 EL Olivenöl
— 3 EL Weißweinessig
— 1 EL frisch gehackte Petersilie
— 1 EL frisch gehackter Estragon
— 1 TL Dijon-Senf
— 250 g Mayonnaise
— Salz und Pfeffer

Einen Topf gesalzenes Wasser zum Kochen bringen und
den Blumenkohl in etwa 10 Minuten halb weich kochen.
Abgießen, abtropfen lassen und abkühlen lassen, dann in
eine Salatschüssel füllen. Öl, Essig, Petersilie und Estragon
mit Pfeffer und Salz in einer Schüssel aufschlagen. Das
Dressing über den Blumenkohl gießen und alles vorsichtig
unterheben. Zum Blumenkohlsalat reichen. Den Salat etwa
1 Stunde durchziehen lassen. Den Senf mit der Mayonnaise
glatt verrühren, in ein Saucenschiffchen füllen und mit dem
Blumenkohlsalat servieren.

BLUMENKOHL-QUICHE

TORTA AL CAVOLFIORE

Vorbereiten: *20 Min.*
Garzeit: *35 Min.*
Für 4 Personen

— Butter, zum Einfetten
— 1 Blumenkohl, in
 Röschen zerteilt
— 500 g Blätterteig
 (Tiefkühlware), aufgetaut
— Weizenmehl Type 405,
 zum Bestäuben
— 250 ml Milch
— 4 Eier
— 1 Prise frisch geriebene
 Muskatnuss
— 100 g frisch geriebener
 Emmentaler
— Salz und Pfeffer

Den Backofen auf 160 °C vorheizen. Eine Quicheform mit Butter einfetten. Einen Topf gesalzenes Wasser zum Kochen bringen und den Blumenkohl darin in etwa 10 Minuten weich kochen. Gründlich abgießen und abkühlen lassen. Den Blätterteig auf einer leicht bemehlten Arbeitsfläche dünn ausrollen und die Form damit auslegen. Den Teig 5–10 Minuten vorbacken, bis er leicht angetrocknet ist. Die Form aus dem Ofen nehmen und den Blumenkohl auf dem Teig verteilen. Milch, Eier, Muskatnuss und geriebenen Käse in einer Schüssel verrühren und mit Salz und Pfeffer würzen. Die Mischung über den Blumenkohl gießen, die Quiche wieder in den Ofen stellen und 25 Minuten backen, bis die Füllung gestockt ist. Herausnehmen und abkühlen lassen. Die Quiche in Tortenstücke zerteilt servieren.

PAPPARDELLE MIT BLUMENKOHL UND GORGONZOLA

PAPPARDELLE CON CAVOLFIORI E GORGONZOLA

FOTO AUF SEITE 413

Vorbereiten: *25 Min.*
Garzeit: *25 Min.*
Für 4 Personen

— 200 g Blumenkohl, in
 Röschen zerteilt
— 20 g Butter
— 150 g Gorgonzola-Käse,
 gewürfelt
— 3–4 EL Milch (nach Bedarf)
— 2–3 EL Olivenöl
— 1 Knoblauchzehe, geschält
— 1 EL klein gehackter Thymian
— 275 g frische Pappardelle
 (breite Bandnudeln)
— 25 g geriebener Parmesan
— Salz und Pfeffer

Den Blumenkohl in kochendem gesalzenem Wasser in 5 Minuten halb gar kochen, dann abgießen und das Kochwasser auffangen. Die Butter mit dem Gorgonzola in einer kleinen Pfanne bei sehr schwacher Hitze zerlassen, aber nicht aufkochen, dabei ständig rühren und nach Bedarf einige Esslöffel Milch zugeben. Vom Herd nehmen. Das Öl in einem flachen Topf erhitzen. Den Knoblauch zugeben und bei schwacher Hitze einige Minuten goldbraun rösten, dann aus dem Öl nehmen und entsorgen. Den Blumenkohl in die Pfanne geben und 5 Minuten anbraten, dabei mehrmals wenden. Den Thymian darüberstreuen, pfeffern und salzen. Die Pappardelle 2–3 Minuten im Blumenkohlwasser al dente kochen und bei Bedarf weiteres kochendes Wasser zugießen. Die Pasta abgießen, zum Blumenkohl in die Pfanne geben und unterheben. Die Gorgonzolasauce einrühren. Den Topf vom Herd nehmen. Mit geriebenem Käse bestreut servieren.

PAPPARDELLE MIT BLUMENKOHL UND GORGONZOLA

PANIERTE BLUMENKOHLRÖSCHEN

PANIERTE BLUMENKOHLRÖSCHEN

FOTO AUF SEITE 414

CAVOLFIORE AL PANGRATTATO

Vorbereiten: *30 Min.*
Garzeit: *10 Min.*
Für 4 Personen

— 1 Blumenkohl, in Röschen
  zerteilt
— 2 Eier
— 100 g frisch geriebene
  Weißbrotbrösel
— 25 g Butter
— 4 EL Olivenöl
— Salz

Den Blumenkohl in einem großen Topf mit kochendem gesalzenem Wasser in 10 Minuten bissfest kochen. Die Eier in einem Teller mit 1 Prise Salz verschlagen. Die Brotbrösel in einen zweiten Teller geben. Die Butter mit dem Öl in einer großen Pfanne zerlassen. Die Röschen zuerst durch das Ei ziehen und dann in den Bröseln wälzen. Portionsweise im Fett einige Minuten braten, bis sie rundum goldbraun sind. Mit einem Schaumlöffel aus der Pfanne heben und auf Küchenpapier abtropfen lassen. Sofort servieren.

ZWEIERLEI BLUMENKOHL MIT PAPRIKA

CAVOLFIORE BICOLORE AL PEPERONE

Vorbereiten: *20 Min.*
plus *1 Std.* Ruhen
Garzeit: *20 Min.*
Für 4 Personen

— 1 kleiner weißer Blumenkohl,
  in Röschen zerteilt
— 1 kleiner Romanesco
  (grün-violetter Blumenkohl),
  in Röschen zerteilt
— Saft von 1 Zitrone, durch
  ein Sieb gestrichen
— 2 TL abgeriebene Zitronenschale
— 6 EL Olivenöl
— 1 rote, eingelegte Paprika,
  abgetropft und fein gehackt
— 1 Prise Chilipulver
— 1 Prise getrockneter Oregano
— 1 Knoblauchzehe, gehackt
— Salz und Pfeffer

Die beiden Blumenkohlsorten 5–8 Minuten in getrennten Töpfen mit gesalzenem Wasser kochen. Gut abtropfen lassen und abwechselnd in eine Servierschüssel schichten. Zitronensaft und Zitronenschale, Öl, eingelegte Paprika, Chilipulver, Oregano und Knoblauch in einer Schüssel gut vermengen und mit Salz und Pfeffer würzen. Das Dressing über den Blumenkohl gießen und an einem kühlen Platz 1 Stunde ziehen lassen. Erst dann mischen und servieren.

PORREE-TOMATEN-SCHMORGEMÜSE

FOTO AUF SEITE 417

PORRI AL POMODORO

Vorbereiten: *20 Min.*
Garzeit: *40 Min.*
Für 4 Personen

— 3 EL Olivenöl
— 1 Schalotte, fein gehackt
— 4 Tomaten, geschält,
  entkernt und grob gehackt
— 1 Knoblauchzehe,
  fein gehackt
— Blätter von 1 Zweig Thymian,
  gehackt
— 120 ml trockener Weißwein
— 1 kg Porree, in dünne Ringe
  geschnitten
— Salz und Pfeffer

Das Öl mit 100 ml Wasser in einen Topf gießen und erhitzen. Die Schalotte zugeben und bei schwacher Hitze in 5 Minuten weich dünsten, dabei regelmäßig umrühren. Tomaten, Knoblauch und Thymian unterrühren, dann salzen und pfeffern. Die Hitze erhöhen, den Wein angießen und die Mischung auf mittlerer Hitze schmoren, bis der Alkohol verkocht ist. Die Hitze reduzieren und 15 Minuten weiterköcheln. In der Zwischenzeit einen Topf gesalzenes Wasser zum Kochen bringen. Den Porree unter die Tomatenmischung mengen und das Gemüse zugedeckt 15 Minuten schmoren. Den Deckel abnehmen und die restliche Flüssigkeit einkochen. Das Gemüse in eine vorgewärmte Schüssel umfüllen und als Beilage zu einem Fleischtopf servieren.

PORREE MIT KOCHSCHINKEN

PORRI AL PROSCIUTTO

Vorbereiten: *20 Min.*
Garzeit: *30 Min.*
Für 4 Personen

— 1 kg Porree, nur der weiße Teil,
  in große Stücke geschnitten
— 100 g Prosciutto cotto
  (Kochschinken), in
  Scheiben geschnitten
— 100 g Butter
— 50 g Mehl
— 500 ml Milch
— 100 g frisch geriebener
  Gruyère-Käse
— 2 EL geriebener Parmesan
— Salz und Pfeffer

Den Porree 5 Minuten in gesalzenem Wasser blanchieren und abtropfen lassen. Den Backofen auf 180 °C vorheizen. Das Fett vom Schinken abschneiden und mit 1 Esslöffel Butter in eine Auflaufform geben. Das Fett bei mittlerer Hitze auslassen. Den Porree zufügen und hell anbräunen. Dabei häufig mit dem Fett begießen. Mit Salz und Pfeffer würzen. Inzwischen eine Béchamelsauce (siehe Seite 51) mit 1 Esslöffel Butter, Mehl und Milch zubereiten. Den Gruyère in die Sauce rühren. Den Porree vom Herd nehmen, mit den Schinkenscheiben belegen und mit der Béchamelsauce übergießen. Flöckchen aus der restlichen Butter daraufsetzen, mit dem geriebenen Käse bestreuen und 10 Minuten backen.

PORREE-TOMATEN-SCHMORGEMÜSE

PORREE-RISOTTO MIT SAHNE

RISOTTO PANNA E PORRI

Vorbereiten: *55 Min.*
Garzeit: *45 Min.*
Für 4 Personen

— 25 g Butter
— 4 kleine Porreestangen, nur
  der weiße Teil, in dünne
  Ringe geschnitten
— 1,5 l Gemüsebrühe
— 350 g Risotto-Reis
— 175 ml Sahne
— Salz und Pfeffer
— frisch geriebener Parmesan,
  zum Servieren

Die Butter in einem Topf zerlassen, den Porree darin etwa 5 Minuten dünsten. 1 Esslöffel Wasser zugeben und 20 Minuten garen. Inzwischen die Brühe in einem anderen Topf zum Kochen bringen. Den Reis mit dem Porree verrühren. 1 Kelle heiße Brühe zufügen und unter Rühren köcheln. Wenn der Reis die Brühe aufgesogen hat, 1 weitere Kelle Brühe zugeben. Auf diese Weise fortfahren, bis der Reis gar ist. Das dauert etwa 18–20 Minuten. Wenn der Reis gar ist, die Sahne einrühren. Mit Salz und Pfeffer würzen. Den Risotto mit dem geriebenen Käse servieren.

PORREEKUCHEN

CROSTATA DI PORRI

Vorbereiten: *50 Min.*
Garzeit: *25 Min.*
Für 6 Personen

— 400 g Blätterteig
  (Tiefkühlware), aufgetaut
— Mehl, zum Bestäuben
— 2 EL Olivenöl
— 6 Porreestangen, nur der
  weiße Teil, in dünne Ringe
  geschnitten
— 4 Eier
— 100 g Crème double
— 65 g Parmesan, gerieben
— 65 g Prsociutto cotto
  (Kochschinken), fein gewürfelt
— 1 EL gehackte Petersilie
— Salz

Den Teig auf einer bemehlten Arbeitsfläche ausrollen und damit eine Springform (23 cm Durchmesser) auslegen. Die überstehenden Teigränder wegschneiden, zusammenkneten und kühl stellen. Das Öl in einer Pfanne erhitzen und darin den Porree bei schwacher Hitze etwa 5 Minuten dünsten. Mit 3 Esslöffel Wasser besprenkeln und weitere 15 Minuten garen, dann vom Herd nehmen und abkühlen lassen. In der Zwischenzeit den Backofen auf 220 °C vorheizen. Eier und Crème double in einer Schale verschlagen, den geriebenen Käse unterrühren und mit Salz abschmecken. Porree, Schinken und Petersilie zufügen, gut mischen und in die Springform einfüllen. Die Teigreste auf der leicht bemehlten Arbeitsfläche ausrollen, in kleine Halbkreise oder Rauten schneiden und den Kuchen damit verzieren. Die Springform auf ein Backblech setzen und im Ofen 25 Minuten backen. Herausnehmen, auf eine vorgewärmte Servierplatte setzen und heiß servieren.

SUPPE MIT SELLERIE UND ERBSEN

MINESTRA DI SEDANO RAPA CON PISELLI

Vorbereiten: *20 Min.*
Garzeit: *25 Min.*
Für 4 Personen

— 1 Knollensellerie, gewürfelt
— 300 g grüne Erbsen, gepalt
— 1 Karotte, in dünne Scheiben
  geschnitten
— 1 l Gemüsebrühe
— 100 g Ditalini (kleine
  ringförmige Pasta) oder
  andere Suppennudeln
— 1 Petersilienstängel, gehackt
— natives Olivenöl extra,
  zum Beträufeln
— 50 g geriebener Pecorino-Käse
  oder Parmesan

Den Sellerie mit den Erbsen und der Karotte sowie die Brühe in einen großen Topf geben und zum Kochen bringen. Die Hitze reduzieren und zugedeckt 15 Minuten köcheln. Die Pasta einlegen und in etwa 10 Minuten al dente kochen. Die Suppe in eine vorgewärmte Terrine füllen und die Petersilie einrühren. Mit Öl beträufeln und mit dem geriebenen Käse bestreut servieren.

SELLERIESALAT MIT GERÄUCHERTEM LACHS

INSALATA DI SEDANO DI VERONA E SALMONE AFFUMICATO

Vorbereiten: *20 Min.*
Garzeit: *10 Min.*
Für 4 Personen

— 2 Knollensellerie,
  küchenfertig geputzt
— Saft von 1 Zitrone, durch
  ein Sieb gestrichen
— 2 EL aufgeschlagene Sahne
— 5 EL Mayonnaise
— 150 g Räucherlachs, in dünne
  Streifen geschnitten
— Salz

Einen Topf gesalzenes Wasser zum Kochen bringen. In der Zwischenzeit den Sellerie in Scheiben und dann in Juliennes schneiden. Den Zitronensaft in das kochende Wasser gießen und die Selleriestreifen darin 10 Minuten blanchieren. Gründlich abgießen, trocken tupfen und in eine Salatschüssel füllen. Die Sahne mit der Mayonnaise verrühren und zusammen mit dem größten Teil des Lachses unter den Sellerie heben. Mit den restlichen Lachsstreifen garnieren und servieren.

SELLERIEREMOULADE

Vorbereiten: *40 Min.*
Für 6 Personen

— 3 große Knollensellerie,
  küchenfertig geputzt
— 3–4 EL Kapern (in Salzlake),
  abgespült und abgetropft
— 6 Essiggürkchen, klein gehackt
— 3 EL gehackte Petersilie

Für die Mayonnaise:
— 3 Eigelb
— 400 ml Sonnenblumenöl
— 2 EL Weißweinessig
— Salz

Für die Sauce:
— 4 EL Olivenöl
— 1 TL Dijon-Senf
— 1 EL Weißweinessig
— Saft von ½ Zitrone, durch
  ein Sieb gestrichen
— Salz

Für die Mayonnaise das Eigelb mit 1 Prise Salz in einer Schüssel aufschlagen. Dann zunächst tropfenweise das Öl unterrühren. Wenn die Mischung anfängt, dick zu werden, die Hälfte des Essigs, dann das übrige Öl in einem dünnen Strahl unterschlagen. Zuletzt den restlichen Essig einrühren.

Für die Sauce Öl, Senf, Essig, Zitronensaft und 1 Prise Salz in einer Schüssel gründlich verrühren. Den Sellerie erst in Scheiben und dann in Juliennes schneiden. Alles in eine Schüssel geben und kurz mit der Sauce vermengen. Die Mischung unter die Mayonnaise heben, dann die Kapern, die Gürkchen und die Petersilie unterziehen. Bis zum Servieren abgedeckt kühl stellen.

HÜHNCHENSALAT MIT SELLERIE

FOTO AUF SEITE 421

Zubereiten: *40 Min.*
Für 4 Personen

— 300 g gekochtes Hähnchenfleisch, ohne Haut und in
  Streifen geschnitten
— 1 Knollensellerie, in Stifte
  geschnitten
— 1 Rezept Mayonnaise
  (siehe Rezept oben)
— 3 EL Naturjoghurt
— 1 TL Dijon-Senf

Huhn und Sellerie in eine Salatschüssel geben. Mayonnaise, Joghurt und Senf in einer anderen Schüssel vermengen und mit Salz würzen. Das Dressing vorsichtig unter den Salat mischen und sofort servieren.

HÜHNCHENSALAT MIT SELLERIE

GLOSSAR

AGRODOLCE
Süßsaures Dressing aus Kräutern, Weinessig, Zucker, Zwiebeln und Knoblauch, das zu Fisch, Wild und Gemüse gereicht wird.

AL DENTE
Der Punkt des Garvorgangs, an dem Pasta und Reis weich werden, aber noch bissfest sind und daher vom Herd genommen und abgegossen werden sollten. Al dente gekochtes Gemüse bewahrt mehr Aroma und Nährstoffe.

ANHÄUFELN
Technik in Gartenbau und Landwirtschaft, bei der um den Wurzelstock einer Pflanze zusätzliche Erde aufgehäuft wird.

AUSDÜNNEN
Technik in Gartenbau und Landwirtschaft. Dabei wird der Überschuss an Sämlingen im Beet entfernt, damit die Pflanzen Platz zum Wachsen erhalten. Bei Bäumen oder Sträuchern dünnt man einzelne Äste aus (auslichten).

BAGNA CAUDA
Italienisch für „warmes Bad". Dip aus Öl, Butter, Knoblauch und Sardellen. Wird warm zu rohem Gemüse gereicht.

BOTTARGA
Sardische Spezialität aus gesalzenem und gepresstem Rogen von Meeräsche oder Thunfisch, der wie Salami zubereitet wird. Bottarga-Scheiben, mit Olivenöl und Zitronensaft beträufelt oder auf Toast, werden als Antipasti gereicht. Zerkrümelt und in Öl erhitzt, ergibt er eine köstliche Pasta-Sauce.

BUCATINI
Eine dicke, hohle, spaghetti- oder makkaroniähnliche Pasta-Sorte. Der Name kommt vom italienischen Wort „bucato" (durchbohrt).

CARPACCIO
Rohes Fleisch oder roher Fisch, wie Rind, Kalb, Hirsch, Lachs oder Thunfisch, hauchdünn aufgeschnitten oder geklopft und als Vorspeise gereicht.

DÜNGEN
Durch Zugabe von Dünger wird das Pflanzenwachstum unterstützt. Man unterscheidet zwischen organischen und anorganischen Düngemitteln.

FOCACCIA
Runder oder viereckig geformter italienischer Brotfladen mit Olivenöl. Die Konsistenz ist kuchenähnlich. Focaccia wird oft mit Kräutern und Oliven oder mit Olivenpaste gewürzt.

FONTINA
Herzhafter, aus Rohmilch hergestellter Hartkäse aus dem Aostatal, mit gelbbrauner Rinde und cremefarbenem Teig, der von unregelmäßigen Gärlöchern durchzogen ist. Wegen seines zarten Aromas ist er ein beliebter Dessertkäse. Reifer Fontina lässt sich gut reiben.

FRUCHTSTEMPEL
Fortpflanzungsorgan weiblicher Pflanzen. Sitzt meist mittig in der Blüte, mit einem verdickten Fruchtknoten an der Basis. Dieser enthält die potenziellen Samenanlagen oder Eizellen. Daraus wächst der Griffel mit der pollenaufnehmenden Narbe (Stigma), die verschieden ausgeformt sein kann und oft klebrig ist.

GNOCCHETTI
Italienische Pasta-Sorte in der Form von Gnocchi, den beliebten Kartoffelklößchen.

GNOCCHI
Kleine Klöße (Nocken) aus einem Teig aus Ei, Mehl, Grieß oder Kartoffeln, manchmal gemischt mit Spinat oder Ricotta. Gnocchi werden in Salzwasser gegart und oft mit geriebenem Käse als Beilage oder als erster Gang serviert.

GRANITA
Ein halb gefrorenes Dessert aus Zucker, Wasser und verschiedenen süßen oder auch salzigen Aromen.

HOCHLEGEN
Pflanzflächen lassen sich auf einem Erdhügel oder in Kisten wie in einem Hochbeet höherlegen. Hochbeete sind oft mit Steinen oder einem Holzrahmen eingefasst.

JULIENNES
In sehr dünne Stifte geschnittenes Gemüse, das Öl, Zitronensaft, Mayonnaise oder andere Saucen gut aufnimmt. Man verwendet Juliennes zur Zubereitung von Rohkostsalaten und Gemüsegerichten.

KROKETTEN
Kleine Röllchen aus verschiedenen Zutaten, vor allem Kartoffelbrei und Fleisch, Fisch und Gemüse. Kroketten werden oft in Paniermehl gewälzt. Aus der Masse werden Röllchen oder Scheiben geformt und frittiert.

MANDOLINE
Küchengerät mit einer Wechselklinge zum Hobeln oder Raffeln von Gemüse, zum Schneiden von Juliennes oder Stücken mit Waffelschnitt.

MASCARPONE
Weißer, cremiger, sehr milder italienischer Frischkäse, der aus Sahne hergestellt wird.

MEHRJÄHRIG
Als mehrjährig bezeichnet man nicht verholzende Pflanzen, die länger als 2 Jahre wachsen. Typischerweise produzieren mehrjährige Pflanzen eine Frucht oder Blüte pro Jahr, mit einer Lebensdauer von bis zu 4 Wochen oder länger.

MORTADELLA
Italienische Wurstspezialität im Naturdarm, die ursprünglich aus Bologna stammt. Sie besteht aus Schweinefleisch, Knoblauch, Salz, Pfeffer sowie Pistazien oder Oliven.

MOZZARELLA
Kampanischer Frischkäse aus Büffel- oder Kuhmilch mit weißem, elastischem Teig und einem leicht säuerlichen Geschmack.

MULCH
Mulch besteht zumeist aus losem, grobem organischem Material, wie Blättern, Pflanzenabschnitten, Stroh oder Rindenstücken. Mulch wird auf dem Erdreich verteilt, um das Unkrautwachstum zu verhindern und die Erde feucht zu halten. Unter Mulch versteht man auch Steine oder Plastikabdeckungen.

ORECCHIETTE
Eine typische, ohrförmige Pasta-Sorte aus Süditalien.

PANCETTA
Gepökelter Bauchspeck vom Schwein; ähnelt Frühstücksspeck. Es gibt ihn geräuchert oder ungeräuchert, am

Stück oder gerollt und mit Gewürzen aromatisiert. Er wird auf Grillspieße, in Pasta-Saucen und viele andere Gerichte gegeben, um ihnen mehr Geschmack zu verleihen. Pancetta kann durch Frühstücksspeck ersetzt werden.

PANSOTTI
Genuesische Ravioli mit herzhafter Füllung aus Kräutern und Gemüse, wie Borretsch und Mangold. Pansotti werden mit Walnusssauce serviert.

PAPPARDELLE
Große, breite Fettuccine (Bandnudeln). Der Name kommt vom italienischen „pappare" (verschlingen).

PASSATA
Tomatenpüree, weniger konzentriert als Tomatenmark.

PASSIERMÜHLE
Ein Küchengerät zum Zermusen und Sieben weicher Zutaten. Klassische Passiergeräte bestehen in der Regel aus drei Teilen: einer Schüssel, einer siebartig gelochten Bodenplatte und einer Kurbel mit gebogener Metallklinge. Diese zerkleinert beim Drehen der Kurbel das Passiergut und drückt es durch die Siebplatte.

PASTETE/PÂTÉ
Eine schmackhafte Mischung aus fein gehacktem, gegartem Fleisch oder Fisch, meist geräuchert, die man mit Butter vermengt und im Kühlschrank fest werden lässt. Sie wird als Antipasto auf Toast gestrichen. Am berühmtesten ist wohl Gänseleberpastete, aber auch Enten- und Hühnerleberpastete.

PECORINO
Hartkäse aus Schafsmilch, den es in verschiedenen Varianten von frisch bis durchgereift gibt. Jede Region Italiens kennt eigene Pecorino-Varianten.

PESTO
Ursprünglich aus Ligurien stammende Gewürzsauce für Nudeln und Suppen, hergestellt aus frischem Basilikum, Öl, Pinienkernen, Knoblauch und geriebenem Pecorino-Käse.

POLENTA
Fester Brei, aus Maisgrieß, Wasser und Salz gekocht. Regional auch aus Buchweizen- oder Esskastanienmehl.

PROVOLONE
Milder bis pikanter Hartkäse mit festem, leicht elastischem hellgelbem Teig, meist oval, rund oder birnenförmig mit einer Schnur gebunden.

QUADRUCCI
Eine kleine, quadratische, kurze Pasta-Sorte. Gut zu Gemüse oder in dünnflüssigen Suppen.

QUICHE
Eine Art herzhafte Torte, die ursprünglich aus Elsass-Lothringen stammt. Am berühmtesten ist die Quiche Lorraine.

RICOTTA
Italienischer Frischkäse aus Schafs-, Büffel- oder Kuhmilchmolke. Die gepresste, gesalzene sowie getrocknete Variante nennt man Ricotta salata. Der milchweiße, feste Käse lässt sich gut reiben oder hobeln.

RISOTTO
Eine norditalienische Spezialität, bestehend aus cremig gekochtem Reis und Parmesan als Basis, ergänzt durch weitere Zutaten.

SALSICCIA
Eine ungebrühte, rohe italienische Wurstsorte.

SCHIESSEN
Wächst eine Gemüsepflanze aus, dann wird sie bitter und ungenießbar, da die Energie der Pflanze in die Blüte geht. Brokkoli zum Beispiel schießt bei warmem Wetter.

SFORMATO
Italienische Bezeichnung für eine Eierspeise. Der Auflauf ist in der Konsistenz einem Soufflé ähnlich, aber weniger luftig.

SOFFRITTO
Kombination aus Zwiebeln, Karotten und Staudensellerie – roh, geröstet oder in Butter geschwenkt. Dient als Grundlage vieler italienischer Gerichte wie Saucen, Suppen oder Eintöpfe.

STECKLINGE
Bei Kartoffeln versteht man darunter die Knollen, die zum Pflanzen in Stücke mit je 2–3 Augen zerschnitten wurden. Man lässt sie vor dem

Pflanzen 1–2 Tage offen liegen, damit die Schnittflächen antrocknen. Anders als ganze Knollen, setzt man die Stecklinge mit den Schnittflächen nach unten. Zwiebelstecklinge (Steckzwiebeln) sind dagegen kleine Zwiebelknollen, die rasch austreiben, da sie auf größere Energiespeicher als Samen zugreifen können. Man setzt sie im März/April mit dem dicken Ende nach unten, sodass die Spitze gerade noch zu sehen ist.

TAGLIERINI
Schmale Bandnudeln, die sehr gut zu Butter- und Sahnesaucen oder in Suppen passen.

TALEGGIO
Milder bis würziger, viereckiger norditalienischer Weichkäse mit blassgelbem, weichem Teig, einer orangeroten Rinde und einem leicht säuerlichen Geschmack.

TARTAR
Eine Zubereitung aus fein gehacktem rohem Fleisch oder Fisch, häufig mit Gewürzen und Saucen aromatisiert.

TIMBALE
Eine kleine Pastete, häufig aus aufgeschichtetem Reis und Gemüse oder Auberginen mit Gemüse und Tomatensauce. Die Förmchen für Timbalen sind konisch zulaufende Becherförmchen, die zum Portionieren von Reis, kleinem Gemüse, Nudeln aber auch Gebäck, Sülzen, Soufflés und Desserts verwendet werden.

UMSETZEN
Eine Pflanze aus einem Pflanzbehälter in einen anderen oder von einem Platz an einen anderen umpflanzen. Meist setzt man dabei die Pflanzen aus dem Topf, in dem sie gekauft wurden, in einen dauerhafteren Behälter oder an einen festen Platz im Freien um.

ZIMINO
Ein toskanischer Ausdruck dafür, etwas mit grünem Gemüse, meist mit Mangold oder Spinat, zuzubereiten.

REGISTER

ANMERKUNGEN ZU
DEN REZEPTEN

— Die in den Rezepten verwendete Butter
sollte ungesalzen sein.

— Der in den Zutaten genannte Pfeffer
ist immer schwarz und frisch gemahlen
zu verwenden, wenn im Rezept nicht
anders angegeben.

— Kräuter sind stets frisch, wenn nicht
anders beschrieben. Bei Petersilie ist die
glattblättrige Sorte zu bevorzugen.

— Die in den Rezepten verwendeten Eier,
Gemüse und Früchte sind mittelgroß,
wenn nicht anders angegeben.

— Milch ist immer Vollmilch, wenn im
Rezept nicht anders angegeben.

— Knoblauchzehen sind stets groß; bei
kleinen Knoblauchzehen verwenden
Sie 2 Stück.

— Schinken ist in der Regel gekochter
Schinken, wenn nicht anders angegeben.

— Unter Prosciutto ist immer roher, luftgetrockneter Schinken aus Parma oder
San Daniele in Norditalien gemeint.

— Zubereitungs- und Garzeiten sind als
Richtlinien zu verstehen. Beim Garen
mit Umluft muss die Ofentemperatur
den Herstellerangaben angepasst werden.

— Die Temperatur von Frittieröl prüft man
am besten mit einem Würfel altbackenen
Brots. Das Öl ist dann an die 180 °C heiß
und hat die ideale Frittiertemperatur
erreicht, wenn der Brotwürfel im Öl in
30 Sekunden braun wird. Das Frittiergut
muss dabei stets vorsichtig und langsam
eingelegt werden, damit das heiße Fett
nicht spritzt. Tragen Sie beim Frittieren
lange Küchenhandschuhe und lassen Sie
den Topf nie unbeaufsichtigt.

— Einige Gerichte in diesem Buch bestehen
aus rohen oder nur leicht gegarten Eiern.
Insbesondere ältere Menschen, Kinder,
Schwangere, kranke Personen sowie
Personen mit schlechtem Immunsystem
sollten auf den Verzehr dieser Eierspeisen
verzichten.

— Alle Löffelangaben in den Rezepttexten
beziehen sich auf das gestrichene Maß:
1 Teelöffel (TL) = 5 ml;
1 Esslöffel (EL) = 15 ml.

LEGENDE

🐂 enthält Rindfleisch
🐓 enthält Hähnchenfleisch
🐖 enthält Schweinefleisch
🐟 enthält Fisch/Meeresfrüchte

Edel Books
Ein Verlag der Edel Germany GmbH

Copyright © der deutschen Ausgabe
Edel Germany GmbH, Hamburg
2. Auflage 2015

Diese Ausgabe erscheint bei
Edel Germany GmbH,
Neumühlen 17,
22763 Hamburg,
Deutschland
www.edel.com
als Lizenzausgabe von
Phaidon Press Limited,
Regent's Wharf,
All Saints Street, London,
N1 9PA, Großbritannien,
www.phaidon.com
© 2011 Phaidon Press Limited

Titel der Originalausgabe:
Vegetables from an Italian Garden

Die Rezepte in diesem Buch stammen
aus dem Buch *Der Silberlöffel* © 2005
Phaidon Press Limited, das erstmals
1950 von Editoriale Domus in
Italienisch unter dem Titel *Il Cucchiaio
d'argento* veröffentlicht wurde. Die
überarbeitete, erweiterte und neu
gestaltete 8. Ausgabe erschien 1997;
eine Ausgabe unter dem Titel *Primi
piatti* erschien 2004, *Secondi piatti* 2005,
Antipasti e contorni 2007.
© Editoriale Domus S.p.A.

Projektkoordination für
Edel Germany: Constanze Gölz

Übersetzung ins Deutsche:
Wiebke Krabbe, Martina Walter

Satz und Redaktion der deutschen
Ausgabe: Antje Eszerski für bookwise
medienproduktion GmbH, München

Original title:
Vegetables from an Italian Garden
This Edition published by Edel
Germany GmbH under licence
from Phaidon Press Limited,
Regent's Wharf, All Saints Street,
London N1 9PA, UK
www.phaidon.com
© 2011 Phaidon Press Limited

Vegetables from an Italian Garden
originates from *Il Cucchiaio d'argento*,
first published in 1950, eighth edition
(revised, expanded and redesigned)
1997; from *Primi piatti*, first published
2004; from *Secondi piatti*, first
published 2005; and from *Antipasti
e contorni*, first published in 2007.
© Editoriale Domus S.p.A.

Gestaltung und Design:
Astrid Stavro

Foodfotografie:
Steven Joyce

Fotografie: Andy Sewell

Die Herausgeber bedanken sich bei
Theresa Bebbington, Hilary Bird,
Linda Doeser, Carmen Figini,
Lizzie Harris, Charlie Nardozzi
(Gartenautor), Clelia d'Onofrio
(Lektorin der italienischen Ausgabe)
und Jane Rollason für ihre Beiträge
zu diesem Buch.

Printed in China

ISBN 978-3-944297-01-9

LEGENDE

- 🐄 enthält Rindfleisch
- 🐔 enthält Hähnchenfleisch
- 🐖 enthält Schweinefleisch
- 🐟 enthält Fisch/Meeresfrüchte